파이드로스

파이드로스

플라톤 지음 | 조대호 역해

문예출판사

일러두기

1. 이 번역은 플라톤의 대화편 《파이드로스》(Phaidros / Phaedrus)의 우리말 완역이다. 그 리스어 대본으로는 J. Burnet, *Platonis Opera*, Tom. II(OCT), Oxford 1910, pp. 223~295를 사용했다. 스테파누스 판(H. Stephanus, *Platonis Opera quae extant omnia*, Paris 1578)의 227a~279c에 해당한다. 원문을 Burnet과 달리 읽은 경우에는 이를 각주에서 밝혔다.
2. 우리말 번역과 주석을 위해서는 주로 다음의 번역서와 주석서를 참고했다.
   De Vries, G. J., *A Commentary on the "Phaedrus" of Plato*, Amsterdam 1969.
   Hackforth, R., *Plato's "Phaedrus". Translated with an Introduction and Commentary*, Cambridge 1972.
   Eigler, G., *Platon. Werke in acht Bänden griechisch und deutsch*, Sonderausgabe auf der Grundlage der 3., unveränderten Aufl., Darmstadt 1990 (1972).
   Nemamas, A. & Woodruff, P., *Plato. Phaedrus. Translated with Introduction and Notes*, Indianapolis/Cambdridge 1996.
   Heitsch, E., *Platon. Werk III 4. Phaidros. Übersetzung und Kommentar*, 2., erweiterte Aufl., Göttingen 1997.
3. 6쪽의 "내용"은 독자들이 대화의 진행 과정을 개관할 수 있도록 번역자가 구성하였다.
4. 난외의 227 등의 숫자와 a, b, c 등의 기호는 스테파누스 판의 쪽수와 단락을 표시한다.
5. 번역문에는 그리스어 원어를 쓰지 않았다. 하지만 용어의 뜻을 분명히 하기 위해 필요한 경우 ( ) 안에 한자어를 넣어 병기했다. 소괄호 ( ) 안에 있는 표현은 뜻을 분명히 하기 위해 번역자가 삽입한 것이다. Burnet의 텍스트에서 삭제한 부분은 많은 경우 번역하지 않았다.

차 례

내용 6

《파이드로스》본문 번역 7

《파이드로스》에 대한 해설 155

  참고 문헌 201

  찾아보기 210

  개정판 옮긴이의 말 231

  초판 옮긴이의 말 233

내 용

예비 대화. 일리소스 강변 풍경 (227a~230e)　　9

뤼시아스의 연설 (230e~234c)　　20

뤼시아스의 연설에 대한 비판 (234c~237b)　　28

소크라테스의 첫 번째 연설 (237b~241d)　　36

막간의 대화. 소크라테스의 두 번째 연설로 이어짐 (241d~243e)　　47

소크라테스의 두 번째 연설 (243e~257b)　　53
　　신적인 광기의 여러 형태 (243e~245a)　　53
　　영혼의 본성. 신들과 영혼의 여행. 영혼의 운명 (245b~249d)　　57
　　아름다움과 사랑의 역할 (249d~257b)　　69

대화의 이행: 매미 신화 (257b~259d)　　89

수사술과 진상 (259e~262c)　　95

세 연설에 대한 분석과 변증술의 방법 (262c~266c)　　103

전통적 수사술의 다양한 기술 (266c~269d)　　114

철학과 수사술. 페리클레스가 아낙사고라스에게 배운 것 (269d~272b)　　125

참된 수사술의 방법. 그 어려움과 정당성 (272b~274b)　　134

말의 우위성. 문자 발명의 신화 (274b~278b)　　139

뤼시아스와 이소크라테스에게 전하는 말 (278b~279c)　　150

파이드로스

〔아름다움에 대하여, 윤리적인 대화편〕

등장 인물

소크라테스와 파이드로스

예비 대화. 일리소스 강변 풍경

1. **소크라테스**   여보게, 파이드로스,[1] 어디서 와서 어디로 가는 길인가?

파이드로스   소크라테스, 케팔로스의 아들 뤼시아스[2]에게서 옵니다. 성벽 밖으로 산책을 하러 가는 길이지요. 아침부터 거기 앉아 긴 시간

---

1   이 대화편의 표제 인물인 파이드로스(Phaidros)는 《프로타고라스》(315c)와 《잔치》(특히 176d~180b)에 등장한다. 그밖에 그에 대해 알려진 확실한 사실은 없다. 《파이드로스》에서 그는 다른 사람의 이야기를 끌어내는 데 열정과 재주가 있는 인물로 묘사된다. 이에 대해서는 다음의 구절들을 참고하라: 228a, 236e, 242b, 258e, 259b, 261a.

2   뤼시아스(Lysias, 기원전 445년~380년 무렵)는 페리클레스의 권고에 따라 시라쿠사이에서 아테네로 이주한 케팔로스의 아들이다. 그는 두 형제 폴레마르코스, 에우튀데모스와 함께 남부 이탈리아의 투리오이로 이주해서 몇 해를 보냈다. 기원전 412년, 아테네로 돌아온 세 형제는 피레우스에서 무기 제작 사업을 해서 큰 재산을 모았다. 플라톤의 《국가》 1권에는 이들이 주도했던 아테네 최고의 지식인 공동체가 그려져 있다. 기원전 404년, 뤼시아스와 두 형제는 30인의 참주 치하에서 정치적 탄압을 받게 되는데, 그들의 민주주의적 태도가 탄압의 명분이었지만, 참주들의 실제 관심사는 그들의 재산이었다. 뤼시아스는 체포를 피해 메가라로 망명하지만, 폴레마르코스는 처형을 당하고 재산을 몰수당한다. 망명 기간에도 뤼시아스는 일관된 입장을 고수하며 민주정을 옹호했고, 기원전 403년 다시 아테네로 돌아와 시민권을 공인받기에 이른다. 하지만 어떤 형식적 오류 때문에 이 명령은 불법으로 드러나 뤼시아스는 다시 시민권을 박탈당한다. 아테네 시민이 아니었던 그는 재판정에 설 수 없었기 때문에 다른 사람들을 위해 연설문을 대신 쓰는 "연설 작가(logographos)로 활동했고, 연설의 기술을 가르치기도 했다. 고대에는 425편에 이르는 연설문이 뤼시아스의 이름으로 남아 있었는데, 그 가운데 213편은 진서로 인정을 받았다. 그 중 오늘날까지 전승된 것은 34편뿐이다. 뤼시아스는 열 명의 대표적 아테네 연설가 가운데 한 사람으로 꼽혔고 단순한 문체의 대가로 널리 이름을 떨쳤다. 그는 세심한 어휘 선택과 기교적인 조합을 통해 일상어를 높은 기술의 경지로 끌어올렸다.

을 보냈거든요. 당신과 내 동무인 아쿠메노스[3]의 말을 좇아 길을 따라 산책을 하는 겁니다. 그의 말로는 그게 거리[4]를 걷는 것보다 훨씬 덜 피곤하다는군요.

b

소크라테스 여보게, 옳은 말이네. 그런데 뤼시아스는 시내에 있었던 것 같군.

파이드로스 그렇습니다. 에피크라테스의 집에 있었습니다. 한때 모뤼코스의 소유였던, 올륌피온 근처의 집이지요.[5]

소크라테스 그런데 뭘 하며 시간을 보냈나? 분명 뤼시아스가 자네들에게 이야기 잔치[6]를 베풀었겠지?

파이드로스 길을 걸으면서 들을 여가가 있으시면 말해 드리지요.

소크라테스 그 무슨 말인가? 자넨 내가 자네와 뤼시아스가 나눈 이야기 듣기를—핀다로스[7]의 말대로—"일거리보다 더 귀한 일로" 여긴다고

---

3 아쿠메노스(Akumenos)는 유명한 의사이며 에뤽시마코스(Eryximachos)의 아버지다. 에뤽시마코스 역시 의사로서《잔치》185e ~ 189e에서 에로스에 대한 연설을 한다.

4 원문의 "dromos"는 본래 달리기의 경주로를 가리키며(《일리아스》 23권, 373행과 758행), 사람들이 많이 다니는 보행로를 뜻하기도 한다. 본문에서는 일반적으로 "길"이나 "행로"를 뜻하는 "hodos"와 대비되는 뜻으로 쓰이는데, 이를 분명히 하기 위해 "길"과 "거리"라고 옮겼다.

5 어떤 고대 주석가는 에피크라테스(Epikrates)를 "연설가이자 대중 선동자"라고 불렀다. 올륌피아의 주신 제우스 신전 근처의 집은 아마도 첫 번째 소유자 모뤼코스(Morychos)의 이름을 따서 불렸던 것 같다. 이 사람은 아테네 시에서 유명한 식도락가와 동일 인물일 수도 있는데, 그런 점에서 다음 문장의 "잔치를 베푼다"는 표현은 깊은 뜻을 가질 수 있다.

6 원문에는 "tōn logōn…hestia"가 쓰였다. 이 대화편에서 매우 자주 등장하는 "logos"는 "이야기", "말", "연설", "이성", "이치", "논변" 등 문맥에 따라 다양한 말로 옮겼다.

생각지 않나?

파이드로스 그럼, 앞장서시지요. c

소크라테스 말해보게.

파이드로스 소크라테스, 사실 그 이야기를 듣는 건 당신에게 꼭 맞는 일이지요. 왜냐하면 우리가 시간을 보내며 나눴던 것은, 뭐랄까, 사랑 이야기였거든요.[8] 뤼시아스는 어떤 아름다운 아이가 시험에 빠졌지만, 그렇게 만든 것은 사랑하는 사람[9]이 아니라는 글을 썼는데, 바로 그것이 기발한[10] 점입니다. 그는 사랑하는 사람보다 사랑하지 않는 사람에게 호의를 베풀어야 한다고 말하기 때문이지요.[11]

소크라테스 대단하군. 그가 부자보다 가난뱅이에게, 젊은이보다 늙은이에게 호의를 베풀어야 한다거나, 나뿐만 아니라 우리 가운데 많은 사 d 람들에게 들어맞는 다른 것들을 글로 썼으면 좋으련만. 정말로 그런 이야기들은 재치 있고[12] 대중의 인기를 끌 테니 말일세. 그런데 나로

---

7   핀다로스(Pindaros, 기원전 518년~444년 무렵), 《이스트미아 찬가》 1, 2를 참고.
8   아래의 257a를 보라. 《잔치》의 여러 구절에서 소크라테스는 사랑(Erōs)에 능통한 자로 그려져 있는데, 이에 대해서는 177d, 193e, 198d, 212b와 《뤼시스》 204b를 참고.
9   뤼시아스 연설의 "사랑하는 사람(ho erastēs, erōn)"과 "사랑받는 사람(ho erōmenos)"에 대한 이야기가 《파이드로스》 전체 대화를 이끌어가는 출발점이 된다.
10 원문의 "kekompseutai"는 형용사 "kompsos"(멋진, 훌륭한, 세련된)의 동사형 "kompseuein"(멋지다, 재치가 있다)의 완료형이다.
11 "사랑하는 사람(erōn)보다 사랑하지 않는 사람에게 호의를 베풀어야 한다"는 것은 230e~234c에 걸쳐 있는 뤼시아스 연설의 핵심 주장이다. 여기서 "호의를 베풀다" (charizesthai)는 말의 구체적인 의미에 대해서는 256a의 내용을 참고하라.
12 원문에는 "asty"(도시)의 형용사형 "asteios"가 쓰였는데, "도시적이다", "세련되다", "재치가 있다"는 뜻이다.

11

서는 듣고 싶은 마음이 간절한 나머지, 자네가 걸어서 메가라까지 가고, 헤로디코스[13]의 처방대로 성벽까지 갔다 돌아오는 일이 있어도, 결코 자네를 그냥 보내지 않으려네.

파이드로스 보세요,[14] 소크라테스. 어떻게 그런 말을 하십니까? 지금 살아 있는 사람들 가운데 가장 글재주가 뛰어난 뤼시아스가 오랜 시간 동안 여가를 즐기며 엮어낸 말을 문외한인 내가 그의 수준에 맞게 기억해내리라 생각하십니까? 어림없는 일이지요. 난 내게 천만금이 생기는 것보다도 그럴 능력이 있기를 바랄 겁니다.

2. **소크라테스** 파이드로스, 내가 파이드로스를 모른다면, 나 자신도 잊어버린 셈이지. 하지만 그 둘 가운데 어떤 것도 아니지. 내가 잘 아네만, 그는 뤼시아스의 말을 들을 때 한번 듣고 마는 것이 아니라 여러 차례 거듭거듭, 말해주길 간청하네. 그러면 뤼시아스는 기꺼이 그 말을 따르지. 하지만 그에게는 이것마저 충분치 않아서, 마지막에는 책자[15]를 얻어 가장 마음에 드는 구절을 뚫어지게 살펴보고, 이렇게 하

---

13 헤로디코스(Herodikos)는 기원전 5세기 중반 무렵 트라키아(Thrakia)의 셀륌브리아(Selymbria)에 살았던 의사인데, 본래 메가라(Megara) 태생이었다(《프로타고라스》 316e를 참고). 《국가》 406a 이하에 따르면 그는 엄격한 건강 관리를 내세웠는데, 아마도 그런 맥락에서 메가라까지 40km에 이르는 길에 대한 언급을 이해할 수 있을 것이다.

14 원문에는 "ō beltiste"라는 호격(呼格)이 쓰였다. 《파이드로스》에는 다른 대화편들에서보다 훨씬 더 다양한 호격 표현들이 등장한다. 이런 표현들에 꼭 맞는 우리말을 찾는 것은 불가능하지만, 이 번역에서는 대화의 맥락을 고려해서 적절해 보이는 우리말로 풀어 옮겼다.

15 원문에는 "biblion"이 쓰였다. 고대 그리스에서는 파피루스의 섬유를 글을 쓰는 재

면서 아침부터 앉아 있다가 지쳐서 산책을 하러 나가곤 하는데, 내가 알기로는, 개를 두고 맹세하거니와,[16] 연설이 너무 길지 않으면 통째로 외워버리지. 그리고 연습을 하러 성벽 밖으로 나가곤 한다네. 그러다가 이야기를 듣는 데 열병을 앓는 사람[17]을 만나면, 그를 보고 함께 열광할 사람을[18] 찾았다고 기뻐하며 앞장서길 청하네. 이야기를 사랑하는 사람이 말해주길 요청하면, 짐짓 이야기할 마음이 없는 듯 딴청을 부리지. 하지만 결국에는, 설령 상대방이 기꺼이 들으려 하지 않더라도, 억지로 말을 하려고 하네. 그러니 이보게, 파이드로스, 오래지 않아 할 것을 지금 당장 하라고 그에게 요구해보게.[19]

파이드로스 정말로, 내가 할 수 있는 만큼, 말을 하는 것이 최선이겠군요. 내가 보기에 당신은 이렇든 저렇든 말을 하기 전에는 나를 놓아주지 않을 것 같으니까요.

료로 썼는데, 이런 재료로 만든 책을 "biblion"이라고 불렀다. 여기서는 "책자"라고 옮겼다.

16 소크라테스는 "개(kyōn)"를 두고 맹세를 할 때가 자주 있다(《소크라테스의 변론》 22a, 《파이돈》 98e, 《카르미데스》 172e, 《국가》 399e와 592a 등을 참고). 여기서 말하는 "개"는 개의 머리를 한 아이귑토스의 신 아누비스를 가리키는 것으로 보는 것이 통설이다(《고르기아스》 482b를 참고).

17 원문의 표현은 "ho nosoun"인데, 동사 "nosein"는 본래 "아프다", "병이 들다"를 뜻하지만, 본문에서는 사랑의 열병을 앓는 사람이나 상태를 가리킬 때 사용된다. 이에 대해서는 231d, 238e, 265a 등의 구절을 참고.

18 원문에는 목적어 "ton synkorybantiōnta"가 쓰였는데, 동사 "synkorybantian"은 "코뤼반테스의 무리에 합류하다"라는 뜻에서 "도취와 열광에 함께 빠져들다"는 뜻을 가진다. 《파이드로스》에는 종교 예식에서의 탈아 상태를 가리키는 표현들이 자주 등장하는데, 이에 대해서는 다음의 구절들을 참고하라. 234d, 241e, 244b, 245a, 248d~e, 250b~d, 262d.

19 소크라테스는 파이드로스에게 스스로 알아서 하라는 뜻으로 말하고 있다.

소크라테스 정말 옳게 보았네.

d **3. 파이드로스** 그러면 이렇게 하지요. 소크라테스, 정말 나는 그 어구들[20]을 전혀 외우지 못했습니다. 그가 말한 사랑하는 사람의 행태와 사랑하지 않는 사람의 행태 사이의 차이점들과 관련된 대강의 생각[21]을 간추려, 처음부터 시작해서 하나하나 차례대로 훑어보겠습니다.

소크라테스 여보게, 하지만 먼저, 자네 왼쪽 옷소매 밑에 품고 있는 게 무언지 보여주게. 짐작컨대 자넨 그 연설 자체[22]를 가지고 있는 것 같

e 군. 사실이 그렇다면, 나에 대해 이렇게 생각하게. 나는 자네를 무척 좋아하지만, 뤼시아스도 앞에 있는 터에 나 자신을 자네의 연습거리로 내어줄 마음은 추호도 없다고 말일세. 그러니 자, 내보이게.

파이드로스 잠깐! 소크라테스, 당신은 내가 연습을 할 속셈으로 당신에게 품었던 희망을 깨버렸습니다. 그러면 어디 앉아서 읽어볼까요?

229 **소크라테스** 이쪽 일리소스[23] 강을 따라 가다가, 어디 마음에 드는 곳이 있으면, 한적한 곳에 자리를 잡아 앉기로 하세.

---

20 원문의 "rhēmata"는 전문용어로서 동사나 형용사와 같은 "술어"(述語)를 가리키고 "실사"(實辭)를 가리키는 "onomata"와 대비된다. 하지만 본문에서는 단순히 "어구들", "어휘들", "표현들"이라고 옮기면 적절할 것이다. Hackforth도 "words"로 옮겼다.

21 "생각"이라고 옮긴 "dianoia"에 대해서는 아래 244c에 대한 각주 135를 참고.

22 "연설 자체(ho logos autos)"란 뤼시아스의 연설문 원고, 228b에서 말한 "책자"(biblion)를 가리킨다.

23 일리소스(Ilisos)는 고대 아테네 시 외곽을 감싸고 흐르는 가장 긴 강이다. 발원지는 아테네 동쪽 히메토스(Hymettos) 산이었고, 도시의 남서쪽 방향으로 흘렀다. 아테네의 한 시 구역(dēmos)이었던 아그라이(Agrai)를 가로질러 흐른다.

파이드로스 때마침 나는 맨발입니다. 당신은 항상 그렇지만요. 물에 발을 적시면서 가는 것이 가장 편하겠지요. 그게 나쁘지 않을 겁니다. 특히 한 해와 하루 중 이맘때는 더욱 그렇지요.[24]

소크라테스 앞서 가면서 우리가 앉을 곳을 찾아보게.

파이드로스 저기 무척 키가 큰 플라타너스가 보입니까?

소크라테스 물론이지.

파이드로스 저기 그늘이 있고 바람도 적당합니다. 앉거나, 원한다면 누울 풀밭도 있구요.   b

소크라테스 앞장서게.

파이드로스 소크라테스, 내게 말해보십시오. 이곳 일리소스 강변 어디선가 보레아스가 오레이튀이아를 납치해갔다는 전설이 있지 않습니까?[25]

소크라테스 그런 말이 있지.

파이드로스 여기서 그랬을까요? 물줄기가 정겹고 맑아서 속이 훤히 보이고, 강가에서 소녀들이 놀기에 안성맞춤이지요.

소크라테스 아닐세. 운동장을 두세 번 도는 거리만큼 저 아래에 있는 곳   c 에서 그랬을 텐데, 거기에 아그라 쪽으로[26] 건너가는 곳이 있지. 바로 그곳 어딘가 보레아스의 제단이 있다네.

---

24 이 대화는 한여름 날 오후에 펼쳐진다. 자세한 정경 묘사로는 아래의 230c를 참고.

25 앗티카의 전설에 따르면 오레이튀이아(Oreithyia)는 아테네의 왕 에렉테우스(Erechtheus)의 딸이었다. 그녀가 북풍의 신 보레아스(Boreas)에게 납치된 이야기는 시와 회화와 조각에서 즐겨 다룬 소재였다.

26 원문의 "pros to en Agras"에서 "Agra" 또는 "Agrai"는 앗티카의 시 구역인 "아그라"를 가리키는지 아니면 아르테미스(Artemis)의 신전이 있는 "아그라"(Agra)를 가리

파이드로스 한 번도 본 적이 없습니다. 하지만, 소크라테스, 제우스에 맹세코, 말해주세요. 당신은 이 신화적인 이야기[27]가 참이라고 믿습니까?

4. **소크라테스** 지혜로운 사람들이 그렇듯이 내가 그 신화를 믿지 않는다고 해도, 이는 부당한 일이 아닐 걸세. 지혜로운 설명을 제시하자면,[28] 파르마케이아[29]와 함께 놀던 그녀를 보레아스의 바람이 근처 바윗돌 아래로 밀쳐냈고 그녀가 이렇게 죽음을 맞은 뒤 보레아스의 손에 납치되었다는 말이 생겨났다고 말할 수 있겠지.[30] 하지만, 파이드로스, 나는 다른 점에서는 그런 설명이 마음에 들지만, 그것은 매우

d

키는지 분명치 않다.
27 원문의 "mythologēma"는 "신화적인 이야기를 하다"는 뜻의 동사 "mythologein"에서 파생된 명사다. 엄밀히 말하자면 "신화"(mythos)보다는 "신화적인 이야기" 또는 "신화적인 서술"을 뜻한다.
28 "지혜로운 사람들"이라고 옮긴 원문의 "hoi sophoi"는 테아게네스(Theagenes, 기원전 6세기 초반에 활동)나 크세노파네스(Xenophanes, 기원전 570년~475년)와 같은 소크라테스 이전의 철학자들이나 소크라테스가 살았던 시대의 소피스테스들, 예컨대 프로디코스(Prodikos, 기원전 5세기 후반에 활동)와 프로타고라스(Protagoras, 기원전 485년~415년)처럼 신화(mythologēma)에 대한 "지혜로운 설명을 제시"(sophizomenos)했던 사람들을 뭉뚱그려 가리킨다. 여기서 말하는 "지혜로운 설명을 제시한다"는 말은 물론 곧 신화에 대한 합리적이고 탈(脫)신화적인 해석을 뜻한다.
29 파르마케이아(Pharmakeia)는 "약을 섞는 자"라는 뜻인데, 달리 알려진 바 없다. 이 이름을 들어 그 전설에 대한 합리적인 설명을 시사하는 것으로 볼 수도 있다.
30 "또는 아레스의 언덕에서 그랬다는 말도 있지. 이 이야기를 전하는 다른 전설에 따르면 앞서 말한 곳이 아니라 이곳에서 납치되었다는 게야"(ē ex Areiou pagou... hē rpasthē)는 빼고 읽었다.

영리하고 일이 많고 운이 썩 좋지 않은 사람이 할 일이라 보네. 다른 어떤 이유보다, 그 사람은 그런 설명에 이어 불가불 히포켄타우로스들의 형태를, 그 뒤에는 키마이라의 형태를 바로잡아 설명[31]해야 하고, 그에겐 고르고나 페가소스를 비롯해서 그와 같은 종류의 불가사의한 것들의 무리는 물론 기담(奇談) 속의 갖가지 괴물들이 떼를 지어 기이한 몰골로 몰려들기 때문이지.[32] 어떤 사람이 그런 것들을 믿지 않고 하나하나를 그 개연성에 따라 설명해 나간다면, 그는 투박한 지혜를 빌리는 탓에 많은 여가가 필요할 걸세. 하지만 내겐 그런 일을 할 여가가 없다네. 여보게, 그 이유는 바로 이렇지. 나는 델포이의 석문(石文)대로 나 자신을 알기에[33] 힘이 부치네. 이것도 모르는 처지에 낯선 것들[34]에 눈독을 들이는 것은 내가 보기에 분명 우스운 일일세. 그러기에 나는 그것들은 그대로 내버려둔 채 그것들에 대한 통념을

---

31 "바로잡아 설명한다"로 옮긴 원문의 동사 "epanorthousthai"는, 물론 지혜로운 자들이 신화나 전설에 대해 제시하는 합리적인 설명을 염두에 둔 표현이다.

32 여기서 소크라테스는 합리적으로 설명하기 어려운 그리스 신화 속의 괴물들을 예로 든다. 히포켄타우로스들(Hippokentauroi)은 윗몸은 사람이고 아랫도리는 말인 반인반마(半人半馬)의 괴물이고, 키마이라(Chimaira)는 사자의 머리와 염소의 몸통과 뱀의 꼬리를 한 괴물이다. 고르고(Gorgō)는 사람의 얼굴과 뱀의 머리를 한 날개 달린 괴수이고, 페가소스(Pēgasos)는 날개 달린 말이다.

33 "델포이의 석문(石文)대로(kata to Delphikon gramma) 나 자신을 알기(gnōnai emauton)에 힘이 부친다."는 말은 델포이 신전의 벽에 새겨진 가르침들 가운데 가장 잘 알려진 "너 자신을 알라(gnothi s'auton)"는 경구를 염두에 둔 말이다. 이 경구의 유래와 뜻에 대해서는 《프로타고라스》 343a 아래와 《카르미데스》 164d 아래를 참고.

34 원문의 "allotria"는 "나와 무관한 것들"이라는 뜻에서 "낯선 것들"이라는 뜻을 함축하고 있다.

따르면서, 방금 말한 대로, 그것들보다는 나 자신을 탐색한다네. 그렇게 해서 내가 만나는 것이 튀폰[35]보다 더 모양새가 복잡하고 사나운 짐승이건, 아니면 본성적으로 신적이고 온순한[36] 천분을 타고난 탓에 그보다 더 순하고 단순한 생물이건 말이야.[37] 헌데, 이보게, 말허리를 잘랐네만, 이것이 자네가 목적지로 정해서 우리를 안내한 나무가 아닌가?

b **파이드로스** 맞습니다.

5. **소크라테스** 헤라를 두고 맹세컨대, 이곳은 멋진 휴식처로군. 이 플라타너스는 둘레가 무척 넓고 키가 크며 이 버드나무의 높이와 그늘은 흠잡을 데 없이 훌륭하네. 꽃이 만발했으니, 주위를 향기로 채울 걸세. 또한 내 발이 증거하거니와,[38] 플라타너스 아래, 차가운 물이 흐르는 샘은 마음에 꼭 드네. 작은 석상들이나 신상들을 보아하니, 어떤 님프들이나 아켈로오스[39]에게 바친 성소(聖所) 같군. 또한 자네 마

c

---

35 "튀폰"(Typhon)은 생김새가 서로 다른 백 개의 머리와 뱀의 꼬리를 가진 복잡한 모습의 괴물이다. 그가 기간테스(Gigantes, 거인족) 편에 서서 올륌포스의 신들과 싸움을 벌일 때 제우스는 벼락을 내리쳐 그를 아이트나(Aitna) 화산에 던져버렸다. 사람들은 화산 활동이 이 괴수의 몸부림이라고 믿었다. 신화의 더 자세한 내용에 대해서는 아폴로도로스, 《아폴로도로스 신화집》, 강대진 옮김, 민음사, 2005, 45쪽 아래를 보라.
36 형용사 "atyphos"는 위에서 지적한 "Typhon"과 반대되는 성격을 가리킨다.
37 소크라테스의 발언은 인간의 양면성을 시사한다. 또한 괴물들이 신화뿐만 아니라 사람들 자신 안에도 있을 수 있다는 소크라테스의 발언은 훗날 포이에르바하(Feuerbach)의 종교 비판에서 드러난 것과 같은 종류의, 신화에 대한 인간학적 해석의 가능성을 시사한다는 점에서 흥미롭다.
38 위의 229a를 보라.

음에는 어떤지 모르겠으나, 이곳의 청량한 바람은 얼마나 정겹고 감미로운가! 매미들의 합창에 한여름의 메아리가 쨍쨍 울리는군. 하지만 무엇보다 기막힌 것은 풀밭이네. 풀밭의 비탈이 완만해서 머리를 누이기에 안성맞춤이군. 여보게, 파이드로스, 자넨 정말 더없이 훌륭한 길잡이일세.

파이드로스 뜻밖이군요. 당신은 정말 종잡을 수 없는 분[40]입니다. 당신 말을 듣고 있으면, 당신은 정말로 길안내를 받는 이방인이지 이곳 사람이 아닌 것처럼 보입니다. 이처럼 당신은 시내를 벗어나 바깥으로 나가지도 않고, 성벽 밖으로 한 번도 나가본 적이 없는 것 같아 보이는군요.

d

소크라테스 이 사람아, 나를 이해해주게. 나는 배우기를 좋아한다네.[41] 그런데 산천과 초목은 내게 아무것도 가르치려 하지 않지만, 시내 사람들은 그렇게 하지. 하지만 자네는 나를 밖으로 끌어낼 묘약[42]을 찾아낸 듯하네. 마치 사람들이 어린 가지나 열매를 흔들어 굶주린 짐승

---

39 아켈로오스(Acheloos)는 오케아노스(Okeanos)와 테튀스(Tethys)의 아들로 강의 신이다. 님프들은 시냇물과 나무와 산 같은 자연물에 깃든 신적인 힘들을 상징하는 여신들이다. "nymphē"는 "처녀"를 뜻하며, 사람들은 님프들을 젊고 정결하고 아름다운 신적인 존재로 여겼다.

40 원문에는 호격 "ō thaumasie"가 쓰였는데, 형용사 "thaumasios"는 "놀라운", "경탄할 만한"을 뜻한다. 이 뜻을 살려 "당신은 정말 종잡을 수 없는 분입니다"는 서술문으로 풀어 옮겼다.

41 원문에는 "philomathēs"가 쓰였다. 이 낱말의 쓰임과 관련해서는 예컨대 《파이돈》 67b와 82d를 참고.

42 원어는 "pharmakon"인데, "치료약", "독약"을 뜻한다. 이에 대해서는 268c, 270b, 274e를 참고.

19

e 들⁴³을 인도하듯이, 자네는 책자에 담긴 말들을 내 앞에 펼쳐 앗티카 지방 전역은 물론 자네가 원하는 곳 어디로든 나를 끌고 갈 것 같군. 그런데 이제 이곳에 도착했으니 나는 자리에 눕고 싶네. 자네는 읽기에 가장 편하다고 생각하는 대로 자세를 잡고 읽어보게.

파이드로스 그럼 들어보십시오.

뤼시아스의 연설⁴⁴

231 6. 자네는⁴⁵ 내가 하는 일들에 대해 알고 있으며, 그런 일들이 생기면 우리에게 유익하리라 내가 생각한다는 것도 이미 들은 바 있네. 그리고 내가 자네를 사랑하는 사람이 아니라는 이유 때문에, 내가 바라는 것⁴⁶을 자네가 거절하는 일이 없길 바라네. 욕망⁴⁷이 사라지면 그들은⁴⁸ 자기들이 덕을 베푼 일들을 두고 후회를 하지.⁴⁹ 하지만 사랑하지 않

---

43 이 대화편에는 "짐승"을 뜻하는 말로 "thērion"과 "thremma"가 쓰이는데, 앞의 낱말은 맹수, 야수 등을 포함해서 일반적으로 "짐승"을 뜻하는 반면, 뒤의 낱말은 주로 집에서 기르는 가축, 예컨대 양이나 염소 등을 가리킨다.

44 이 연설을 뤼시아스의 진짜 연설로 보기는 어렵다. 그것은 플라톤이나 소크라테스가 살던 시대에 유행했던 기술적인 연설의 본보기로 플라톤이 지은 허구의 연설이라고 보아야 옳을 것이다. 물론 이 연설은 뤼시아스의 문체적 특징들과 더불어 앞 시대 연설가들의 수사 기법들을 보여준다.

45 이 연설은 사랑하는 사람이 사랑을 받는 아이(pais, paidika)에게 주는 이야기의 형식을 취하고 있다. "pais"와 "paidika"에 대한 우리말 번역에 대해서는 236b에 대한 각주 76을 참고.

46 "내가 바라는 것"은 성애(性愛)를 가리킨다. 성애에 대한 직접적인 언급 없이 그것을 요구하는 데 뤼시아스의 연설의 특징이 있다. 아래의 233a를 참고.

는 사람들에겐 마땅히 후회를 해야 할 때가 없다네. 그들은 강제[50]에 의해서가 아니라 기꺼이, 자기 자신의 일들과 관련해서 잘 숙고할 수 있는 방식으로 자신들의 능력에 따라 덕을 베풀기 때문이지. 또한 사랑하는 사람들은 자신에게 속한 것들 가운데 사랑으로 말미암아 곤경에 처하게 된 것이 어떤 것이고 잘한 것은 어떤 것인지 따져보면서, 자신들이 겪었던 노고를 가산(加算)해서, 사랑받는 사람들에게 마 b
땅히 갚아야 할 호의를 오래전에 되갚았다고 생각하네. 하지만 사랑하지 않는 사람들은 그 일 때문에 빚어진 자기 일에 대한 무관심을 빌미로 삼을 수도 없고 지난날 겪었던 노고를 계산할 수도 없으며 일가친척들과의 불화를 탓할 수도 없지[51] 따라서 그런 어려움들이 다 제외된 뒤에 남는 것은, 그저 그들 생각에 상대방에게 호의를 베푸는

---

47 원문의 "epithymia"는 "감정 또는 마음(thymos)을 무엇 위에 두다", "바라다"라는 뜻의 동사 "epithymein"의 명사형으로 "욕망", "욕구", "바람" 등을 뜻한다.《크라틸로스》(419e)의 어원 설명에 따르면 "epithymia"는 "튀모스로 나아가는 힘"(epi ton thymon iousa dynamis)을 가리키며, "thymos"(격정)는 "영혼의 동요와 끓어오름에서"(apo tēs thyseōs kai zeseōs tēs psychēs) 유래한 말이다. 이 대화편에서는 "epithymia"를 "욕망"으로 옮겼다. 동사로 쓰일 때는 "욕구하다", "욕망을 가지다"로 옮겼다. "epithymia"의 파생어 "to epithymetikon"는 플라톤의 이른바 영혼 3분설에서 영혼의 가장 기본적이고 저급한 능력인 "욕구의 부분"을 가리킨다.《국가》 434d~441c를 참고.
48 "사랑하는 사람들"(erastai)을 가리킨다.
49 이 연설은 마치 끝에서부터 시작하는 형식으로 구성되어 있다. 이 점은 나중에 소크라테스의 비판의 대상이 된다. 아래의 264a 아래를 참고하라.
50 사랑에 빠진 사람은 스스로 억제할 수 없는 힘의 지배를 받는다는 뜻에서 "강제의 지배"(hyp' anankēs)를 받는다. 아래의 238e와 241b를 참고.
51 "사랑하지 않는 사람"은 이런 상황들을 근거로 삼아 자신의 행위를 정당화하지 않는다는 말이다.

c 행동일 수 있는 것을 하기에 열의를 다하는 것뿐이라네. 또한 사랑하는 사람들을 높이 쳐야 하는 이유가, 그들은 자신들이 사랑하는 사람들을 세상에서 가장 아낀다고 말하고 말이나 실제 행동을 통해 다른 사람들의 미움을 받아도 사랑받는 사람들에게는 호의를 베풀 태세가 갖추어졌다는 데 있다면, 이런 사실을 알기란 쉬운 일이네. 즉 그들의 말이 참이라면, 그들은 나중에 사랑하게 된 사람들을 과거의 애인들보다 더 높이 칠 것이라는 사실 말이네. 그들에게 그런 생각이 든

d 다면, 옛 애인들을 홀대하리라는 것 또한 분명하네. 어떤 유경험자라고 하더라도 감히 떨쳐낼 엄두를 내기 어려운 크나큰 불행에 처한 사람에게 그토록 값진 것을 넘겨준다는 것이 어떻게 있을 수 있는 일이겠나?⁵² 왜냐하면 그들은 스스로, 자신이 분별이 있다기보다는 열병을 앓고 있고,⁵³ 잘못된 정신 상태에 있음을 알면서도 자신을 억제할 능력이 없음을 인정하기 때문이네. 그러니 어떻게 올바른 정신 상태에 있을 때, 그렇게 병든 상태에서 마음을 썼던⁵⁴ 일들이 좋았다고 여

---

52 "크나큰 불행에 처한 사람에게(toiautēn symphoran echonti)"라는 표현은 사랑에 빠진 사람을 염두에 둔 말이다. 이런 사람에게 자신의 몸과 마음을 내어주는 일은 당치 않다고 뤼시아스는 말한다.

53 "분별이 있다"와 "열병을 앓고 있다"로 옮긴 원문의 동사는 각각 "sōphronein"과 "nosein"이다. 형용사 "sōphrōn"은 본래 "정신(phrēn)이 온전한(sōs)"(of sound mind)이라는 뜻이다. 따라서 "ho sōphrōn"은 "정신이 온전한 사람", "분별 있는 사람", "사려 있는 사람", "지각 있는 사람"을 가리키고, "sōphronein"은 그런 사람의 상태를 가리켜서 "온전한 정신 상태에 있다", "분별이 있다", "자제하다", "절도를 지키다"를 뜻한다. 추상명사 "sōphrosynē"는 "분별", "사려", "자제", "절제"를 가리킨다. 아리스토텔레스는 "sōphrosynē"를 "phronēsis(실천적 지혜)를 보존한다(sōzein)"는 뜻으로 풀이한다(《니코마코스 윤리학》 6권 5장, 1140b 12). 이에 대한 우리말 번역으로는 강상진 외 옮김, 《니코마코스 윤리학》, 이제이북스, 2006을 참고.

길 수 있겠나? 그리고 만일 사랑하는 사람들 가운데서 가장 뛰어난 사람을 고르려고 한다면, 그 경우 자네의 선택 범위는 몇몇 사람들에 제한될 걸세. 하지만 다른 사람들 중에서 자네에게 가장 유익한 사람을 찾는다면, 많은 사람들이 선택의 대상이 되겠지. 그러니 많은 사람들 가운데서 자네의 친분에 합당한 사람을 찾아낼 가능성이 훨씬 더 크다네.

e

7. 그러니 만일 사람들이 들으면 자네에게 비난을 가하지나 않을까, 정해진 관습이 두렵다면, 이렇게 따져보게. 사랑하는 사람들은 자신이 다른 사람들을 부러워하듯 다른 사람들도 자신을 부러워하리라 생각하면서, 그 일을 자랑삼아 떠벌리고 공명심에 들떠 모든 사람 앞에서, 자기의 수고가 헛되지 않았음을 과시할 걸세. 반면, 사랑하지 않는 사람들은 자제력이 있기 때문에 사람들 사이의 평판 대신 가장 좋은 것[55]을 택할 것이네. 또한 사랑하는 사람들이 사랑받는 사람들의 뒤를 좇으면서 이를 일거리로 삼는 것을 수많은 사람이 듣고 보는 것은 피할 수 없는 일인데, 그 결과 그들이 함께 대화하는 광경이 눈에 띄면 이미 욕망을 채우고 난 뒤거나 아니면 욕망을 채우려는 속셈으로 함께 있다고 사람들은 생각하네. 하지만 함께 있다는 이유를 들어 사랑하지 않는 사람들을 탓할 사람은 없네. 친분이나 아니면 다른 어떤 즐거움 때문에 다른 사람과 대화를 나눌 수밖에 없다는 것을 사람

232

b

---

54 Heindorf를 따라 "bebouleuntai"로 읽었다.
55 위의 231a에서의 "내가 바라는 것"과 마찬가지로, "가장 좋은 것"(to beltiston)은 성애(性愛)를 가리킨다.

들은 알고 있기 때문이지. 그리고 만일 자네 생각에 친분을 지키기 어렵고, 다른 어떤 방식으로 불화가 빚어져 양쪽 모두에게 불행이 닥칠 가능성이 있다거나 자네가 가장 귀하게 여기는 것들을 포기하면 큰 손해가 날 수도 있다는 생각이 들어 두려운 마음이 든다면, 자네는 마땅히 사랑하는 사람들을 두려워해야 할 걸세. 그 이유는 이러하네. 그들을 괴롭히는 것은 많고, 그들은 만사가 자신에게 손해를 끼친다고 생각하네. 그러므로 그들은 자신에게 사랑받는 사람들이 다른 사람들과 만나는 것을 훼방하는데, 재산을 소유한 사람들에 대해서는 그들이 재물에서 자신을 능가하는 것을 걱정하기 때문이고, 배운 것이 많은 사람들에 대해서는 그들이 아는 것에서 자신보다 나은 것을 걱정하기 때문이지. 그리고 그들은 다른 어떤 좋은 것을 소유한 사람들 가운데 한 사람 한 사람이 가진 능력을 경계하네. 그러니 자네를 설득해 그들에게 미움을 얻게 해서 친구 없는 외톨이가 되게 하고, 만일 자네가 자네 자신의 일을 심사숙고하면서 그 사람들보다 더 슬기롭게 생각해 처신한다면, 자네는 그들과 불화에 빠지게 될 걸세. 그에 반해 사랑에 빠져서가 아니라 탁월함을 바탕으로[56] 자신에게 필요한 것들을 하는 사람들은 자네와 함께 있는 사람들을 질투하지도 않고 그런 일을 원하지 않는 사람들을 미워할 것이네. 그들은 자네가 이런 사람들에게 무시당하지만 함께 있는 사람들에게서는 이익을 얻는다고 생각하고, 그 결과 그들에게는 그런 교제로부터 적대감[57]보다 친분이 생길 가능성이 훨씬 더 크네.

---

56 "탁월함을 바탕으로(di' aretēn)"의 의미에 대해서는 231a와 234b를 참고. 253d에 대한 각주 232도 함께 참고.

8. 또한 사랑하는 사람들 가운데 많은 사람들은 자네의 행동거지를 알고 자네 나름의 개성적인 측면들을 경험하기도 전에 먼저 육체를 욕구하기에, 그 욕망이 사라지고 난 뒤에도 여전히 그들이 친구로 남아 있으려 할지 분명치 않네. 하지만 사랑하지 않는 사람들은 먼저 서로 친구가 되고 나서 그런 일들을 하는데, 이들의 경우에는 그들이 만족을 얻는 일들로 말미암아 친분이 하찮게 되는 일은 없을 것이고, 오히려 그것들은 앞으로 일어날 일들을 일깨우는 추억거리[58]로 남겨질 것이네. 그리고 사랑하는 사람보다 내 말을 들을 때, 자네에겐 더 나은 사람이 되는 길이 열릴 것이네. 왜냐하면 사랑하는 사람들은 가장 좋은 것[59]에 어긋나는 경우에도 자네의 말이나 행동을 칭찬하는데, 한편으로는 미움을 살까 두렵기 때문이고, 다른 한편으로는 욕망 때문에 인지 능력이 떨어졌기 때문이지. 왜냐하면 사랑이 보여주는 것은 이런 것들이기 때문이라네. 말하자면, (사랑은) 실패자들로 하여금, 다른 사람들에게 고통을 안겨주지 못하면 이를 괴로운 일로 생각하게 만드는가 하면, 성공한 사람들을 강요해서 즐거움을 주는 데 가치가 없는 것들까지도 그들의 찬사를 듣게 만들지. 그러니 사랑받는 사람들을 부러워하기보다 그들에게 연민을 갖는 편이 훨씬 옳은 일이네. 하지만 자네가 내 말을 따른다면, 나는 우선 눈앞의 즐거움이

233

b

c

---

57 "적대감"이라고 옮긴 "echthra"는 "친분" 또는 "정"(philia)에 반대되는 감정을 가리키는 말로, "증오", "반감", "앙심" 등으로 옮길 수 있다.

58 "추억거리"로 옮긴 원어는 "mnēmeia"인데, 망각(lēthē)과 기억(mnēmē)은 이 대화편의 주요 논의 주제이다. "기억"과 관련된 낱말들의 쓰임에 대해서는 275a에 대한 각주 403을 참고.

59 위의 232a를 참고하라.

아니라 앞으로 얻을 이익에 마음을 쓰면서 자네와 만날 것이네.⁶⁰ 나는 사랑에 굴복하지 않고 나 자신을 억제할 것이며 사소한 일 때문에 크나 큰 적대감을 돋우지 않고, 큰 일이 있어도 천천히 분노를 삭이고, 자네의 본의 아닌 잘못에 대해서는 이해심을 갖고, 고의적인 잘못은 막도록 애쓸 터이니, 이런 것들은 친분이 오랜 시간 동안 지속되리라는 증거이기 때문이네. 허나, 사랑하지 않고서는 끈끈한 친분도 생길 수 없다고 자네가 생각한다면, 자네는 이런 사실을 마음에 두어야 하네. 즉 그것이 사실이라면 우리는 자식들은 물론 아비들과 어미들도 소중히 여길 수 없을 것이며, 그런 종류의 욕망이 아니라 다른 행동방식⁶¹이 발단이 되어 친분을 맺은 믿을 만한 친구들도 두지 못할 것이네.

9. 또한 가장 절실하게 필요한 사람들에게 호의를 베풀어야 한다면, 우리는 마땅히 다른 일들에서도 역시 가장 훌륭한 사람들이 아니라 가장 궁지에 처한 사람들에게⁶² 덕을 베풀어야 하네. 이들은 더없이 큰 어려움들을 물리친 뒤 우리에게 크나 큰 감사를 하게 될 것이기 때문이네. 그리고 실제로 사적인 지출에서도 친구들보다 걸인들이나 허

---

60 이 연설의 구애자는 사랑이 주는 진실한 감동(erōtikon pathos, 265b)보다는 사랑에서 오는 즐거움 또는 "쾌락"(hēdonē), "이익"(ōphelia)과 "손해"(blabē)에만 관심이 있는 쾌락주의자요 냉정한 계산가다.

61 원문의 "epitēdeumata"는 보통 "행동방식", "삶의 방식"을 뜻하지만, 본문에서는 "욕망"과 반대되는 다른 고상하거나 순수한 "의도", "뜻"을 가리킨다.

62 "가장 훌륭한 사람들"과 "가장 궁지에 처한 사람들"로 옮긴 원문의 표현은 "hoi beltistoi"와 "hoi aporōtatoi"이다.

기 채우기를 바라는 사람들을 초청하는 것이 가치 있는 일이네. 왜냐하면 그들은 고마워하면서 뒤를 따를 것이고 문 앞에 와서 크게 기뻐하면서 결코 작지 않은 감사를 표시하고 갖가지 좋은 일들이 주인들에게 일어나길 기원할 것이기 때문이네. 하지만 아마 너무 궁핍한 사람들보다는 은혜를 가장 잘 갚을 능력이 있는 사람들에게 호의를 베풀어야 좋을 걸세. 다시 말해서 그저 얻기만을 바라는 사람들이 아니라 대접할 가치가 있는 사람들에게 호의를 베풀어야 한다는 말일세. 자네의 청춘을 향유하려는 사람들이 아니라 자네가 나이 들었을 때 자기 수중의 좋은 것들을 나누어줄 사람들, 일에 성공을 거둔 뒤 다른 사람들 앞에서 공명심에 들뜨는 사람들이 아니라 이를 부끄러워하면서 다른 사람들 앞에서 감추는 사람들을 말하는 거지. 잠깐 동안 열을 내는 사람들이 아니라 한평생 변함없이 친구가 될 사람들, 욕망이 식으면 반감을 살 꼬투리를 찾는 사람들이 아니라 청춘기를 벗어난 사람들에게 자신의 탁월함을 내보일 사람들을 말하는 거네. 그러니 자네는 지금까지 한 말을 기억하고, 이런 점을 마음에 새겨두게. 친구들은 사랑하는 사람들을 그들이 하는 일이 옳지 않다는 이유를 들어 꾸짖지만, 사랑하지 않는 사람들에 대해서는 가족 가운데 어느 누구도 그들이 그 일로 말미암아 자신의 일들에 대해 잘못된 생각을 하고 있다는 이유를 들어 비난한 적이 없다네.

그러면 아마 자네는, 사랑하지 않는 사람 모두에게 호의를 베풀라고 권유하는 거냐고 물을 수도 있네. 하지만 자네를 사랑하는 사람이 자네에게, 자네를 사랑하는 사람들 누구에게나 똑같은 생각을 품으라고 당부하리라고 난 생각하지 않네. 왜냐하면 호의를 얻은 사람의 입장에서 보면 그 일은 응분의 호의를 되갚아야 할 정도의 가치가 있는 것도 아니고, 자네가 원할 때 다른 사람들의 눈을 똑같이 피할 수 있는 것도 아니기 때문이지. 그로 말미암아 자네가 어떤 손해를 입어서도 안 되고 양쪽 모두에게 이익이 있어야 하네. 그러니 나는 이제껏 한 이야기가 충분하다고 생각하네. 지나친 것이 있다고 생각해서 더 바라는 것이 있다면, 질문을 하게.

뤼시아스의 연설에 대한 비판

10. 소크라테스, 당신 눈에 이 연설이 어때 보이나요? 이 연설은 다른 점들도 그렇지만 특히 낱말들[63]이 뛰어나 보이지 않습니까?

d **소크라테스** 여보게, 놀라서 까무러칠 지경이네. 파이드로스, 난 자네를 보면서 이런 느낌을 받았네. 자네는 글을 읽는 도중 희열에 사로잡힌 것 같았지. 왜냐하면 나는 나보다 자네가 그런 일들에 더 전문가[64]라고 생각하면서 자네를 따라왔고, 자네를 따르면서 신 같은 존재인 자네와 함께 도취 상태에 빠져들었네.[65]

파이드로스 그런데, 이렇게 장난을 치시려는 겁니까?

소크라테스 자네에게는 내가 진지함이 없이 장난을 치는 것처럼 보이

---

63 "낱말"이라고 옮긴 "onomata"는 이 문맥에서는 228d의 "어구들(rhēmata)"과 그 뜻이 다르지 않다.

64 원문에는 동사 "epaiein"이 쓰였는데, 이 동사는 "(어떤 주제에 대해) 지식을 가지다", "(어떤 분야의) 전문가다"라는 뜻이다. 이런 용법에 대해서는 《프로타고라스》 327c, 《크리톤》 48a, 《고르기아스》 518c를 참고. 아래의 268c도 함께 참고.

나?

파이드로스 전혀 진지함이 없어 보입니다, 소크라테스. 친분의 신 제우   e
스의 이름을 걸고 말해보십시오. 헬라스 사람들 가운데 다른 어떤 사
람이 이와 똑같은 일을 두고 이것보다 더 대단하고 실속 있는 연설을
할 수 있으리라 생각합니까?

소크라테스 무슨 말인가? 그 말이 나와 자네의 칭찬을 들어야 한다면,
이는 단순히 낱말 하나하나가 명확하고 원만하며 정교하게 다듬어져
있다는 이유만이 아니라 작가[66]가 당연히 해야 할 말을 했다는 이유
에서도 그렇겠지? 왜냐하면—만일 그래야 한다면—난 자네 편을 들
어 물러날 수밖에 없으니, 나의 변변치 못함 탓에[67] 나는 그런 점을 눈
치 채지 못했기 때문이네. 나는 오직 그 말의 수사적 측면에만 정신   235
을 쏟았는데,[68] 그 점에 대해서는 뤼시아스 자신도 흡족해하지 않으
리라 생각하기 때문이네. 사실, 내가 생각하기에, 파이드로스—자네
가 다른 말을 하지 않는다면—그는 똑같은 것을 두 번 세 번 반복했

---

65 원문에는 동사 "symbakcheuein"의 부정과거 분사 "synebakcheusa"가 쓰였다.
"bakchai"는 디오니소스 신을 숭배하는 여신도들을 가리키며, 이로부터 파생된
"symbakcheuein"은 "디오니소스의 축제나 도취상태에 함께 참여하다"는 뜻이다. 아
래의 253a에 대한 각주 224를 참고.

66 원문의 "poiētēs"는 좁은 의미에서는, "산문작가"를 가리키는 "syngrapheus"과 달리
"시인"을 뜻하지만, 여기서처럼 그냥 "작가"나 "제작자"를 뜻할 수도 있다. 아래의
235c에 대한 각주 69를 참고.

67 원문에는 "hypo tēs emēs oudenias"가 쓰였다. "oudenia"는 "ouden"(nothing)의 추상
명사로 "아무것도 아님", "무가치함"을 뜻한다.

68 뤼시아스 연설의 "수사적인 측면에"(tōi rhētoriōi)에 주의했다는 소크라테스의 말은
2부의 262c~264e에서 이루어질 그 연설에 대한 수사학적 비판을 예측하게 한다.

거든. 그는 그 주제에 대해서 능숙하게 많은 것을 말한 것 같지 않네. 혹시 그런 것은 그에게 아무 관심거리가 아니었을 수도 있겠지. 그는 똑같은 것을 이렇게 저렇게 말하면서 어떤 방식으로나 더없이 훌륭하게 말을 할 수 있다는 것을 과시하면서, 호기를 부리는 젊은이의 모습을 보였네.

b **파이드로스** 당치 않은 말입니다, 소크라테스. 그것 또한 그 연설이 가진 최대의 장점이지요. 그는 그 주제와 관련해서 이야기할 가치가 있는 여러 논점 가운데 어느 것 하나 빼놓지 않고 적절하게 말을 했으니, 결코 어느 누구도 그가 말한 것 이상으로 더 실속 있고 가치 있는 것을 달리 말할 수는 없을 겁니다.

소크라테스 이 점에서는 나는 더 이상 자네 말을 따를 수 없네. 왜냐하면 내가 자네 편을 들어 뒤로 물러난다면, 그런 것들에 대해 말을 하고 글을 썼던 지혜로운 옛 사내들이나 여인네들이 나를 반박하겠기 때문이지.

c **파이드로스** 그들이 누굽니까? 어디서 이보다 더 뛰어난 말을 들었습니까?

11. **소크라테스** 지금은 말할 수 없네. 나는 분명 어떤 사람들에게서 들었네. 아름다운 사포이건 지혜로운 아나크레온이건 다른 어떤 작가[69]건 말이야. 도대체 어디서 증거를 끌어들여 내가 말을 하겠나? 여보게, 어찌 된 일인지 내 가슴이 벅차오르면서, 그런 말들과 따로 그것

---

69 "작가"라고 옮긴 원문의 "syngrapheus"는 본래 역사적인 사실들을 수집하고 기록하

들에 뒤지지 않는 다른 말을 할 수 있을 것 같은 기분이 드네. 그런데 그 중 어떤 것도 나 자신의 힘으로 생각해낸 게 아니라는 것을 나는 잘 알고 있지. 내 무식함은 내가 잘 아니까.[70] 그러니 내 생각에, 남는 가능성은 어딘가 다른 물길에서 물이 흘러나와 그릇이 차듯 귀를 통해 내가 가득 찬 것이네.[71] 내 어리석음 탓에 어떤 사람들에게 어떻게 들었는지도 잊어버린 게야.

d

파이드로스 대단하군요. 아주 멋진 말을 하셨습니다. 설령 내가 요구를 하더라도, 어떤 사람들에게서 어떻게 들었는지는 말할 것이 없고, 당신이 말하고 있는 바로 그것을 해보시지요. 책자(冊子)에 있는 것들에서 시작해서, 그것들보다 더 낫고 그것들에 뒤지지 않을 다른 것들을 말하겠노라고 이미 약속하셨지요. 그러면 나는 당신에게, 아홉 명의 통치자들[72]이 그렇게 하듯, 등신(等身)의 황금 상(像)을 델포이에 세우겠다는 약속을 하지요. 내 것뿐만 아니라 당신 것도 세우지요.

c

는 사람을 가리키며, 일반적으로는 "시인(poiētēs)"과 달리 "산문작가"를 뜻한다(아래의 258a, 272b, 278e 등을 참고). 소크라테스는 본문에서 기원전 6세기 레스보스 섬의 유명한 서정시인 사포(Sappho)와 아나크레온(Anakreon)을 자신의 반론의 증인으로 끌어들인다. 이들은 뤼시아스와 반대 입장에 있다. 뤼시아스가 사랑하지 않는 사람의 권리를 이야기하는 것과 달리, 그들은 사랑받지 못하는 사람이나 버림받은 사람의 사랑을 노래했다. 소크라테스는 흔히 타인의 권위를 빌려 어떤 주장을 내세우는데 이에 대해서는 《메논》 81a과 《잔치》 201d 아래 등의 구절을 참고.

70 소크라테스의 무지의 고백에 대해서는 예컨대 《변론》 21b와 23a를 함께 참고.
71 이 표현에 대해서는 데모크리토스(Demokritos)의 단편 H. Diels-W. Kranz (Hrsg.), *Die Fragmente der Vorsokratiker*, Zürich-Hildesheim ⁶1964, 68 A 126a를 참고. 이 저술은 아래에서 "D.-K."로 줄인다. 이 저술에 대한 우리말 발췌 번역으로는 김인곤 외 옮김, 《소크라테스 이전 철학자들의 단편 선집》, 아카넷, 2005를 참고.

소크라테스 파이드로스, 뤼시아스가 모든 점에서 잘못을 범했다는 말을 내가 하고 있고 또 그것들 전부를 제쳐두고 내가 다른 말을 할 수 있으리라 자네가 생각한다면, 자넨 둘도 없는 친구요 정말로 황금 덩어리일세. 하지만 아무리 하찮은 작가도 그런 일을 겪으리라고는 난 생각지 않네. 먼저 그 연설의 주제를 놓고 보세. 사랑하는 사람보다 사랑하지 않는 사람에게 호의를 베풀어야 한다고 말하면서, 한쪽 사람에 대해서는 사려 있음을 칭찬하고 다른 쪽 사람에 대해서는 사려 없음을 비난하는 일을 제쳐둘 사람이 어디 있겠나?[73] 그런 것들은 불가피한 일인데, 그와 다른 말을 할 사람이 어디 있다고 자네는 생각하나? 내 생각에 말을 하는 사람은 그런 것들을 인정하고 거기에 동의해야만 하네. 그 경우에는 그것들을 발견한 것보다는 그것들을 구성한 것을 두고 칭찬을 해야 하지만, 필연적이 아니고 발견하기 어려운 것들을 다루는 경우에는 구성에 덧붙여 발견을 두고도 칭찬을 해야겠지.[74]

12. **파이드로스** 당신 말에 동의합니다. 지당한 말씀이라고 생각합니다.

---

[72] 고전기 아테네에서는 추첨에 의해 뽑힌 아홉 명의 "통치자들"(archontes)이 정무(政務)를 담당했다. 공직에 나갈 때 이들은, 법을 어길 때는 황금 상을 세우겠다는 맹세를 했다. 이에 대해서는 아리스토텔레스, 《아테네의 정체(政體)》 7.1을 참고.

[73] "사려 있는 것"과 "사려 없는 것"이라는 말로 옮긴 "to phronimon"과 "to aphron"은 모두 "phrēn"의 파생어다. "phrēn"은 해부학적으로는 "횡격막"을 가리키지만(《일리아스》 10권 10행과 16권 481행), 감정이나 정서적 작용을 주관하는 "가슴" 또는 "마음"이나 감각과 사유 등 인지 기능의 주체로서 "정신"을 뜻하기도 한다(《일리아스》 1권 474행, 13권 609행 ; 23권 104행 등). "to phronimon"과 "to aphron"은 각각 분별 능력이 있는 상태, 즉 사려와 사려의 부재를 뜻한다.

그렇다면 나도 이렇게 하겠습니다. 사랑하는 사람은 사랑하지 않는 사람보다 더 열병을 앓고 있다는 논제를 깔고 하는 것을 허락하지요. 하지만 나머지 점에서는 여기 있는 〔뤼시아스의〕 말들과 다르면서 그것들보다 더 실속 있고 가치 있는 연설을 해보십시오. 그러면 올림피아에 있는, 퀍셀로스의 아들들이 바친 봉헌물 옆에 타제(打製) 청동상을 세우게 할 겁니다.[75]   b

소크라테스 파이드로스, 자넨 진심으로, 내가 자네를 놀리면서 자네 애인[76]에게 손을 댔다고 믿는가? 내가 진실로 그 사람의 지혜에 맞서 다른 것을 더 다채롭게 말할 엄두를 내리라 생각하는가?

파이드로스 친애하는 소크라테스. 그 점에서 당신은 똑같은 처지에 있습니다. 왜냐하면 우리가 서로 배역을 바꾸어가며 희극배우의 우스갯짓을 하지 않으려면, 당신은 만사 제쳐두고 힘닿는 만큼 연설을 해   c

---

74 소크라테스는 "발견"(euresis)과 "구성"(diathesis)의 두 가지 관점에서 평가해야 한다고 말한다. 여기서 "발견"이란 새로운 논제의 발견, 즉 "발상"(發想) 또는 "착상"(着想)의 뜻을 가진다. 소크라테스는 당연한 것을 이야기하는 경우에는 구성이 그에 대한 평가의 근거가 되고, 그렇지 않은 경우에는 발견과 구성, 이 두 가지를 함께 고려해서 그 연설을 평가해야 한다고 말한다. 237b~241d에서 이루어지는 소크라테스의 연설은 뤼시아스의 논제를 재구성한 것이다.

75 "퀍셀로스"(Kypselos)의 가문은 기원전 7세기, 전성기 코린토스(Korinthos)의 지배자였다. 본문에서 말하는 "봉헌물"(anathēma)은 그의 아들들이 바친 값비싼 거상(巨像)을 가리키는 듯하다.

76 원문의 "paidika"는 일반적으로 동성애의 상대자인 소년을 가리키지만, 여기서는 연장자인 뤼시아스를 가리켜 "애인"이라는 뜻으로 쓰였다. 이 번역에서는 "paidika"를 "애인" 또는 "아이"라고 옮겼다. "아이"를 가리키는 말로는 "pais"도 쓰이지만, "paidika"와 특별한 의미 구분 없이 쓰인다(253b를 참고). 이 번역에서는 두 낱말을 특별히 구별하지 않고, 주로 "아이"라고 옮겼다.

야 하기 때문이지요. 조심하세요. 내 입에서 이런 말이 나오도록 나를 강요하지 마세요. "오 소크라테스, 내가 소크라테스를 모른다면, 나 자신을 잊어버린 셈이지요." "그는 말하기를 원하면서도 딴청을 부립니다."[77]라고 말입니다. 명심하세요. 당신이 가슴 속에 품고 있다고 말했던 것을 밝히기 전에는 우리는 이곳을 떠나지 못할 겁니다. d 이 한적한 곳엔 우리뿐인데, 내가 기운이 더 세고 더 젊지요. 이 모든 것을 감안해서 "내가 당신에게 하는 말을 깨닫고",[78] 힘에 못 이겨 하지 말고 자발적으로 하세요.

소크라테스 아니, 이런 사람이 있나. 파이드로스, 나 같은 문외한이 훌륭한 작가에 맞서 그런 것들에 대해 즉석연설을 한다면 웃음거리가 될 걸세.

파이드로스 도대체 사정을 아시는 겁니까? 내 앞에서 내숭떨기는 그만 두십시오. 당신에게 말하기를 강요할 명분은 모자라지 않으니까요.

소크라테스 제발 그런 말은 그만 두게.

파이드로스 좋습니다. 말을 하지요. 이건 내게 맹세의 말이 될 겁니다. 당신 앞에서 맹세합니다. 아니 어떤 것, 어떤 신을 두고 맹세할까요? e 이 플라타너스를 두고 맹세할까요? 이 나무 앞에서 내게 연설을 하지 않는다면, 난 결코 당신 앞에서 어느 누구의 다른 연설도 보여주거나 전달하지 않을 겁니다.

---

77 위의 228a와 c에서 소크라테스가 파이드로스에게 말하기를 강요하면서 했던 말을 비꼬아서 하는 말이다.
78 핀다로스의 단편 105(Snell)에 나오는 표현으로 《메논》 76d에서도 인용된다.

13. **소크라테스** 이런 흉측한 사람 같으니.[79] 말을 좋아하는[80] 사람에게, 자네가 요구하는 것을 하게 할 강제책을 어찌 그리 잘 찾아냈는가!

파이드로스 도대체 어떤 이유를 대고 빠져나가려는 겁니까?

소크라테스 자네가 그런 맹세를 했으니, 갖다 댈 이유가 없네. 내 어찌 그런 즐거운 자리를 물리칠 수 있겠나?

파이드로스 그렇다면 말을 하세요.

237

소크라테스 내가 어떻게 말을 할지 아는가?

파이드로스 무엇에 대해서요?

소크라테스 얼굴을 가리고 말을 하려네. 가능한 한 빨리 연설을 마치고, 자네 얼굴을 대하면서 부끄러움 때문에 난처한 지경에 빠지지 않기 위해서지.

파이드로스 말이나 하세요. 다른 것은 마음대로 하세요.

소크라테스 오 낭랑한 무사 여신들이여, 노랫소리가 낭랑하기 때문인지 문예를 아는 낭랑 족(族) 탓인지,[81] 당신들은 그런 이름을 가졌나이다. 나를 도와 이야기[82]를 해주소서. 그의 동무는 이전에도 그의 눈에 지

b

---

79 원문에는 호격 "ō miare"가 쓰였다. 형용사 "miaros"는 본래 "피로 더럽혀진"을 뜻하며, 일반적으로는 "더러운", "가증스런", "혐오스런"을 뜻한다.

80 원문에는 "philologos"가 쓰였다. 위의 228c의 "이야기를 사랑하는 사람"(ho tōn logon erastēs)과 같은 뜻이다.

81 "ligys"(여성형은 ligeia)는 형용사로서는 소리가 "맑고 투명한", "낭랑한"을 뜻하지만, 명사로서는 메살리아(Messalia)에 거주했던 종족을 가리키기도 한다. "ligys"의 이런 두 가지 뜻을 이용해 소크라테스는 본문에서 말장난을 하고 있다. 이 이중적인 의미를 살려내려고 번역에서는 "낭랑한" 또는 "낭랑 족(族)"이라는 말을 썼다.

82 원문에는 "mythos"가 쓰였는데, 이 말은 물론 "허구적인 이야기"라는 뜻을 함축하지만, 이 대화편 전체에 걸쳐 "이야기", "연설"의 뜻으로 자주 쓰이는 "logos"의 의

혜롭게 보였거니와 이제 더욱 지혜롭게 보이도록, 여기 있는 이 뛰어난 사내가 내게 말하기를 강요하나이다.

예전에 한 아이, 아니 풋내기가 있었으니, 그는 매우 아름다웠다. 그에게는 사랑하는 사람들이 아주 많았다. 그 가운데 하나 꾀보가 있었으니, 그는 사실 누구 못지않게 그 아이를 사랑하면서도 사랑하지 않는다는 생각을 그 아이가 품게 해놓은 터였다. 그리고 어느 날 아이를 불러, 사랑하는 사람보다 사랑하지 않는 사람에게 호의를 베풀어야 한다고 설득하면서 이렇게 말했다.

소크라테스의 첫 번째 연설

14. 여보게, 어떤 것에 대해서나 올바로 숙고하길 원하는 사람들이 취해야 할 출발점은 단 하나뿐일세. 숙고의 대상이 되는 것을 알아야 하는데, 그렇지 않을 경우 완전히 잘못을 범할[83] 수밖에 없네. 하지만 많은 사람들은 자기가 각 대상의 본질[84]을 알지 못하고 있다는 사실

c

미도 함께 가진다. 예컨대 262c에서 소크라테스는 자신의 이야기를 가리켜 "logos"라고 부르기도 한다.

83 원문에는 동사 "hamartanein"이 쓰였다. 이 대화편에서는 "죄를 범하다"는 뜻이 아니라 "실수하다", "(논리적인) 오류를 범하다"는 뜻으로 많이 쓰인다.

84 원문에는 "ousia hekastou"가 쓰였다. "ousia"는 이 대화편에서 "재산"이나 참으로 있는 "실체"라는 뜻으로도 쓰이지만(232c, 240a, 247c 등을 참고), 본문에서처럼 2격의 부가어와 함께 쓰일 때는 어떤 것에 "본질적으로 속하는 것", 즉 어떤 것의 "본질"을 뜻한다.

을 깨닫지 못한다네. 그래서 그들은 안다고 생각하기 때문에 탐구의 출발점에서 서로 동의(同意)에 이르지 못하고, 논의를 진행한 다음에 당연한 대가를 치르게 되지. 왜냐하면 그들은 자신들과도 다른 사람들과도 동의에 이르지 못하기 때문이라네. 그러니 나와 자네는 우리가 다른 사람들에게 돌리는 일을 겪지 말기로 하세. 자네와 내 앞에는, 친분을 맺어야 할 사람이 사랑하는 사람인지 사랑하지 않는 사람인지가 논의거리로 놓여 있으니, 사랑에 대해 그것이 어떤 종류의 것이고 어떤 능력을 가졌는지에 대해 동의를 바탕으로 정의(定義)[85]를 d 내린 뒤, 그것을 주안점과 준거점으로 삼고, 사랑이 이익을 주는지 손해를 끼치는지 탐구하기로 하세. 그런데 사랑이 일종의 욕망이라는 것은 누구에게나 분명하네. 그리고 사랑하지 않는 사람들조차도 아름다운 것들을 욕구한다는 걸 우리는 알고 있네. 그렇다면 무엇을 기준으로 사랑하는 사람과 사랑하지 않는 사람을 판단하는가? 분명 우리 한 사람 한 사람 안에는 지배하고 인도하는 두 가지 원리[86]가 있어서, 우리는 그것들을 따르면서 그것들이 이끄는 쪽으로 끌려간다는 사실을 깨달아야 하네. 그 하나는 타고난 것으로서 쾌락에 대한 욕망이고, 다른 하나는 나중에 획득한 의견인데 이것은 가장 좋은 것을 좇는다네.[87] 이 둘은 우리 안에서 어떤 때는 뜻을 같이하지만 다툼

---

85 "정의"(horos, horismos)의 방법으로서 변증술(dialektikē)의 두 가지 절차에 대해서는 아래의 265d를 참고.
86 "원리"라고 옮긴 "idea"는 본문에서 "생김새"(251a), "이데아"(265d, 273e) 등의 뜻으로도 쓰인다.
87 여기서는 쾌락(hēdonē)에 대한 "선천적인 욕망(emphytos epithymia)"과 좋은 것에 대한 "후천적인 의견(epiktētos doxa)"을 구분한다. 플라톤의 다른 대화편에는 이와

을 벌일 때도 있지. 그리고 어떤 때는 그 가운데 한쪽이, 어떤 때는 다른 쪽이 힘을 쓰네. 그런데 의견이 이성을 따라서[88] 가장 좋은 것으로 이끌면서 힘을 쓰면, 이 힘에는 분별[89]이라는 이름이 붙지만, 욕망이 이성 없이[90] 쾌락으로 끌고 가면서 우리 안에서 득세하면, 이런 지배[91]에는 무분별[92]이라는 이름이 붙네. 그런데 무분별은 이름이 여럿인데, 그것은 부분이 여럿이고 형태가 여럿이기[93] 때문이지. 그리고 이런 여러 형태 가운데 어떤 것이 두드러진 구실을 하면, 그 소유자를 그 자신의 이름에 따라 불리게 하는데, 그것은 갖기에 아름다운 것도 가치가 있는 것도 아니라네. 왜냐하면 욕망이 먹기를 탐하면서 가장 좋은 것에 대한 이성적 판단과 다른 종류의 욕망들을 억누른다면, 그런 욕망은 식탐(食貪)이고, 이것은 그 소유자로 하여금 바로 그런 이름으로 불리게 할 것이네. 그런가 하면 음주에 대한 욕망이 독재자 노릇을 하면서 그 욕망의 소유자를 그 쪽으로 이끈다면, 그 사

관련된 다른 종류의 이분법이 등장한다. 예컨대 《국가》(604b 아래)에서는 영혼이 이성적인 부분과 비이성적인 부분으로 나뉘는 반면, 《티마이오스》(69e)에서는 영혼이 불멸하는 부분과 가멸적인 부분으로 나뉜다.

88 원문의 "logoi"는 "이치에 맞게"라고도 옮길 수 있을 것이다.
89 원문의 "sōphrosynē"는 "절제", "자제", "분별" 등으로 옮길 수 있다. 위의 231d에 대한 각주 53을 참고. 이 번역에서는 맥락에 따라 "분별"과 "절제"로 옮겼다.
90 원문의 "alogōs" 역시 "이치에 어긋나게"라고 옮길 수도 있다.
91 "지배"라고 옮긴 "archē"는 본문에서 "시작", "출발점", "(이야기의) 처음"(=첫머리) 등의 뜻으로도 쓰인다.
92 원문의 "hybris"는 보통 "오만", "무례", "난폭" 등 여러 가지 뜻으로 쓰이지만, 본문에서는 "sōphrosynē"와 반대되는 뜻으로 쓰였고 "무분별", "무절제"를 가리킨다. 이 번역에서는 "무분별"이라고 옮겼다.
93 Stobaeus를 따라 "polyeides"로 읽었다.

람이 어떤 이름으로 불릴지는 자명한 일이네. 또한 그런 이름들과 형제지간인 다른 이름들 역시 (위에서 말한 것들과) 형제지간인 욕망들에 속하며, 그 가운데 언제나 힘을 쓰는 것이 있으면 마땅히 그에 따라 이름을 불러야 한다는 것은 분명한 일이네. 이제껏 했던 모든 이야기가 어떤 욕망에 대한 것이었는지는 이미 밝혀졌지만, 어떤 것이든 논의되지 않았을 때보다는 논의되었을 때 더욱더 분명해진다네. 왜냐하면 이성이 없는 욕망이 올바른 것으로 이끄는 의견을 지배하면서 아름다움이 주는 쾌락 쪽으로 이끌리고, 핏줄이 같은 욕망들에 의해 격렬하게 육체의 아름다움 쪽으로 떠밀려가 주도권 다툼에서 승리를 얻으면, 그런 욕망은 바로 그 힘에서 이름을 얻어 "에로스"라고 불리게 되었기 때문일세.[94]

c

15. 그런데, 여보게 파이드로스, 내 생각에도 그렇지만, 자네 생각에도 내가 신적인 감동에 사로잡힌 것 같지?[95]

파이드로스 소크라테스, 정말 평소와 달리 말이 청산유수군요.

소크라테스 잠자코 내 말을 들어보게. 진실로 이 장소는 신성한 곳인 것 같네. 그러니 이야기가 진행되는 가운데 내가 자주 님프의 힘에

d

---

[94] 여기서 소크라테스는 "erōs"의 어원을 "격렬하게(eromenōs)", "떠밀려(rō-stheisa)", "힘(rōmē)"과 결부시켜 설명한다.

[95] "신적인 감동에 사로잡히다"에 해당하는 원문의 표현은 "theion pathos peponthenai"이다. 소크라테스는 흔히 신탁, 무녀 등 다른 사람들을 끌어들여 자신의 주장을 내세우곤 하는데, 여기서도 마찬가지다. 이에 대해서는 《소크라테스의 변론》 23a, 《잔치》 201d, 《메논》 81a 등을 참고.

붙잡힌다[96]고 해도, 놀라지 말게. 내 입에서 나오는 것들은 디튀람보스들[97]과 더 이상 멀리 떨어져 있는 것이 아니니까.

파이드로스 지당한 말씀입니다.

소크라테스 이는 자네 탓이네. 허나, 나머지 말도 들어보게. 겨냥하는 방향이 바뀔지도 모르네. 이런 일들은 신의 뜻에 달렸고, 우리는 그 이야기를 가지고 아이에게로 되돌아가야 하네.

자, 여보게, 우리가 숙고해야 할 것이 어떤 것인지는 이미 말했고 정의했으니, 이제 거기에 주목하면서 나머지 것들, 즉 사랑하는 사람과 그렇지 않은 사람으로부터 그들에게 호의를 베푸는 사람에 따라 나올 법한 이익이나 손해가 어떤 것인지를 이야기하세.

욕망의 지배를 받는 사람은 쾌락의 노예 상태에 있기 때문에, 사랑받는 사람이 어떻게든 자기 자신에게 가능한 한 최대의 쾌락을 제공하도록 조장할 수밖에 없네.[98] 그러나 열병을 앓는 사람에게는 그를 거

---

96 원문의 "nympoleptos"는 말 그대로 "님프에게 붙잡힌"(caught by nymphs)을 뜻한다. 228b의 "ton synkorybantionta"와 234d의 "synebakcheusa"가 표현하는 것과 같은 광기와 도취에 사로잡힌 정신 상태를 가리킨다.

97 "디튀람보스"(Dithyrambos)는 디오뉘소스 축제 때 불리던 디오뉘소스 찬가(hymnos)다. 디튀람보스의 원형은 알 수 없고, 나중에 바퀼리데스(Bakchylides, 기원전 505년~450년 무렵)가 지은 디튀람보스가 단편적으로 전해진다. 디튀람보스에 대한 플라톤의 태도에 대해서는 《고르기아스》 501e와 《대히피아스》 292c를 참고.

98 "~할 수밖에 없다"(ananke)는 사랑하는 사람의 심리적 강제 상태를 표현한다. 하지만 연설 앞부분에서 이루어진 사랑에 대한 정의로부터 따라 나오는 논리적 귀결의 필연성을 표현하는 것으로 이해할 수도 있다. 이 대화편 전체에 걸쳐 "ananke"는 이런 두 가지 뜻으로, 즉 심리적 강제성이나 논리적 필연성의 뜻으로 쓰인다.

역하지 않는 것 모두가 쾌락을 주지만, 그보다 강하거나 그와 대등한 것은 그의 적대감을 산다네. 사랑하는 사람은 아이가 더 강하거나 자신과 대등한 것을 기꺼이 받아들이지 않을 것이고, 언제나 그를 더 못하고 열등한 사람으로 만드네. 그런데 무식한 사람은 지혜로운 사람보다 못하고 비겁한 자는 용감한 자보다 못하며 언변 능력이 없는 자는 연설가보다 못하고 생각이 둔한 사람은 명민한 사람보다 못하지. 이런 수많은 해악[99]이나 그 이상의 수많은 정신적 해악이 사랑받는 사람에게 생겨나거나 또는 그에게 본성적으로 속해 있다면, 사랑하는 사람은 반드시 이를 반기거나 조장할 것이니, 그렇지 않으면 눈앞의 쾌락을 빼앗길 수밖에 없네. 그는 필연적으로 질투할 수밖에 없고, 그 아이를 가장 훌륭한 사내로 만들 수 있을 다른 여러 유익한 모임으로부터 아이를 떼어놓음으로써 큰 손해의 원인이 되고, 그를 더없이 사려 깊은 사람으로 만들 수 있는 모임에 참여하는 것을 막음으로써 가장 큰 손해의 원인이 될 수밖에 없다네. 신적인 철학이 그런 것에 해당하는데, 사랑하는 사람은 반드시 아이를 그런 일에서 떼어놓으려 할 것이니, 자기가 무시당할까 두려워하기 때문이지. 그는 기필코 다른 계책들을 꾸미는데, 아이가 무지한 상태에서 온통 사랑하는 사람에게 눈길을 빼앗기고 그런 상태에서 자기 자신에게는 최대의 쾌락을 제공하며 아이 자신에게는 최대의 해가 되도록 하는 데 그

239

b

---

99 "해악들"의 원어는 "kaka"이다. "kakos"의 추상명사 "kakia"는 "aretē"(덕, 탁월함, 뛰어남)의 반대 개념으로서 "악덕", "열등함"을 뜻한다. 본문에서 예를 찾는다면, 무식함(amathia), 비겁(deilia), 언변 능력의 부재(adynamia eipein) 등이 모두 kakia이다. 253d에 대한 각주 232를 함께 참고.

c 목적이 있다네. 그러니 정신적인 측면에서 볼 때 사랑을 품은 사내는 결코 유익한 보호자나 동반자가 아니지.

16. 그 다음, 몸가짐이나 몸의 관리와 관련해서, 좋은 것보다 쾌락을 주는 것을 좇을 수밖에 없게 된 사람이 자기 손 안에 있는 아이의 몸에 대해서 어떤 종류의 관리를, 어떤 방식으로 행할지 살펴보아야 하네. 그가 유약하고 억세지 않은 아이를 따라다니는 광경이 눈에 띌 것이네. 밝은 햇살 아래서가 아니라 그늘진 음지에서 자라고 사내에게 걸맞은 노고와 마른땀을 낸 경험 없이, 경험한 것이라곤 여리고 사내답

d 지 않은 생활 태도뿐이어서, 자신에게 속한 것을 떠나 다른 쪽에 맞는 색깔과 장식으로 치장하고,¹⁰⁰ 그런 것들과 결부된 온갖 다른 것들을 일삼는 아이를 따라다닌다네. 그런 것들은 명백해서 더 자세히 다룰 가치가 없으니 제쳐두고, 한 가지 치명적인 결과를 거론한 뒤 다른 문제로 넘어가기로 하세. 그것은 바로, 전쟁이나 다른 종류의 커다란 곤경에 처해서 그런 종류의 몸을 만나면, 적들은 사기가 오르는 데 반해 친구들이나 사랑하는 사람들은 겁에 질린다는 점이지.

이제 이 점은 분명한 것으로 제쳐두고, 그 다음에 오는 것, 즉 사랑하
e 는 사람과의 교제나 그가 베푸는 보호가 우리의 소유에 어떤 이익과 어떤 손해를 주는지 말해야 하네. 다음과 같은 점은 누구에게나 분명하지만, 특히 사랑하는 사람에게 분명하다네. 즉 그는 사랑받는 사람이 더없이 사랑하고 아끼며 신처럼 여기는 소유물들을 갖지 않기를

---

100 다른 쪽의 성(性), 즉 여성의 차림새와 몸치장을 한다는 뜻이다.

가장 먼저 기원한다네. 왜냐하면 그는 아이가 아버지나 어머니를 비롯해서 친척과 친구들을 잃어버리기를 바랄 수도 있는데, 그는 그런 사람들이 크나큰 쾌락을 주는 그와의 교제를 가로막는 방해자요 감시자라고 생각하기 때문이지. 그런가 하면, 금이나 다른 어떤 재물 같은 재산을 소유한 사람은 붙잡기도 어렵고 붙잡은 뒤에도 다루기 쉽지 않다고 그는 생각할 것이네. 이로 인해 사랑하는 사람이, 아이가 재산을 얻으면 이를 질투하고 재산을 잃으면 기뻐한다는 것은 불을 보듯 뻔한 일이네. 또한 사랑하는 사람은 아이가 가능한 한 오랫동안 배필도 없고, 자식도 없으며 집도 없이 지내기를 바랄 수도 있네. 자기 입맛에 맞는 달콤한 열매를 가능한 한 오랫동안 따먹기 바라는 마음 때문이지.

240

17. 다른 해악도 있네.[101] 하지만 어떤 신령(神靈)이 거의 모든 것에 한 순간의 쾌락을 섞어놓았지. 이는, 아첨꾼이 무서운 맹수요 커다란 손해의 제공자이지만, 그럼에도 자연이 (그런 아첨꾼과) 감미로운 쾌락[102]을 뒤섞어놓은 것과 같은 이치라네. 어떤 사람은 그와의 사귐을 해롭다고 비난할 수 있겠고 그와 같은 종류의 종자(從者)들[103]과 행동 방식

b

---

101 240a까지는 사랑하는 사람을 아이에게 해로운(blaberos) 존재로 기술한 데 이어, 이제 그를 불쾌한(aēdēs) 존재로 그려낸다.
102 원문의 "hēdonēn tina ouk amouson"은 "문예가 없지 않은 쾌락", "가무(歌舞)의 쾌락"을 뜻한다.
103 집짐승을 가리키는 원문의 "thremmata"를, 뜻을 새겨 "종자(從者)들"이라고 옮겼다. 230d에 대한 각주 43을 참고.

43

c 에 속하는 것은 그밖에도 많지만, 그것들은 일상생활에서 더할 수 없이 큰 쾌락을 제공한다네. 하지만 사랑하는 사람은 아이에게 해로울 뿐만 아니라 그와 함께 지내기는 어떤 것보다도 불쾌한 일이네. 왜냐하면, 옛말에도 있듯이, 또래끼리 어울리는 법이거든. 내 생각에 그 이유는 같은 나이는 같은 즐거움으로 이끌고 같음에 의해서 친분을 낳기 때문이지. 하지만 그럼에도 그들의 모임은 싫증을 낳는다네. 게다가 강제적인 것은 어떤 일에서나 모든 사람에게 짐이 된다고 사람들은 말하는데, 사랑하는 사람과 아이의 관계에는 같지 않음 말고도 그런 일이 극심하다네. 왜냐하면 사랑하는 사람은 연장자로서 나이 어린 사람과 함께 있으면서 낮이나 밤이나 그를 놓아주지 않으려 하

d 는 반면, 보고 듣고 만지는 등 감각을 총동원해서 사랑받는 사람을 감각적으로 향유하는 그런 자에게 끊임없이 쾌락을 제공하는 사람은 피할 길 없는 찰거머리에게 끌려다니면서, 그렇게 쾌락을 통해 그에게 봉사하기 때문이네. 하지만 같은 시간 동안 함께 지내는 가운데 극심한 불쾌감에 빠져들지 않을 수 있도록 사랑받는 사람에게 그가 줄 수 있는 위안이나 쾌락은 어떤 것이겠나? 그는 나이가 들어 이미 한물간 얼굴[104]을 보고, 그에 뒤따라 다른 일들이 빚어지는데, 끊임없이 이어지는 강제에 못 이겨 그것들을 하는 것은 말할 것도 없고 그

e 것들에 대해 말을 듣는 것만도 민망한 일이라네. 그는 모든 사람과의 관계에서 사사건건 의구심이 가득한 보호를 받고 때에 맞지 않는 칭

---

[104] "얼굴"이라고 옮긴 원문의 "opsis"는 눈에 드러나는 대상의 "외관", "모습", 특히 상대방의 "얼굴"을 뜻할 뿐만 아니라 그런 대상을 지각하는 주체의 시각이나 시각 활동을 가리킨다.

찬을 들으며, 그와 똑같이 (사랑하는 사람이) 깨어 있을 때는 그에게 견딜 수 없는 타박을 듣고, 술에 취해 지루하고 장황한 주사(酒邪)를 늘어놓을 때는 견디기 힘들 뿐 아니라 모욕적이기까지 한 타박을 듣는다네.

18. (사랑하는 사람은) 사랑하고 있을 때는 해롭고 불쾌한 존재지만, 사랑이 그치면 뒤에 오는 시간 동안 못 믿을 사람이 된다네. 그 훗날을 기약하면서 그는 수많은 맹세와 계약을 통해 약속을 하고 좋은 것들에 대한 희망을 부추겨 당시의 힘겨운 만남을 참아내도록 사랑받는 사람을 가까스로 붙잡아두었으면서 말이지. 그때가 되면 그는 빚을 갚아야 함에도, 자기 속에서 다른 것을 지배자와 통치자로 삼네. 사랑과 광기 대신 정신과 분별을 갖고서[105] 아이 몰래 다른 사람이 되지. 그러면 상대는 똑같은 사람과 이야기를 하고 있다고 생각하기 때문에 그에게 지난날 했던 일들과 말들을 상기시키면서 지난 일에 대한 대가를 요구하지. 하지만 다른 쪽 사람은 수치심 때문에 자기가 다른 사람이 되었노라고 말할 엄두도 못 내고, 지난날 정신없는 상태의 지배 아래[106] 맹세하고 약속했던 것들을 어떻게 이행할지 방도를 찾지 못하네. 이제 정신을 차리고 분별을 되찾은 상태이니, 과거와 똑같은 일을 되풀이하면서 그에게 같은 모습을 보여주며 똑같은 사람으로

---

105 위의 237d를 참고.
106 원문의 "tēs proteras anoētou archēs"는 적절한 우리말로 옮기기 쉽지 않다. Hackforth는 "under the old regime of folly"라고 옮겼다. 여기서 명사 "archē"는 물론 "시작"이 아니라 "지배"를 뜻하며, 형용사 "anoētos"(정신없는)는 앞의 236a에서 "to aphron"(사려 없음)이 가리키는 것과 같은 정신 상태를 가리킨다.

　　　　돌아갈 수도 없는 일이지. 그는 그 일들에서 도망을 치고, 이제 패의
　　　　앞뒤가 뒤집혀 지난날 사랑했던 사람은 처지가 뒤바뀌어 어쩔 수 없
　　　　이 등을 돌려 도망자 신세가 되고, 상대방은 화를 내고 저주를 퍼부
　　　　으면서 그를 뒤쫓을 수밖에 없는 처지가 된다네.¹⁰⁷ 처음부터, 강제의
c　　　힘에 의해 정신없이 사랑을 하는 사람보다 사랑하지 않고 정신이 있
　　　　는 사람에게 더 큰 호의를 베풀어야 한다는 사실을 몰랐기 때문이라
　　　　네. 만일 그렇게 하지 않는다면, 그는 불가불 믿을 수 없고 까다롭고
　　　　질투가 많고 불쾌하며, 재산은 물론 몸가짐에 해롭고, 영혼의 교육에
　　　　는 가장 해로운 사람에게 자신을 내어줄 수밖에 없을 것이니, 참으로
　　　　사람들 사이에서나 신들 사이에서나 (영혼의 교육보다) 더 고귀한 것은
　　　　있지도 않고 앞으로도 없을 것이네. 그러니, 여보게, 이제 이런 점들
　　　　을 깨닫고 사랑하는 사람의 친분은 선의(善意)와 함께 생겨나는 것이
　　　　아니라 먹을 것이 그렇듯 만족을 얻기 위한 것임을 알아야 하네.

d　　　　　늑대가 양을 좋아하듯, 사랑하는 사람은 아이를
　　　　　　사랑한다네.¹⁰⁸

---

107 여기서는 사랑하는 사람과 사랑받는 사람 사이의 관계를, 두 편으로 놀이패를 갈라 그릇 조각이나 조개껍질을 던져 어느 쪽이 나오는가에 따라 한쪽은 쫓고 다른 쪽은 쫓기는 놀이에 비유하고 있다.

108 이 육음보(Hexameter) 시구의 출처는 분명치 않다. 《일리아스》 22권 262~263행 ("마치 사자와 사람 사이에 맹약이 있을 수 없고/늑대와 새끼양이 한마음 한뜻이 되지 못하고……")에서 따온 것일 수도 있지만 플라톤의 자작일 가능성도 배제할 수 없다.

막간의 대화. 소크라테스의 두 번째 연설로 이어짐

19. 이것이 그 말이네.[109] 더는 내가 하는 말은 없을 것이니, 이로써 이야기를 끝맺기로 하세.

파이드로스 하지만 나는 당신이 이야기 도중에 있고, 사랑하지 않는 사람에 대해서도 똑같이, 그에게 더욱 큰 호의를 베풀어야 한다는 사실과 그것이 낳는 좋은 점들을 나열하리라 생각했는데요. 그런데, 소크라테스, 왜 말을 그만두시는 겁니까?[110]

소크라테스 여보게, 순진한 사람아, 자넨 내 입에서 나오는 것이 이미 서사시일 뿐 더는 디튀람보스가 아니라는 것을 감지하지 못했나?[111] 그것도 (사랑하는 사람을) 비판하는 가운데 그렇게 되었네. 만일 내가 다른 쪽 사람에 대해 칭찬하기를 시작한다면, 내가 뭘 하리라 생각하는가? 자네는 의도적으로 나를 님프들에게 던져놓았는데, 내가 분명

e

---

109 위의 238d를 참고.
110 소크라테스의 첫째 연설과 뤼시아스 연설의 차이는 그 구성(diathesis)에서 뚜렷하게 드러나지만, 연설의 내용에도 드러나지 않는 차이가 있다. 뤼시아스는 사랑하는 사람은 해를 끼친다는 사실로부터 사랑하지 않는 사람에게 호의를 베풀어야 한다는 주장을 내세우지만, 소크라테스는 사랑하는 사람은 해를 끼친다는 점을 인정하면서도 그로부터 "사랑하지 않는 사람에게 호의를 베풀어야 한다"는 결론으로 나아가지는 않는다. 만일 소크라테스가 그렇게 한다면, 235c에서 그가 뤼시아스 연설에 대해 취했던 반발은 의미를 잃게 될 것이다. 거기서 소개한 사포나 아나크레온이 그런 주장을 했을 리 없기 때문이다.
111 위의 238d를 보라. 디튀람보스의 감흥에서 시작한 이야기가 감흥이 사라져 이제 밋밋한 "서사시"(epē)로 뒤바뀌었다는 말이다.

히 그들에 의해 접신 상태에 빠질 걸로 아는가? 그러면 한마디로 말하지. 우리가 어떤 점들을 들어 한쪽 사람을 비판했다면, 그것들과 반대되는 좋은 점들이 다른 쪽 사람에게 있다는 것이 내 말이네. 어찌 긴 이야기가 필요하겠나? 그러니 그 둘 모두에 대해 충분히 말한 것이네. 이렇게 내 이야기는 그에 합당한 대우를 받을 것일세. 나는 자네에게 더 심한 강요를 받기 전에, 이 강물을 건너 벗어나려네.

파이드로스 소크라테스, 열기가 가시기 전에는 안 됩니다. 아직 한낮이나 다름이 없다는 걸 모르십니까? 그러니 여기 머물면서 지금까지 한 말에 대해 대화를 나눈 뒤 서늘해지면 곧바로 갈 겁니다.

소크라테스 파이드로스, 자넨 정말 말과 관련해서는 신의 경지에 있군. 자네에겐 정말 놀랄 지경이네. 왜냐하면 내가 생각하기에 자네 평생에 생겨난 이야기들을 헤아려보면 어느 누구도 자네보다 더 많은 이야기들이 생겨나게 한 사람은 없기 때문이네. 자네 스스로 말을 하건 무슨 수를 써서든 다른 사람들을 강요해서 말을 하지 않을 수 없게 만들었건 말이네. 테바이의 심미아스[112]는 예외로 치고, 자넨 다른 모든 사람들을 훨씬 능가하네. 이제 또 다시 내 입에서 어떤 이야기가 나오게 되어버린 것도 자네 탓인 듯하네.

파이드로스 전쟁 선포는 아니군요. 하지만 어떤 말이 어떻게 나왔다는 겁니까?

---

112 "심미아스"(Simmias)와 "케베스"(Kebes)는 《파이돈》에서 소크라테스의 대화 상대자로 등장한다. 이 대화편에서 소크라테스는 영혼의 불사(不死)에 대한 논증을 제시하는데, 이에 대한 심미아스와 케베스의 반박을 받고 나서(84c~88c) 그는 영혼의 불사성 문제를 다시 취해 더욱 근본적인 증명을 제시한다. 이야기에 대한 파이드로스의 집착에 대해서는 243e를 참고.

20. **소크라테스** 여보게, 내가 이 강물을 건너려고 할 때, 신령하고 내게 습관적으로 생기곤 하는 징조가 나타났네. 그것은 어떤 일을 하려고 할 때마다 언제나 나를 가로막지.[113] 바로 그 곳에서 나는 어떤 말소리를 들었는데, 이 소리는 내가 신성한 것을 상대로 어떤 잘못을 범했기 때문에 그것을 씻기 전에는 떠나는 것을 허락하지 않는다는 생각이 들었네. 그러니 나는 예언가일세. 물론 그렇다고 해서 대단치는 않고, 그저 문자에 서툰 사람들이 그렇듯 그저 나 자신에게 충분한 정도인데, 이제 난 잘못을 분명히 아네. 여보게, 영혼은 얼마나 신통력이 있는가![114] 왜냐하면 내가 앞서 연설을 하고 있을 때 무언가 나를 혼란케 했는데, 이뷔코스[115]의 말대로, 내가 신들에게 뭔가 "잘못을 범하고 그 대신 사람들로부터 명예를 얻으려는" 것이 아닐까, 어쩐지 뒤숭숭했지. 이제 그 잘못을 간파했다네.

파이드로스 무슨 말을 하는 겁니까?

소크라테스 파이드로스, 무서운, 자네는 무서운 말을 옮겼고 내게 그런 말을 하도록 강요했네.

---

113 "신령하고 내게 습관적으로 생기곤 하는 징조"(to daimonion kai to eiōthos sēmeion), 즉 다이몬의 말소리(phōnē)에 대해서는 다음의 구절들을 참고하라. 《소크라테스의 변론》 31c 아래, 40a 아래, 《국가》 496c, 《테아이테토스》 151a, 《에우티데모스》 272e.

114 "예언가" 또는 "견자"(見者)를 뜻하는 "mantis"는 본래 인간이 이해할 수 없는 말로 신의 뜻을 전달하는 사람을 가리킨다(그 말을 풀이하는 사람을 "prophētis"라고 부른다). "신통력이 있다"는 "mantikon"을 옮긴 말인데, 이 말은 "예언의 능력이 있는", "앞을 내다보는"의 뜻으로 받아들이면 된다.

115 이뷔코스(Ibykos), 단편 51(Bergk). 칼라브리아의 레기온(Rhegion) 출신 이비코스는 기원전 6세기에 활동했던 합창 서정시인이다.

파이드로스 어떻게 말입니까?

소크라테스 어리석고 얼마간 불경한 말[116]을 했네. 어떤 것이 그보다 더 무섭겠나?

파이드로스 당신 말이 참이라면, 그런 것은 없겠지요.

소크라테스 어떤가? 자네는 에로스가 아프로디테의 아들이고 신들 중 한 분이라고 생각하지 않는가?[117]

파이드로스 사람들은 그렇게 말을 하지요.

소크라테스 하지만 뤼시아스의 이야기에서도, 자네에게 홀려[118] 내 입에서 나온 자네의 이야기에서도 그렇지 않았지. 실제로 그렇지만, 에로스가 신이거나 신적인 존재임이 사실이라면, 그는 결코 나쁜 것일 수 없네. 하지만 지금의 두 연설은 그가 그런 종류의 존재라고 말했지. 그 점에서 둘 다 에로스에 대해 잘못을 범했고, 게다가 그 두 연설에

---

116 아래에서 밝혀지듯이, 뤼시아스의 연설이나 소크라테스의 연설은 사랑의 신 에로스를 무시하는 것이었기에, 신을 모독하고 능멸하는 "얼마간 불경한 말"(hypo ti asebē)이라고 할 수 있다. 신들에 대한 불경(asebeia)은 함께 살아가는 다른 사람들에 대한 불의(adikia)와 대비되는 관념이며, 그리스 사람들은 불경을 가장 큰 잘못으로 여겼다. 아낙사고라스나 프로타고라스 같은 철학자들은 불경죄로 추방을 당했고, 소크라테스 역시 같은 죄목으로 기소당해서 죽음을 맞았다.

117 《국가》 377d 아래에 따르면 신은 나쁜 것의 원인이 될 수 없다. 에로스에 대한 본문의 진술은 《잔치》(202a~204a)의 내용과 다르다. 소크라테스에게 사랑에 대해 가르침을 베푸는 무녀 디오티마(Diotima)에 따르면 에로스는 신이 아니라 신령(daimōn)이며, 그의 부모는 포로스(Poros)와 페니아(Penia)다. 포로스는 "길", "탈출구", "획득", "부"를, 페니아는 "결핍", "가난"을 뜻한다.

118 원문에는 동사 "katapharmakeuein"의 수동태 분사가 쓰였는데, 이 동사는 본래 "약(pharmakon)을 투여하다"를 뜻하고, 넓게는 "마법을 걸다", "홀리다"는 뜻도 가진다.

담긴 어리석음은 재치 있는 것[119]이었으니, 건실한 것도 진상도 말하지 않으면서, 몇몇 난쟁이 같은 사람들을 속여 그들 틈에서 이름을 떨치면 그 일이 뭔가 대단한 일인 양 우쭐해했다네. 그러니, 이 사람아, 나는 반드시 잘못을 씻어야 하네.[120] 신화를 두고 잘못을 범한 사람들에게는 고래(古來)의 정화의식[121]이 있는데, 그것에 대해 호메로스는 몰랐지만, 스테시코로스는 알았지.[122] 왜냐하면 그는 헬레나에 대한 비난 탓에 시력을 잃자, 호메로스처럼 무지하지 않고,[123] 문예를 아는 탓에 그 원인을 알아내어, 즉시 이런 시구를 지었기 때문이지.

---

[119] "어리석음"이라고 옮긴 "euētheia"는—우리말의 "어리숙함"이 그렇듯이—"순진함"의 뜻을 함께 갖는다. "재치 있는"이라고 옮긴 "asteia"에 대해서는 227d에 대한 각주 12를 참고.

[120] 원문에는 "kathērasthai"가 쓰였다.

[121] "katharmos"는 "정화"(淨化, purification)나 비의예식에 입회할 때 치르는 "정화의식"을 뜻한다. 정화의식의 기원과 역할에 대한 플라톤의 기록으로는 《국가》 364e 아래를 참고하라. 이에 따르면 정화의식은 전설의 시인 무사이오스(Mousaios)와 오르페우스(Orpheus)에게로 거슬러 올라가며 산 자들뿐만 아니라 죽은 자들의 영혼까지 정화시켜 벌을 면할 수 있게 해준다. 《파이돈》 69c와 82d도 함께 참고.

[122] 헬레나(Helenē)는 제우스와 레다(Lēda)의 딸로서 불세출의 미녀이며 그녀의 납치로 말미암아 트로이아 전쟁이 일어난다. 《일리아스》는 헬레나를 트로이아의 왕자 파리스에게 납치되어 전쟁의 화근이 되는 인물로 그린다. 반면, 기원전 6세기 초에 시켈리아(Sikelia)의 히메라(Himera)에서 활동했던 서정시인 스테시코로스(Stesichoros)는 처음에는 헬레나를 전쟁의 원인 제공자로 묘사하는 시를 지어 눈이 멀었다가, 다시 트로이아에 간 것은 실제 헬레나가 아니라 헬레나의 환영일 뿐이라는 내용의 "번복시"(翻覆詩, Palinodos)"를 지어 시력을 회복했다고 한다. 《국가》 586c를 참고하라.

[123] 호메로스에 대한 간접적인 비판이 담겨 있다. 호메로스는 헬레네를 비판하는 시를 지었기 때문에 시력을 잃었고, 그 이유를 몰랐기 때문에 시력을 되찾을 수 없었다는 뜻이다. 호메로스에 대한 플라톤의 비판에 대해서는 《국가》 378d 아래, 598d 아래, 599e 아래를 참고.

b
　　이 말은 참말이 아니니,
　　그녀는 훌륭히 노를 갖춘 배에 올라타지도 않았고,
　　　트로이 성에 이르지도 않았다.

그리고 이른바 번복시(翻覆詩)를 다 짓고 난 뒤 곧바로 다시 보게 되었네. 그러나 나는 바로 그 점에서 그들보다 더 지혜로운 사람이 되려네. 에로스에 대한 비난 탓에 뭔 일을 겪기 전에, 그에게 번복시를 바치려 하네. 앞서처럼 부끄러움 때문에 낯을 가리지 않고 얼굴을 드러내고 하겠네.

파이드로스　소크라테스, 이 말보다 나를 더 즐겁게 할 말은 없습니다.

c
21. **소크라테스**　여보게, 파이드로스, 자네는 두 연설, 즉 방금 한 연설이나 책자에 있는 연설이 얼마나 염치없이 행해진 것인지 알고 있네. 왜냐하면 성품이 고상하고 온화한 어떤 사람이 같은 부류의 다른 어떤 이를 사랑하거나 지난날 그런 이에게 사랑받은 적이 있는데, 그가 우리의 말, 그러니까 사랑하는 사람은 작은 일 때문에 커다란 적개심을 품고 아이에 대해 질투를 하고 해를 끼친다는 말을 듣는다고 해보세. 그렇다면, 자네는 그가 우리 편에서 에로스를 비판하는 말에 동의하기는커녕, 뱃사람들 틈에서 커서 자유인다운 사랑을 본 적이 없
d
는 사람들 말을 듣고 있다고 여기리라고 어떻게 생각지 않겠는가?

파이드로스　제우스에 맹세코 그럴 것 같군요, 소크라테스.

소크라테스　난 그 사람에게 부끄럽고 에로스 자신이 두려워, 단물 같은 말로써 짠물에 젖은 귀를 씻어내고 싶네.[124] 뤼시아스에게도 할 수 있

는 한 빨리 글을 지어, 사랑하지 않는 사람보다 사랑하는 사람에게 같은 것으로 호의를 베풀어야 한다고 말하라고 충고하는 바이네.

파이드로스 그렇게 될 것이니 안심하십시오. 당신이 사랑하는 사람에 대한 찬사를 하고 나면, 반드시 뤼시아스는 내 강요에 못 이겨 똑같은 주제에 대한 연설을 쓰지 않을 수 없을 테니까요.

e

소크라테스 자네가 지금의 모습 그대로 남아 있는 한 그 말을 믿겠네.

파이드로스 그러니 기운을 내서 말해보세요.

소크라테스 내가 말 상대로 삼았던 아이는 어디 있는가? 그가 이 말을 듣고, 말을 듣지 못한 탓에 사랑하지 않는 사람에게 먼저 호의를 베푸는 일은 없어야 할 터인데.

파이드로스 당신이 원하기만 한다면, 그런 아이는 여기 당신 곁에 언제나 있을 겁니다.

소크라테스의 두 번째 연설
신적인 광기의 여러 형태

22. **소크라테스** 그러니, 여보게, 이것을 알아두게. 앞서 한 이야기는 뮈리누스 출신 퓌토클레스[125]의 아들인 파이드로스가 한 것이네. 하지만

244

---

124 "단물 같은 말로써(potimōi logōi) 짠물에 젖은 귀(halmyran akoēn)를 씻어낸다"는 말은 위의 243c에 나오는 뱃사람들에 대한 언급과 잘 호응한다.

125 "뮈르(Myrrh) 마을"(Myrrinous)은 앗티카에 속해 있던 한 구역(dēmos)의 이름이다. "퓌토클레스"(Pythokles)는 "명성을 좇는 자"라는 뜻이다.

내가 말하려는 것은 히메라 출신 에우페모스[126]의 아들 스테시코로스의 말일세.[127] 내가 해야 할 말은 이런 것이네. "옆에 있는 사랑하는 사람보다 사랑하지 않는 사람에게 더 큰 호의를 베풀어야 하는데, 그 까닭은 한 사람은 미쳐 있고 다른 한 사람은 분별이 있기 때문이다"[128]라는 말은 참말이 아니라는 것이네. 그 이유는 이렇지. 만일 광기가 무조건 나쁜 것이라면, 그 말이 옳을 걸세. 하지만 광기, 즉 신의 선물로 제공되는 광기 덕분에 우리에겐 좋은 것들 가운데 가장 큰 것들이 생겨난다네. 델포이의 예언녀나 도도나의 신녀들[129]은 광기에 사로잡힌 뒤 사적으로나 공적으로나 헬라스를 위해 훌륭한 일을 많이 이루어냈지만, 분별이 있는 상태에서 한 일은 보잘것없거나 아니면 아무것도 없다네. 그리고 우리가 시뷜라[130]와 다른 이들, 그러니까 접신

b

---

126 "히메라(Himera) 출신 에우페모스"(Euphemos)는 풀어서 말하면 "갈망(渴望) 출신의 좋은 말을 하는 자"라는 뜻이다. 스테시코로스의 아버지 이름이 실제로 "에우페모스"였는지는 확실치 않다. 앞의 연설과 달리 소크라테스의 두 번째 연설이 신들에게 어떤 험담도 하지 않는다는 사실을 드러내기 위해 지은 이름이라고 보는 것이 옳을 것이다.

127 이제 스테시코로스가 헬레나를 위해 번복시를 지었던 것과 같이 에로스를 위해 번복시를 짓겠다는 말이다.

128 "미쳐 있다"와 "분별이 있다"는 각각 "mainētai"와 "sōphronei"를 옮긴 것이다. 231d에 대한 각주 53을 참고.

129 "델포이의 예언녀"(hē en Delphois prophētis)는 델포이 아폴론 신전에서 신탁을 내렸던 여사제 퓌티아(Pythia)를 가리킨다. 에피루스(Epirus)의 도도나(Dōdōna)에 머물던 제우스 신전의 신녀들(hiereiai)은 참나무 소리에서 신의 뜻을 읽어냈다고 한다(아래의 275b를 참고). 이런 전설에 대해서는 《오뒤세이아》 14권 327~328행과 헤로도토스(Herodotos)의 《역사》 II 55를 함께 참고.

130 전설의 예언녀 "시뷜라"(Sibylla)의 고향이 어딘지는 분명치 않다. 시뷜라는 여러 지역과 여러 시대에 등장하고, 나중에는 예언녀에 대한 일반 명사가 되었다.

의 예언술[131]을 통해 수많은 사람들에게 많은 일을 미리 알려주고 앞
날에 올바로 대처하게 한 사람들을 포함해서 말한다면, 누구에게나
확연한 것들을 말하는 까닭에 이야기가 장황해질 걸세. 그 증거로, 옛
사람들 가운데 이름을 지은 사람들은 광기를 부끄러운 것으로도 욕된
것으로도 여기지 않았다는 사실을 들 수 있네. 만일 그렇지 않다면,
바로 그 낱말을 앞일을 판단하는 가장 훌륭한 기술과 함께 묶어 "마니
케"라고 부르지는 않았겠지. 하지만 어떤 것이 신적인 섭리[132]에
의해 생겨나면 그것은 좋은 일이라 생각했기에, 사람들이 그런 이름
을 만들었는데, 그에 반해 지금 사람들은 감각이 뒤지는 탓에 "타우"
를 집어넣어 "만티케"라고 부른다네.[133] 그렇지만 지각 있는 사람들[134]
은 새들이나 다른 징조들을 이용해서 앞일을 탐색하는데, 이들은 판
단력에 근거해서 사람의 생각에 지각과 견식(見識)[135]을 제공하기 때

c

---

131 "entheos mantikē"를 "접신의 예언술"로 옮겼다. "entheos"(접신의, 신들린)에 대해
서는 249d에 대한 각주 191을 함께 참고.
132 원문에는 "theia moira"가 쓰였다. "moira"는 본래 "부분", 특정한 지역의 한 "구역",
각자에게 배당된 "몫"을 뜻한다. 《파이드로스》에서도 "moira"는 "몫", "운명", "특
권", "섭리" 등 여러 가지 뜻으로 쓰인다.
133 "manikē"에 t가 삽입되어 "mantikē"가 되었다는 말이다. 두 낱말의 실제 어원은 다
르다. 본래 "manikē"는 "광기"(madness)를 뜻하고, "mantikē"는 접신 상태의 무녀
가 신에게서 오는 뜻 모를 말을 발설하는 행위를 뜻한다. 무녀의 말을 사람들이 알
아들을 수 있는 말로 옮기는 것은 "prophētai"라고 불린 사제의 임무였다.
134 원문의 "emphronoi"는 위의 244b의 "분별이 있는 상태에서"(sōphronousa)와 같은
뜻으로 쓰였다.
135 "판단력", "지각", "견식"에 대한 원어는 각각 "dianoia", "nous", "historia"이다. 플
라톤은 잘 알려진 선분의 비유(《국가》 509d 아래)에서, 지성적인 직관을 가리키는
표현 "noēsis"와 대비되는 추론적 사고(discursive thought)와 그런 사고의 능력을 일
컬어 "dianoia"라고 부른다(510e, 511d). 하지만 《파이드로스》에서는 이 낱말이 그

문에, 지난날 그런 탐색을 일컬어 "오이오노이스티케"라고 불렀으나, 후대 사람들은 "오메가"를 써서 무게 있게 "오이오니스티케"라고 부르지.¹³⁶ 그런데 "만티케"가 "오이오니스티케"보다 이름으로 보나 실제로 보나 더 완전하고 존중을 받으니, 그것을 놓고 볼 때 옛 사람들은 신에게서 오는 광기가 사람들에게서 유래하는 분별¹³⁷보다 더 훌륭한 것임을 증명해주는 셈이네. 둘째로, 무언가 과거의 죄과 때문에 어떤 가계(家系)에 내린 질병과 고난이 비할 수 없이 크다면, 곤경에 처한 사람들에게 광기가 생겨나 예언을 내려주고, 신들에게 기도와 제사를 바치도록 이끌어 출로를 찾아주었지. 그 결과 그런 광기는 정화의식이나 비의예식¹³⁸을 만난 뒤 고통받는 사람을 당면한 시기뿐만

런 전문적인 의미보다는 일반적으로 "판단력", "생각", "정신"의 뜻으로 쓰인다. "nous"는 본래 영혼 안에 내재하는 지성적 직관, 즉 "noēsis"라는 활동을 수행하는 능력으로서 "지성"을 뜻하기도 하고(《국가》 511d를 참고) 그런 기능의 활동을 가리키기도 한다. 이런 점을 고려해서 아래에서는 "nous"를 "지성" 또는 "지각"으로 옮겼다. "historia"는 탐구나 관찰, 그리고 그런 방법을 통해 얻은 지식을 가리킨다. 《파이돈》 96a, 아리스토텔레스의 《동물부분론》 III 14, 674b, 17. 헤로도토스의 《역사》 II 99를 참고.

136 위의 "mantikē"의 경우와 마찬가지로 후대 사람들은 "oionoistikē"의 단음 "o"를 장음 "ō"로 늘려 "오이오니스티케"(oiōnistikē)라고 부른다는 뜻이다. 예컨대 새(oiōnos)를 통한 점술을 사례에 대해서는 다음의 구절들을 참고하라. 《일리아스》 12권 237행; 13권 823행;《오뒤세이아》 1권 202행 ; 15권 532행.

137 "신에게서 오는 광기"(mania ek theou)가 "사람들에게서 유래하는 분별"(sōphrosynē par' anthrōpōn)에 대해 갖는 우월한 지위에 대해서는 256b를 참고.

138 고대 그리스에서는 엘레우시스교, 디오니소스교, 오르페우스교 등의 폐쇄적인 밀교 집단이 종교적 영향력을 행사했다. 이들은 모두 속죄와 정화를 지향하는 그 나름의 "비교의식"(mysteria)을 가지고 있었으며, 이 의식에 참여하려면 먼저 입회예식을 거쳐야 했는데, 이 입회식을 일컬어 "teletē"라고 부른다. 하지만 "teletē"의 복수형 "teletai"는 입회식에서 거행되는 모든 의식은 물론 비교의식을 동반하는 축제

아니라 다가올 시간에도 안전하게 지켜주었다네. 광기는 진실로 광기에 사로잡힌 사람에게 눈앞의 어려움들에서 벗어날 해결책을 찾아주었던 것이지.¹³⁹ 셋째로, 무사 여신들에게서 오는 신들림과 광기가 있네. 이것은 여리고 순결한 영혼을 사로잡아 그 영혼을 일깨워 도취상태에 빠뜨려¹⁴⁰ 여러 가지 노래와 다른 시를 짓게 하지. 갖가지 옛사람들의 일을 꾸며내어 후대 사람들을 가르치네. 무사 여신들에게서 오는 광기 없이, 기술만 가지고도 충분히 시인이 될 수 있으리라 확신하고서 시작(詩作)의 문턱에 다가서는 사람이 있다면, 그는 그 자신도 완성에 이르지 못할뿐더러 분별이 있는 그 사람의 시작은 광기에 사로잡힌 자들의 시작에 가려 그 빛을 잃게 될 걸세.¹⁴¹

245

영혼의 본성. 신들과 영혼의 여행. 영혼의 운명

23. 신들에게서 오는 광기에 속하는 훌륭한 작용들에 대해서 나는 이것들뿐만 아니라 더 많은 것들을 들 수 있네. 그러니 그 점에 대해 우리는 두려워 말고, 동요하는 사람보다 분별 있는 사람을 친구로 삼아야

b

를 가리키기도 한다. 《파이돈》 69c와 《국가》 364e~365a를 참고.

139 여기서는 그리스의 몇몇 가문, 예컨대 아트레우스(Atreus) 가문에 내렸고 오로지 특별히 신들에 의해 주어진 행동에 의해서만 씻어낼 수 있었던 저주를 말한다.

140 원문에는 분사 "ekbakcheuousa"가 쓰였는데, 동사원형 "ekbakcheuein"은 "디오니소스적인 광기에 빠뜨리다"(excite to Bacchic frenzy)는 뜻이다. 234d에 대한 각주 65를 참고.

141 플라톤의 저술에서 "소크라테스"는—"시작"(poiēsis)과 관련해서—자주 기술과 광기 또는 영감을 대비한다. 예컨대 다음의 구절들을 참고하라. 《변론》 22b~c, 《메논》 99d, 《이온》 533e.

한다고 겁을 주는 말이 있어도 이 말에 흔들릴 것 없네. 그 말은 그에 덧붙여, 신들이 사랑을 보내는 것은 사랑하는 사람이나 사랑받는 사람에게 이익을 주기 위함이 아니라는 사실을 보이고 난 뒤에야 비로소 승리의 영광을 누리도록 하세. 하지만 우리는 다시 그 반대로, 신들이 그런 광기를 선물하는 것은 더없이 큰 행운을 베풀기 위해서라

c 는 것을 증명해야 하네. 물론 이 증명은 영리한 사람들에게는 믿기 어렵지만, 지혜로운 사람들에게는 믿을 만하네.[142] 그러니 먼저 신적인 것이건 인간의 것이건 영혼의 상태와 작용을 살펴본 뒤 그 본성에 대해서 알아보기로 하세. 증명의 시작은 이렇네.[143]

24. 모든 영혼[144]은 죽지 않네. 그 이유는 이렇지. 항상 운동하는 것은 죽지 않지만, 다른 것을 운동하게 하면서 다른 것에 의해 운동하는 것

---

[142] 여기서 말하는 "영리한 사람들"(deinoi)은 인간과 세계에 대해 물질 중심적이고 기계론적인 견해를 가졌던 사람들을 가리킨다. 이오니아 지방에서 활동했던 철학자들이 그에 해당한다. 반면에 "지혜로운 사람들"(sōphoi)은 눈에 보이지 않은 영혼과 그런 영혼이 관계하는 세계를 믿었던 사람들, 예컨대 피타고라스학파의 철학자들을 가리킨다. 이 두 방향의 철학과 세계관에 대해서는 《소피스테스》 246a~c를 참고.

[143] 여기서부터 256e에 이르는 연설 전체가 하나의 "증명"(apodeixis)에 해당한다. 이 증명에서는 영혼의 불사(不死, athanatia), 영혼의 형태(idea, eidos)와 운명(moira), 영혼의 상승에서 사랑이 수행하는 역할에 대한 논의가 이루어진다.

[144] 영혼의 불사에 대한 본문의 증명은 크로톤(Kroton)의 의사이자 자연철학자였던 알크마이온(Alkmaion)에게서 취한 것으로 보인다. 알크마이온의 영혼관에 대해 아리스토텔레스는 다음과 같이 전언을 남겼다. "알크마이온도 영혼에 대해 이들(=탈레스, 디오게네스, 헤라클레이토스)과 비슷한 주장을 한 것으로 보인다. 왜냐하면 그는, 그것이 죽지 않는 자들과 닮았기 때문에 죽지 않는다고 말하기 때문이다. 그에 따르면 영혼은 언제나 운동하는 까닭에 죽지 않는데, 모든 신적인 것들, 달, 태양, 별들과 우주 전체는 끊임없이 운동을 하기 때문이다." (D.-K., 24 A 12 =

은 운동이 그치면 삶도 멈추네. 자기 자신을 움직이는 것¹⁴⁵만이 유일하게 자기 자신을 떠나지 않기 때문에 운동하기를 멈추지 않고, 뿐만 아니라 운동하는 다른 것들에 대해 운동의 원천이자 시원¹⁴⁶이 되네. 그런데 시원은 생겨나지 않네. 왜냐하면 모든 생겨나는 것은 반드시   d
시원으로부터 생겨나야 하지만, 시원은 어떤 것으로부터도 생겨나지 않기 때문이지. 만일 시원이 어떤 것으로부터 생겨날 수 있다면, 그것은 더 이상 시원일 수 없을 것이기 때문이네. 하지만 (시원이) 생겨나지 않는다면, 그것은 불가불 사라질 수도 없네. 왜냐하면 시원이 사라진다면, 그것이 다른 어떤 것으로부터 생겨나는 일도 없을 것이고, 또한 모든 것이 시원으로부터 생겨나야 한다면 그것으로부터 다른 것이 생겨나는 일도 없을 것이기 때문이지.¹⁴⁷ 자기 자신을 움직이는 것은 운동의 시원이네. 그런데 이것은 사라질 수도 생겨날 수도 없네. 그렇지 않다면 온 하늘¹⁴⁸과 모든 생성¹⁴⁹은 함께 무너져내려 정   e

---

Aristoteles, 《영혼론》 I 2, 405a 29) 본문에 나오는 영혼의 불사성에 대한 논증의 핵심은 다음과 같이 요약할 수 있다. 항상 운동하는 것은 죽지 않는다. 자기 스스로 운동하는 것은 항상 운동한다. 그러므로 자기 스스로 운동하는 것은 죽지 않는다. 영혼은 스스로 운동하며, 따라서 영혼은 죽지 않는다.

145 원문의 "to hauto kinoun"은 "자기 자신을 운동하게 하는 것", "스스로 운동하는 것", 즉 "자기운동자(自己運動者)"를 가리킨다.
146 원문의 "archē"는 "출발점", "시원", "시작", "원리", "지배"를 뜻한다.
147 시작이 사라진다면, 어떤 것도 생겨나지 않을 것이다. 왜냐하면 생겨나는 것은 모두 시작에서 생겨나야 하기 때문이다.
148 원문의 "ouranos"를 "하늘", "천궁"으로 옮겼다.
149 Burnet과 달리 "pasan te genesin"이라고 읽었다. Burnet은 "gēn eis hen"이라고 읽었는데, 이렇게 읽으면 "그렇지 않다면 온 하늘과 땅은 무너져내려 하나가 되어……"라는 뜻이 된다.

지하게 될 것이고 운동의 출처가 되는 것을 두 번 다시 가질 수 없겠지. 자기 자신에 의해 움직이는 것이 죽지 않는다는 것을 밝혔으므로 바로 이것이 영혼의 본질이자 정의[150]라고 주저 없이 말할 수 있네. 왜냐하면 밖에서 운동을 부여받는 모든 물체는 생명이 없는 것이고, 자기 안에서 자기 자신으로부터 운동을 얻는 것은 생명이 있는 것인데,[151] 그런 것이 바로 영혼의 본성이기 때문이지. 그런데 사실이 이렇다면, 즉 자기 자신을 움직이는 것은 영혼밖에 달리 아무것도 없다면, 필연적으로 영혼은 생겨나지도 않고 죽지도 않을 걸세.

25. 영혼의 불사(不死)에 대해서는 지금까지 말한 것으로 충분하네. 그것의 형태에 대해서는 다음과 같이 말해야 하네. 영혼이 어떤 것인지는 어느 모로 보나 전적으로 신에게 속하는 긴 서술의 대상이지만, 그것이 무엇과 비슷한지는 인간에게 속하는 짧은 말로 설명할 수 있겠네. 그러니 이렇게 말해보기로 하세. 영혼은 날개 달린 한 쌍의 말과 마부가 합쳐져서 이루어진 능력과 같다고 해보세. 그런데 신들의 말들이나 마부들은 모두 좋고 좋은 혈통에서 태어났지만, 다른 것들의 경우에는[152] 뒤섞여 있네. 첫째로, 우리의 경우 (마차를) 이끄는 자는 한 쌍의 말을 이끌며, 둘째로, 두 필의 말 가운데 하나는 그가 보

---

150 원문에는 "psychēs ousian te kai logon"이 쓰였는데, 맥락에 비추어볼 때 "ousia"와 "logos"는 각각 "본질"과 그것에 대한 "정의"라고 옮길 수 있다.
151 "생명이 없는 것"과 "생명이 있는 것"에 대한 원어는 각각 "apsychon"과 "emphychon"인데, 이것들은 "영혼이 없는 것"과 "영혼이 있는 것"을 뜻한다.
152 사람의 영혼을 이루는 말들과 마부를 가리킨다.

기에 아름답고 좋으며 그런 종류의 성질들을 타고난 데 반해, 다른 말은 그 반대의 성질을 타고났고 다른 쪽 말과 정반대지. 그래서 우리의 마차여행은 어쩔 도리 없이 어렵고 불만스러울 수밖에 없네. 그러면 어떻게 해서 생명체가 죽는 것과 죽지 않는 것으로 불리게 되었는지 말해야겠네.[153] 모든 영혼은 생명이 없는 것[154] 전부를 돌보는데, 시시각각 형태를 바꾸면서 온 하늘 주위를 돌아다니지. 그러다가 완전한 상태에서 날개가 있을 때 영혼은 공중으로 올라가 온 우주[155]를 c 다스린다네. 하지만 날개를 잃으면, 영혼은 무언가 단단한 것을 얻을 때까지 추락해 거기에 머물면서 흙으로 된 육체를 취하는데, 육체는 영혼의 능력에 힘입어 마치 자기 자신을 움직이는 것처럼 보이고, 영혼과 육체가 결합된 그 전체는 생명체라고 불리며 죽는 것이라는 이름을 얻었네. 하지만 "죽지 않는"이라는 말은 논리적으로 추론된 어떤 근거에 의거해서 쓰이는 것이 아니지만, 비록 신을 본 적도 없고 그에 대해 충분히 생각한 적도 없지만 우리는 신이 죽지 않는 생명체 d 이고, 신은 영혼과 육체를 갖지만 이 둘은 영원한 시간 동안 본성적으로 함께 결합되어 있다고 상상하네. 하지만 이런 점들은 신의 마음에 드는 방식으로 이야기하기로 하세. 우리는 왜 영혼에서 날개가 떨어

---

153 소크라테스는 신들이 육체와 영혼으로 이루어진 불멸의 생명체라는 통념을 부정하려는 속셈이다. 246d의 발언은 이런 속마음을 보여준다.

154 원문의 "apsychon"은 문자 그대로 옮기면 "영혼이 없는 것"이다. 그리스인들에게 영혼은 생명의 원리이자 생명 그 자체이기 때문에, 영혼이 없는 것은 곧 생명이 없는 것이다.

155 우주를 질서 있고 조화로운 전체라는 뜻에서 "kosmos"라고 부른 사람은 피타고라스로 알려져 있다(D.-K., 28 A 44를 참고).

지는지, 날개가 떨어지는 원인을 다루기로 하세. 그 원인은 이렇지.

26. 날개의 능력은 본성적으로 무거운 것을 공중으로 들어올려, 신들의 족속이 살고 있는 위쪽으로 이끄는 데 있네. 그것은 어찌 보면 몸에 속한 것들 가운데 가장 많이 신적인 것에 참여하지. 그런데 신적인 것은 아름답고 지혜롭고 좋으며 그런 종류의 모든 성질을 갖추고 있다네. 영혼의 날개는 무엇보다도 그런 것들 덕분에 영양을 얻어 크기가 자라지만, 추하고 나쁘고 앞에서 말한 것들과 반대되는 것들에 의해서는 크기가 줄어들어 사라진다네. 하늘의 위대한 영도자[156] 제우스는 날개 달린 마차를 몰고 선두에서 나아가면서 모든 것을 질서 있게 다스리고 돌본다네.[157] 그 뒤를 신들과 신령들의 군대가 열한 개의 분대로 정렬해서 따라가지. 왜냐하면 오로지 헤스티아 혼자 신들의 거처에 남아 있기 때문이네.[158] 나머지 열두 신에 속하면서 우두머리 임무를 부여받은 신들은 저마다 정해진 자리에서 앞으로 나아간다네.[159] 그런데 천궁의 안쪽[160]에는 복된 광경과 행로가 허다하게 놓여 있는데, 행복한 신들의 족속은 이 행로들을 따라 왕래하면서 저마다 자기

---

156 원문의 "hēgemōn"을 "영도자"라고 옮겼다.
157 영혼에 대한 이야기는 갑자기 천상의 마차 행렬에 대한 묘사로 바뀐다.
158 아테네 사람들이 숭배한 올림피아 신들 가운데는 제우스 이외에 헤라, 아폴론, 아르테미스, 아테네, 포세이돈, 아레스, 헤파이스토스, 아프로디테, 데메테르, 헤르메스, 헤스티아가 있다. 부엌의 여신인 헤스티아는 밖으로 나가지 않는다.
159 잔치를 향해 가는 신들의 행렬에 대해서는 《일리아스》 1권 423~424행과 493~495행을 참고하라. 신들의 행렬은 밤하늘 별자리의 운동과 닮았다. 다만 《파이드로스》에서는 천궁 밖의 영역을 거대한 구형이 아니라 평원(pedion, 248b)으로 묘사한다는 데 차이가 있다.

가 할 일을 하고, 언제나 사모하는 마음을 품고 능력이 있는 자는 그 뒤를 따르네. 신들의 코러스에는 질투심이 속하지 않기 때문이네. 만찬의 자리와 잔치에 갈 때 신들은 언제나 곧바로 솟구쳐 천궁 안쪽의 맨 꼭대기로 올라가네. 거기서 신들의 마차들은 균형을 잃지 않고 통솔에 잘 따르기 때문에 쉽게 내닫지만, 다른 마차들은[161] 그렇게 하기 어렵네. 왜냐하면 성질이 나쁜 말은 무거워 땅 쪽으로 기울고 내려가는데, 마부들 가운데 말을 훌륭히 조련하지 않는 사람이 있으면 그에게 그런 일이 일어난다네. 그때 영혼은 더할 수 없는 노고와 경쟁에 직면하게 되네.[162] 왜냐하면 이른바 죽지 않는 영혼들은 맨 꼭대기에 이르면, 바깥으로 나가 천궁의 등 위에 멈춰 서는데, 그들이 멈춰 서면 회전 운동이 그들을 돌게 하고 그때 그 영혼들은 천궁의 바깥에 있는 것들을 구경하기 때문이지.

b

c

27. 지상의 시인 가운데 어느 누구도 지금껏 천궁 위의 구역을 찬양한 적이 없고 앞으로도 그에 합당한 찬양을 하지 못할 걸세. 하지만 그 모습은 이러하네. 이제 용기를 내어 그 진상을 밝혀야 하는데, 진상에 대해 말하는 사람이라면 특히 그렇지. 색깔도 없고 모양도 없으며 만질 수도 없는 실체가 참으로 있는 것이니,[163] 그것은 오로지 영혼의

---

160 이 신화에서는 천궁을 기준으로 해서 "천궁 안쪽의"(hypouraniou) 구역과 "천궁 밖의 구역"(ho exō topos, 248a) 또는 "천궁 위의 구역"(hyperouranios topos, 247c)을 나눈다. "천궁 위의 구역"은 이데아계이다.
161 사람의 영혼의 마차들을 가리킨다.
162 "노고"(ponos)와 "경쟁"(agōn)의 자세한 내용은 248a 아래에서 기술된다.

인도자 지성에게만 보이고 참된 인식의 부류[164]와 짝하는데, 그런 것
이 그 구역을 차지한다네. 그런데 신의 정신은 지각[165]과 순수한 인식
에 의해 영양을 얻고, 합당한 것을 받아들이려고 하는 모든 영혼의
경우에도 마찬가지지. 영혼은 (천궁의) 회전 운동이 똑같은 곳으로 돌
아올 때까지 줄곧 있는 것을 바라보며 즐거워하고, 참된 것을 관조하
면서 영양을 얻고 기쁨을 누리네. 순환로[166] 위에서 영혼은 정의 자체
를 바라보고, 절제를 바라보며, 인식을 바라보는데, 이 인식에는 생
성도 속하지 않고 우리가 지금 있는 것들이라고 부르는 각 대상에 따
라 달라지는 일도 없이 참으로 있는 것에 속하는 인식이지.[167] 그리고
영혼은 이런 방식으로 나머지 참으로 있는 것들을 관조하고 잔치에
참여한 뒤 다시 천궁의 안쪽으로 하강해 집으로 돌아오네. 영혼이 집
에 도착하면 마부는 말들을 마구간에 세워두고 암브로시아를 주며
곁들여 넥타를 마시게 한다네.[168]

---

163 여기서 "참으로 있는 실체"(ousia ontōs ousa)는 물론 정의 자체(autē dikaiosynē), 절제(sōphrosynē) 자체, 인식(epistēmē) 자체와 같은 이데아들을 가리킨다. 이에 대해서는 《잔치》 211a와 e를 참고하라.

164 "부류"라고 옮긴 "genos"는 "가계", "족속" 등 여러 가지 뜻으로 쓰인다.

165 이 대목에서 "nous"가 두 가지 뜻으로 쓰였다. 그것은 "영혼의 인도자"(psychēs kybernētēs) 구실을 하는 "지성"(知性)을 가리키기도 하고, 신의 정신(dianoia)의 작용으로서 "지각"(知覺), 즉 지적인 직관을 뜻하기도 한다.

166 천궁의 회전 운동(periphora)과 더불어 영혼은 "순환로"(循環路, periodos)를 거친다. 이하에서 "periodos"는 공간적인 의미에서 "순환로"뿐만 아니라 시간적인 뜻에서 "순환 주기"(248c)를 뜻하기도 한다.

167 별들에 대해서는 천문학이 있고 도형들에 대해서는 기하학이 있는 것처럼 감각 세계에 대해서는 다양한 학문이나 인식이 있는 데 반해, "참으로 있는 것"(ontōs on) 전체에 대해서는 하나의 인식(epistēmē)이 있다.

28. 신들의 삶은 이러하네. 다른 영혼들의 경우,¹⁶⁹ 신을 매우 잘 따르고   248
그 모습을 닮은 영혼은 (천궁) 밖의 구역으로 마부의 머리를 치켜들
고,¹⁷⁰ 회전 운동에 따라 함께 움직이면서 말들 때문에 빚어진 소요 상
태에서 가까스로 있는 것들을 바라보지만, 다른 영혼은 오르락내리
락하면서 말들이 부리는 억지 때문에 어떤 것들은 보고 어떤 것들은
보지 못하네. 또 다른 영혼들은 한결같이 위에 있는 것을 동경하면서
따라가지만, 능력이 없는 탓에 (천궁) 아래서 함께 도는데, 서로 짓밟   b
고 부대끼면서 서로 앞서려 하지. 소란과 다툼¹⁷¹이 빚어져 무진장 땀
을 흘리며, 그런 가운데 마부들의 미숙함 탓에 어떤 것들은 불구가
되고, 어떤 것들은 날개를 많이 잃어버리네. 허나, 그 모두는 수많은
노고를 겪은 뒤 있는 것을 완전히 보지 못한 채 그 곳을 떠나며 그 곳
에서 멀어져서는 의견을 영양으로 삼네.¹⁷² 진리의 평원¹⁷³을 보기 위해
안간힘을 쓰는 목적은, 영혼의 가장 뛰어난 부분에 알맞은 양육이 그
곳의 초원에서 이루어지고, 영혼을 들어올리는 날개의 타고난 힘¹⁷⁴은   c

---

168 《일리아스》 5권 368행 아래를 참고.
169 247b에서 말한 죽지 않는 신들의 영혼들과 반대되는 죽을 사람들의 영혼들을 가리 켜서 하는 말이다.
170 천궁 밖의 구역을 볼 수 있는 것은 마부, 즉 "영혼의 인도자"(psychēs kybernētēs, 247c)뿐이다.
171 "소란과 다툼"(thorybos kai hamilla)은 위 247b "노고와 경쟁"의 다른 표현이다.
172 인간의 영혼이 "의견을 영양으로 삼는다"(trophē doxastē chrōntai)는 사실은 신의 정신이 "지각"(nous)과 "인식"(epistēmē)을 영양으로 삼는다(위의 247d를 참고)는 사실과 비교된다.
173 "진리의 평원"(to alētheias pedion)은 엠페도클레스가 말하는 "맹목의 초원" 또는 "미망의 초원"(atēs leimōn, D.-K., 31 B 121)과 비교할 수 있다.

거기서 영양을 얻기 때문이네. 아드라스테이아[175]의 법칙은 이렇지. 어떤 영혼이든 신을 좇아 함께 가면서 참된 것들 가운데 어떤 것을 본다면 그 영혼은 다음 순환 주기[176]까지 해를 입지 않고, 영혼이 언제나 이 일을 해낼 능력이 있다면 언제나 해를 입지 않지.[177] 하지만 따라갈 능력이 없어 (참된 것을) 보지 못하고 어떤 우발적인 상황을 겪어 망각과 미숙함[178]으로 가득 차 무거워지고, 무거워져 날개를 잃고 땅으로 추락한다면, 그때 정해진 법칙은 다음과 같네. 그런 영혼은 처음 생(生)에는 짐승의 몸으로 들어가지 않네. 가장 많은 것을 본 영혼은 장차 지혜를 사랑하는 사람이나 아름다움을 사랑하는 사람 또는 문예를 알고 사랑을 아는 사람[179]의 씨로 들어가고, 두 번째로는 법을 따르는 왕이나 전쟁의 지휘관의 씨로 들어가며, 세 번째로는 정치가나 경제인이나 사업가의 씨로 들어가고, 네 번째로는 힘든 일을 좋아

d

---

174 원문의 "hē tou pterou physis"는 "날개의 본성"이라고 옮길 수도 있겠지만, 이 문맥에서는 날개가 본성적으로 "타고난 능력", "본성적인 능력"으로 옮겨야 그 뜻이 더 분명해진다.

175 "빠져나갈 수 없는 여신"이라는 말뜻을 가진 "아드라스테이아"(Adrasteia)는 프뤼기아(Phrygia)의 여신이며, 플라톤의 시대에는 운명의 여신 "Ananke"와 동일시되었다. 《국가》 451a를 참고.

176 원문의 "periodos"에 대해서는 247d에 대한 각주 166을 참고.

177 "해를 입지 않는다"(ablabē)는 육체 속으로 추락하지 않는다는 말이다.

178 원문의 "lēthē"와 "kakia"를 "망각"과 "미숙함"이라고 옮겼다. 이 두 개념과 관련해서는 각각 아래의 275a와 253d에 대한 각주 403과 232를 참고.

179 "아름다움을 사랑하는 사람"(philokalos), "문예를 아는 사람"(mousikos), "사랑을 아는 사람"(erōtikos)은 모두 "지혜를 사랑하는 사람", 즉 "철학자"(philosophos)의 다른 이름이며 철학자의 다양한 측면들을 가리킨다. 이에 대해서는 아래의 253a와 다음의 구절들을 참고하라. 《파이돈》 61a ; 《필레보스》 67b ; 《잔치》 209e 아래 ; 《국가》 403c, 499d.

하는 체육인이나 장차 몸을 돌보게 될 사람의 씨로 들어가고, 다섯 번째 영혼은 예언가나 비의예식(秘儀禮式) 집례자의 삶¹⁸⁰을 살지. 여섯 번째 영혼에게는 시인이나 모방에 종사하는 다른 어떤 사람의 삶이 알맞고,¹⁸¹ 일곱 번째 영혼에게는 장인이나 농부의 삶이, 여덟 번째 영혼에게는 소피스테스나 민중 선동가의 삶이, 아홉 번째에게는 참주의 삶이 알맞네.¹⁸²

29. 이런 모든 사람들 가운데 정의롭게 평생을 보낸 사람은 더 좋은 운명을 얻고 불의하게 산 사람은 더 나쁜 운명을 얻네. 왜냐하면 어떤 영혼도 1만 년이 차기까지 고향으로 되돌아가지 못하기 때문이네. 그만한 시간이 흐르기 전에는 날아오르지 못하기 때문인데, 사심 없이 지혜를 사랑했던 사람들이나 지혜에 대한 사랑을 품고 아이를 사랑했던 사람의 영혼은 예외라네. 이들이 잇달아 세 번 그런 삶을 선택한다면, 천 년의 순환 주기가 세 번째 될 때, 다시 날개가 돋아 3천 년이 되는 해에 멀리 떠나지. 다른 영혼들은 첫 번째 삶을 마친 뒤 심판을 받네. 심판을 받은 뒤 어떤 영혼들은 땅 속 감옥으로 내려가 대가를 치르고, 어떤 영혼들은 정의의 여신¹⁸³의 힘 덕분에 날아올라

---

180 원어 "mantikos bios hē telestikos"는 종교와 관련된 일에 종사하는 사람의 삶을 가리킨다. 이런 삶에 대한 플라톤의 비판적 태도에 대해서는 《국가》 364b 아래를 참고.
181 "모방"(mimēsis)에 종사하는 사람으로는 시인 외에도 화가 등이 있다. 이들에 대한 플라톤의 비판으로는 《국가》 595a 아래, 특히 600e를 참고.
182 "민중 선동가"(dēmokopos)는 공직을 갖지 않은 채, 수사의 기술을 사용해서 군중에게 영향을 미치는 사람을 가리키고, "참주"(tyrannos)는 전통적인 군주와 달리 무력을 갖춘 사람들의 힘에 의존해서 권력을 유지하는 일인 독재자를 가리킨다.

b 하늘의 어떤 구역으로 가서, 그들이 사람의 형상을 입고 살 때 보냈던 삶에 걸맞은 삶을 사네. 그러다 천 년 째가 되면, 이 두 부류의 영혼은 두 번째 삶을 선택하는 제비뽑기를 하기 위해 다시 모여 각자 원하는 삶을 선택하지.[184] 그때 사람의 영혼은 짐승의 삶에 이르기도 하고,[185] 한때 사람이었던 짐승에서 다시 사람으로 되돌아오기도 하지. 왜냐하면 한 번도 참된 것을 본 적이 없는 영혼은 사람의 형상에 이르지 못할 것이기 때문이네. 왜냐하면 사람은 형상에 따라 불리는 것, 즉 다양한 감각에서 시작해서 논리적인 추론을 통해 하나로 통합

c 된 것을 파악해야 하기 때문이지.[186] 이것은, 우리의 영혼이 신과 함께 여행하면서 우리가 지금 있다고 말하는 것들 너머로 눈을 돌려 참으로 있는 것을 쳐다보았을 때 보았던 것들에 대한 상기이네.[187] 그러므로 지혜를 사랑하는 사람의 정신만이 날아오르는 것은 지당한 일이지.[188] 왜냐하면 (그의 정신은) 언제나 능력이 닿는 만큼 기억을 통해,

---

183 "대가"나 "정의의 여신"에 해당하는 원어는 "dikē"이다. 그리스어의 "dikē"는 시비를 가리는 "재판", 재판을 통해 부과되는 응분의 "대가"나 "처벌", 그리고 그런 대가를 지불함으로써 실현되는 "정의"를 모두 가리킨다. 아래의 261c에 대한 각주 295를 참고.

184 위의 248e에 따르면 각 영혼의 운명은 삶의 내용에 따라 결정된다. 운명의 "제비뽑기"(klērōsis)에 대해서는 《국가》 620a 아래의 구절을 참고하라. 이와 반대로 《티마이오스》 42b 아래의 논의는 선택이라는 요소를 배제한다.

185 이는 위의 248c에서 했던 말과 대비된다.

186 "논리적 추론"(logismos) 능력에 의거한 인간에 대한 정의와 관련해서는 249e를 참고.

187 인식이 "참으로 있는 것"(ontōs on)에 대한 "상기"(anamnēsis)라는 것은 플라톤 인식론의 기본 테제다. 상기론(想起論, theory of recollection)에 대해서는 《메논》 80d 아래와 《파이돈》 72e 아래를 참고하라. 《파이돈》에 따르면 서로 같은 것들을 같음이

신이 가까이하면서 자신의 신적인 존재를 보존하는 것들과 가까이하기 때문이네.¹⁸⁹ 어떤 사람이 그런 것들에 대한 상기 수단들¹⁹⁰을 올바로 활용하고 항상 완전한 비의예식에 참여한다면 오직 그 사람만이 참으로 완전하게 된다네. 그가 번잡한 인간사에서 물러서서 신적인 것과 가까이하면, 많은 사람에게 제정신이 아니라고 손가락질을 당하겠지만, 많은 사람들은 그가 접신 상태에 있음¹⁹¹을 모른다네.

d

아름다움과 사랑의 역할

30. 네 번째 광기에 대한 모든 이야기는 여기에 이르렀네.¹⁹² 어떤 사람이 이곳에 있는 아름다움을 보면서 참된 아름다움을 상기한다면 날개가 돋고, 날개가 돋으면 솟구쳐 날고 싶은 바람을 갖지만 능력이

라는 일반 개념 아래 포섭할 수 있는 것은 상기 덕분이다. 우리는 같음을 본 적이 없지만 그럼에도 두 막대기의 길이가 서로 같은 것을 볼 때마다 같음이라는 일반 개념을 의식하는데, 이런 일반 개념을 사용할 때마다 우리는 같음의 이데아를 상기해야 한다. "상기"(anamnēsis)에 대해서는 275a에 대한 각주 403을 함께 참고.

188 즉 1만 년의 시간이 차기 전에 날아오른다는 뜻이다.
189 신이 신으로서 존재하는 것은 그가 이데아들과 맺고 있는 관계 덕분이다. 이에 대해서는 247d를 참고. 인간은 몸을 입고 태어나기 전의 체험에 대한 "기억"(mnēmē)을 통해 이데아계에 관계한다. 아래에서 곧바로 밝혀지듯이, 아름다움과 사랑의 역할은 이런 기억을 되살려내어 이데아와의 관계를 회복시켜주는 데 있다.
190 "상기수단"(hypomnēma)은 이 세상에 있으면서 이데아 세계에 있는 것들을 기억나게 하는 것들을 가리킨다(275a에 대한 각주 403을 참고). 예컨대 소년의 아름다움은 철학자로 하여금 천상의 아름다움 자체를 상기시킨다.
191 원문에 쓰인 분사 "enthousiazōn"을 여기서는 "접신 상태에 있음"이라고 옮겼다. 이 용어는 241e, 253a, 263d 등에서도 등장하는데, 접신 상태에 있는 사람은 망아(忘我) 상태에 빠져들고 그 사람의 몸 "안에"(en) "신"(theos)이 내재한다.

없는 탓에 새처럼 위를 바라보면서 아래 있는 것들에는 아무 관심도 두지 않는데, 바로 그런 이유 때문에 그는 광기에 사로잡혀 있다는 e 말을 듣는 걸세. 그 광기는 그것을 지니고 그에 동참하는 사람에게 있어서 모든 접신 상태 가운데 가장 좋은 것이고 가장 좋은 것들로 이루어지는데, 그런 광기에 사로잡혀 있을 때 사랑하는 사람은 아름다운 것들을 사랑하는 사람이라고 불리지.[193] 왜냐하면, 앞서 말했듯이,[194] 사람의 모든 영혼은 본성적으로 있는 것들을 이미 바라보았고,[195] 만일 그렇지 않다면 여기 이 생명체 속으로 들어오지 못했을 것 250 이기 때문이네. 하지만 여기 있는 것들로부터 지나간 것들을 상기하는 것은 어떤 영혼에게도 쉽지 않은 일이니, 과거에 거기 있던 것들을 잠깐 보았던 영혼들도 그렇고, 이곳으로 떨어져 불운에 처한 결과 이러저런 교제에 의해 불의한 일에 (몸을) 돌려[196] 지난날 보았던 성스러운 것들을 망각한 영혼들도 그렇지. 기억을 충분히 간직하고 있는 영혼들은 몇 안 되네. 하지만 이들은 거기 있는 것들과 닮은꼴[197]을 보면 그 충격에 넋이 나가 자신을 억제하지 못하고, 식별을 충분히 못

---

192 네 종류의 "광기"(mania)에 대해서는 위의 244a~245a를 참고.
193 여기서 "사랑하는 사람"(ho erōn)에 대한 설명구로 도입된 "아름다운 것들을 사랑하는 사람"(tōn kalōn erastēs)은 248d의 "아름다움을 사랑하는 사람"(philokalos)과 같은 뜻이다.
194 위의 249b를 참고.
195 원문의 "pasa men anthrōpou psychē physei tetheatai ta onta"는 아리스토텔레스의 《형이상학》 1권 1장의 첫 문장(980a 21) "모든 사람은 본성적으로 알기를 원한다."(pantes anthrōpoi tou eidenai oregontai physei)와 마찬가지로 인간의 근본조건이 인식 능력에 있음을 천명하고 있다.
196 나쁜 친구 관계가 미치는 악영향에 대해서는 《국가》 491d 아래 구절을 참고.

하는 탓에 그 감동의 정체를 알지 못하네. 정의나 절제를 비롯해서 b
그밖에 영혼들의 지위에 걸맞은 것들의 닮은꼴들로서 여기 있는 것
들 가운데 어떤 것 안에도 광채가 없고, 몇몇 사람들은 겨우 희미한
감각 기관들을 통해 모상들에 다가가 그것들의 원형이 되는 것의 부
류를 바라보네. 그에 반해 지난날, 그러니까 행복한 코러스와 어울려
우리들은 제우스의 뒤를 따르고[198] 다른 자들은 다른 신을 따르면서
복된 모습과 광경을 보고 여러 비의예식 가운데 가장 복된 것이라고
불러야 마땅한 비의예식에 참여했을 때, 거기서 본 아름다움은 보기
에 찬란한 빛을 가진 것이었지. 거기에 참여할 때 우리는 온전한 상 c
태였고, 그 다음 시기에 우리를 짓누르는 나쁜 일들도 겪지 않았으
며, 온전하고 단순하며 흔들림 없는 행복한 광경들을 정결한 빛 속에
서 참관하였으니,[199] 우리는 그때 정결했고, 지금 조개처럼 갇힌 상태
에서 두르고 다니면서 "몸"이라 부르는 무덤에 묻혀 있지도 않았다
네.[200]

---

197 원문의 "homoiōma"는 우리가 과거에 보았던 것의 영상들(images) 또는 표상들(representations)을 가리킨다. 아래서 "모상들"이라고 옮긴 "eikōnes"와 뜻이 같다.
198 "제우스의 뒤를 따르는 자들"이란 "지혜를 사랑하는 자들"을 가리킨다. 아래의 252e를 참고.
199 원문에는 "참관하다"라는 뜻의 동사 "epopteuein"의 분사 "epopteuontes"가 쓰였다. "epopteuein"은 신비 종교의 용어이다. 여기서도 플라톤은 이데아에 대한 관조를 묘사하면서 비의예식의 용어들을 사용하였다. 비의 종교에 참여한 사람은 그 비의예식(teletai)의 최고 단계에 도달한 뒤에야 비로소 성스러운 대상들을 보는 "참관자"(epoptēs)가 될 수 있었다.
200 과거에는 우리의 영혼이 "온전한 상태"(holoklēroi)였고 "순결"(katharoi)했지만 지금은 "몸"(sōma)이라는 "무덤에 묻혀 있다"(asēmantoi)는 말은 오르페우스교와 피타고라스학파에서 유래하는 이른바 "sōma sēma"(body tomb)의 관념, 즉 몸이 영혼

31. 그러면 이런 말들은 기억에 바치는 걸로 하세. 그 덕분에 지난날 보았던 것들에 대한 그리움에서 이제껏 꽤 긴 이야기를 했네. 하지만 앞서 말했듯이 아름다움에 대해서 말하자면, 그것은 앞서 말한 것들[201]과 함께 있으면서 빛을 발하네. 그리고 이곳으로 온 뒤 우리는 우리의 여러 감각 가운데 가장 밝은 감각을 통해 그것이 가장 밝게 빛남을 확인했네. 왜냐하면 시각[202]은 우리 몸의 여러 감각 가운데 가장 예민하기 때문이지. 하지만 지혜[203]는 그것을 통해 보이지 않으며— 만일 지혜가 그토록 밝은 자신의 영상을 시각에 들어오게 하면, 그것은 걷잡을 수 없는 사랑을 낳겠지—이는 사랑의 대상이 되는 다른 것들의 경우에도 마찬가지네.[204] 하지만 오로지 아름다움만이 가장 밝게 드러나고 가장 큰 사랑의 대상이 될 수 있는 특권[205]을 갖지. 그런데 입회한 지가 너무 오래된 자[206]나 더럽혀진 자는, 아름다움 자체에 따

의 무덤이라는 관념을 표현하고 있다. "sōma"와 "sēma"의 말뜻에 대해서는 《크라튈로스》 400b 아래를 참고하라. 육체에 결박된 영혼의 상태에 대해서는 《파이돈》 82e를 함께 참고.

201 247c 아래에서 언급한 다른 이데아들을 가리킨다.
202 아래에서 자세히 묘사되듯이, 플라톤의 철학에 따르면 우리에게 이데아에 대한 기억을 되살려주는 것은 아름다움에 대한 "시각"(opsis)적 체험이다.
203 원문에는 "phronēsis"가 쓰였다. 그리스 고전기 철학, 특히 아리스토텔레스의 철학에서 이 말은 보통 "실천적 지혜"를 뜻하면서 "sophia", 즉 "이론적인 지혜"와 대비된다(《니코마코스 윤리학》 VI 7을 참고). 하지만 본문에서는 그런 구분 없이 일반적인 의미의 "지혜"의 뜻으로 쓰였다. 한편, 《크라튈로스》(411d)에서 플라톤은 "phronēsis"의 본래 의미를 "운동과 흐름에 대한 지각"(phoras kai rhou noēsis)의 뜻으로 풀이한다.
204 이데아들은 "사랑의 대상이 되는 것들"(erasta)이라고 불린다. 이에 맞춰 이데아들에 몰두하는 자를 "사랑하는 사람"(erastēs)이라고 부를 수 있다.
205 원문의 "moira"에 대해서는 244c에 대한 각주 132를 참고.

라 이름이 불리는 이곳에 있는 것²⁰⁷을 바라보면서 이곳으로부터 그
곳으로, 아름다움 자체를 향해 재빨리 (몸을) 돌리지 못하기에, (아름
다운 것을) 바라볼 때 경외심 없이 쾌락에 (몸을) 던져 네 발 가진 짐승
처럼 올라타고 아이를 낳으려 하지. 무분별하게 (몸을) 섞으면서 두려 251
움을 모르고 본성에 어긋난 쾌락을 좇으면서²⁰⁸ 부끄러움을 모르네.
반면, 새로운 입회자, 즉 지나간 것들을 많이 본 사람²⁰⁹은 아름다움
을 잘 모방한 신 같은 모습의 얼굴이나 어떤 몸의 생김새²¹⁰를 보면,
처음에는 (몸을) 떨고 지난날 겪었던 여러 가지 두려움 가운데 어떤
것이 그를 엄습하지만, 그 다음에는 신을 볼 때처럼 경외심을 품고,
그가 만일 격렬한 광기에 대한 평판을 두려워하지 않는다면, 그는 마
치 신상(神像)이나 신 앞에서 그렇게 하듯 아이에게 제물을 바칠 걸
세. 아이를 바라볼 때, 경련 뒤에 오는 신체 변화가 그렇듯, 땀을 흘
리고, 겪어본 적이 없는 열기가 그를 사로잡네.²¹¹ 왜냐하면 눈을 통해 b
아름다움에서 유출되는 흐름을 받아들이면²¹² 열이 나고, 그 광채에

---

206 이에 대한 원문의 표현은 "ho mē neotelēs"이다. "neotelēs"는 본래 "새로 입회한" (newly initiated)이라는 뜻이지만, 여기서는 부정어 "mē"와 함께 쓰여 입회한 지가 오래된 사람을 가리킨다. Hackforth는 그런 뜻에서 "ho mē neotelēs"를 "he whose vision of the mystery is long past"라고 옮겼다.
207 그 자체로서 있는 이데아들과 그것들에 의해 이름을 얻는 것의 관계에 대해서는 다음의 구절을 참고.《파이돈》102b, 103b ;《파르메니데스》133d.
208 "본성에 어긋난 쾌락"(para physin hēdonē), 즉 동성애적 쾌락에 대한 플라톤의 비판에 대해서는《법률》636c와 835d~842a를 참고.
209 원문에는 "ho de artitelēs, ho tōn tote polytheamōn"가 쓰였다. "ho de artitelēs"는 위의 "ho neotelēs"와 마찬가지로 "새로운 입회자"를 가리킨다.
210 여기서는 "idea"가 "생김새"라는 아주 구체적인 뜻으로 쓰였다.

의해 날개의 타고난 힘이 솟아나기 때문인데, 열이 오르면, 지난날 딱딱하게 막혀서 싹의 발아를 방해했던, 날개의 싹 언저리 구멍들이 녹아내리고, 영양분이 흘러들면 날개의 깃이 부풀어올라 뿌리로부터

---

211 레스보스(Lesbos) 출신 시인 사포(Sappho, 기원전 6세기)의 단편 31(Page)을 참고하라.

그 사내는 내게 신들처럼 보이니
그 누구든 너와 마주앉아
곁에서 너의 감미로운 말소리에
귀를 기울인다면

그리움이 가득한 네 웃음소리에. 그 광경은 실로
내 가슴 속 심장을 요동케 한다.
한순간 내가 너를 볼 때마다, 말소리가
전혀 나오지 않는다.

혀는 딱딱하게 굳어버리고, 섬세한
불길이 내 살갗 밑을 훑고 지나니,
두 눈으로는 아무것도 보지 못하고, 두 귀에는
귀울음이 인다.

식은땀이 흘러내리고, 전율이
온몸을 사로잡아, 나는 마른풀보다 더
창백하다. 〈혼미하여〉 죽음이 눈앞에
가까이 있는 듯.

하지만 모든 것을 견뎌야 하니…….

212 아름다움에서 유출되는 "흐름"(aporroē)에 대한 이 구절의 발언은 엠페도클레스의 유출이론을 연상시키는데, 이 이론에 따르면 감각은 감각 대상에서 흘러나오는 입자들(부분들, merē)이 감각기관으로 스며드는 데서 성립한다. 이에 대해서는 다음의 구절들을 참고하라. 《메논》 76c~d, 《티마이오스》 45b~c, 67d~e. 엠페도클레

영혼의 형체[213] 전체로 내리뻗기 시작하는데, 그 이유는 지난날 영혼 전체에 날개가 달려 있었기 때문일세.

32. 이 과정에서 영혼 전체가 끓어 달아오르고, 이를 가는 아이들에게 이가 나기 시작할 때 그 언저리에 생기는 느낌,[214] 즉 잇몸 둘레의 근지러움이나 불편함과 똑같은 느낌을 날개가 돋기 시작한 영혼도 갖네. 날개가 자라날 때 영혼은 열이 나고 불편함과 근지러움을 느끼네. 그러다가 아이의 아름다움에 눈길이 가면 그로부터 부분들이 떨어져 흘러나오는데—이런 이유 때문에 그런 부분들은 "히메로스"라고 불리지[215]—영혼은 (히메로스를) 받아들여 축축해지고 달아오르면서 통증에서 벗어나 환희를 느낀다네. 하지만 그와 멀어져서 물기가 마르면, 날개가 돋아나던 통로의 입구들이 바짝 말라 구멍을 막고 날개의 싹을 가로막지. 하지만 속에 있는 싹은 히메로스와 함께 꽉 막혀, 마치 핏줄처럼 박동하면서 저마다 각자의 출구를 쏘아대는데, 그

스의 생각은 다음과 같은 단편에 담겨 있다. "생겨난 것으로부터는 모두 유출이 있다는 것을 알라(……) 왜냐하면 동물이나 식물, 땅과 바다에서뿐만 아니라 돌덩이에서도 끊임없이 수많은 유출이 있고 청동이나 쇠붙이에서도 그렇기 때문이다. 그리고 그 이유는 모든 것은 무엇인가가 항상 흘러나와 쉴 새 없이 빠져나가기 때문에 사라져 없어지기 때문이다."(D.-K., 31 B 89)

213 "eidos"를 문맥에 따라 "형태"가 아니라 "형체"로 옮겼다.
214 이런 "느낌" 또는 "감응"(pathos)을 일컬어 252c에서는 "사랑하는 사람들의 감동"(to pathos tōn erōntōn)이라고 부른다.
215 "히메로스"(himeros)는 "열망", "갈망"을 뜻하는데, 플라톤은 이 낱말을 어원적으로 "epionta" 또는 "ienai"(다가오다)와 "merē"(부분들)와 "rheonta" 또는 "rhoē"(흐름)의 합성어로 분석한다. "himeros"에 대한 또 다른 어원 설명에 대해서는 《크라튈로스》 420a를 참고.

결과 영혼 전체는 온통 침에 쏘여 고통을 느끼지만, 다음 순간 아름다운 아이에 대한 기억을 되새기면서 환희를 느낀다네. 이 두 가지 상태가 뒤섞여 영혼은 감정의 혼란에 괴로워하며 길을 못 찾아[216] 환장을 하고, 광기의 상태에서 밤에는 잠을 못 이루고, 낮에는 한 자리에 머물러 있지 못하고 갈망을 느끼면서 아름다움을 간직한 그 아이를 볼 수 있으리라 생각되는 곳으로 달려가지. 아이를 보고 히메로스에 흠뻑 자신을 적시고 나면 과거에 꽉 막혀 있던 것들을 열고, 숨을 들이쉬면서 통증과 고통에서 벗어나, 한순간 어떤 것과도 비할 바 없이 달콤한 쾌락의 열매를 얻지. 마음에 드는 대상을 떠나지 않고, 어떤 것도 아름다운 아이보다 소중히 여기지 않으며, 어머니와 형제와 동무들을 모두 까맣게 잊고 무관심 때문에 재산이 축나도 괘념치 않네. 과거에 자랑했던 모든 관습과 단정한 몸가짐을 무시하면서 기꺼이 노예가 되려 하고, 사람들이 허락한다면 그의 욕구 대상과 가장 가까운 곳에서 노숙을 하려 하지.[217] 아름다움을 간직한 아이를 경외할 뿐만 아니라 그를 크나큰 노고의 유일한 치료자로 삼네. 여보게, 내가 말하는 이런 감정을 사람들은 "에로스"라 부르지만, 신들이 그것을 뭐라고 부르는지 자네가 듣는다면 나이가 젊은 탓에 아마도 웃을 걸세. 내가 생각하기에 호메로스의 후예들[218] 가운데 몇몇은 출간되지 않은 작품에서 에로스에 대한 두 시행을 따서 이렇게 말하는데,

---

216 원문에는 길을 찾지 못하는 상태를 가리키는 동사 "aporein"의 분사형 "aporousa"가 쓰였다. 철학적 탐구가 "aporia"에서 시작한다는 전통적인 관념을 반영하고 있다.
217 사랑하는 사람들은 정인(情人)의 집 대문 앞에서 잠을 자는 것이 예삿일이었다. 노예는 대문 옆 옹색한 판잣집에 머물렀다.

뒤의 것은 매우 거칠고 운율에 안 들어맞지.

죽는 자들은 에로스를 날개 달린 신이라 부르지만
죽지 않는 이들은 프테로스라 부르니, 그는 반드시 날개를
낳기 때문이다.[219]

이런 말은 믿을 수도 있고 믿지 않을 수도 있지만, 어쨌든 사랑하는 사람들의 감동과 그 원인은 그런 것이네.

c

33. 그런데 제우스의 추종자들[220] 가운데 (사랑에) 사로잡힌 자는 그 날개 달린 신의 무게를 더 굳건히 견딜 수 있지. 하지만 아레스[221]를 섬기고 그와 함께 떠도는 자들은 에로스에 사로잡힌 뒤 사랑받는 사람에게 배신을 당했다고 생각하면 살의(殺意)를 품고 자기 자신과 아이의 목숨을 빼앗을 태세를 갖추네. 이처럼 각 사람은 자기가 따랐던 한 분 한 분의 신을 떠받들고, 타락하지 않은 동안에는 가능한 한 그

d

---

218 "호메로스의 후예들"이라고 옮긴 "Homēridai"는 주로 호메로스의 고향 도시로 알려진 이오니아의 섬 키오스(Chios)에서 활동하면서 호메로스의 후예로 자처했던 낭송가(rhapsodoi) 집단을 가리킨다. 하지만 보통 이 낱말은 호메로스의 추앙자나 모방자들을 가리키기도 한다. 《국가》 599e와 《이온》 530d를 참고.

219 이 시구는 플라톤의 자작(自作)인 듯하다. "erōs"와 "pterōs"가 말장난 거리가 된다. 두 번째 행은 육음보에 맞지 않기 때문에 소크라테스는 "뒤의 것은 매우 거칠고 운율에 안 들어맞지"라고 말한다.

220 "제우스의 추종자"들은 "지혜를 사랑하는 사람들" 또는 "철학자"들이다. 위의 246e와 250b를 참고하라.

221 아레스(Ares)는 전쟁의 신이다.

를 모방하면서 살아가네. 그리고 이 지상에서 첫 번째 삶을 살고 그런 방식으로 사랑받는 자들이나 다른 사람들과 사귀면서 어울린다네. 이렇듯 각 사람은 자기 방식대로 아름다운 아이들에 대한 에로스를 선택하며, 그 아이 자신이 마치 신이라도 되는 것처럼, 섬기고 받들기 위해 마치 신상을 세우듯 그 아이를 자기 앞에 세우고 치장하네. 그런데 제우스를 따르는 자들은 그네들에게 사랑받는 사람의 영혼이 제우스와 같기를 원하지.²²² 그래서 그들은 그의 본성이 지혜를 사랑하는 사람이나 영도자에 합당한지 살펴보고, 그 사실을 확인하면 사랑에 빠져서 그가 그런 사람이 되도록 모든 일을 다 하네. 만일 이전에 그 일에 발을 들여놓은 적이 없다면, 그들은 그 일에 손을 대

e

---

222 여기서 "제우스와 같은"이라고 옮긴 원문의 "dion"은 "신적인", "숭고한"이라는 뜻을 가진다. 플라톤은 Zeus의 2격인 "Dios" 다음에 곧바로 "dion"이라는 낱말을 사용해서 말장난을 했다. "Dion"은 플라톤 친구의 이름이기도 하다. 디온은 쉬라쿠사이의 지배자 디오뉘시오스 1세의 처남이었는데, 정치적인 음모 때문에 살해당한다. 플라톤이 그를 위해 엘레기를 짓기도 했다.

운명의 여신들은 태어날 때 벌써 헤카베와 일리온의
아낙들을 위해 눈물의 운명을 짜냈노라.

허나, 디온이여, 빛나는 업적으로 승리의 관을 쳐든 그대에게서
어느 신이 드넓은 희망을 쓸어갔도다.

이제 땅 넓은 조국에서 뭇 시민의 우러름 속에 누워 있으니,
오, 그대는 사랑의 힘으로 내 마음을 휘감았노라, 디온이여!

참고 : Hermann Beckby (ed.), *Anthologia Graeca*, Buch VII - VIII, München 1957, S. 66 (=VII 99).

면서 무언가 배움을 얻을 수 있는 사람에게 배움을 얻고, 그들 스스로도 방책을 찾아 나서지. 그리고 그들 자신들 속에서 자기들이 따랐던 신의 본성을 찾아내는 데 성공하는데, 그 이유는 그들은 온 힘을 다해 그 신을 바라볼 수밖에 없기 때문이라네. 그리고 기억을 통해 그 신과 접촉해서 접신 상태에 빠져들어 그로부터, 신에게 참여할 수 있도록 사람에게 허락된 만큼의 습관들과 행동 방식[223]을 받아들이지. 그리고 이런 일들을 사랑받는 사람의 탓으로 돌리면서 그를 더욱더 좋아하네. 그리고 마치 박코스의 여신도들처럼[224] 제우스에게서 영감을 끌어내면,[225] 그것을 사랑받는 아이의 영혼에 쏟아부어, 그가 가능한 한 그들의 신과 똑같이 닮게 하네. 그 다음 헤라[226]를 따르는 자들은 모두 왕의 천성을 좇으며, 그런 사람을 찾아낸 다음 그의 주변에서 그에 맞는 모든 일을 하네. 아폴론[227]이나 다른 여러 신 가운데 각각의 신을 따르는 자들도 이렇게 자신들의 신을 좇으면서 자신들의 아이가 본성적으로 그 신과 같기를 바라네. 그리고 아이를 얻으면, 그들 스스로 모방을 하는가 하면 아이를 설득하고 맞춰 가면서 그 신의 행동 방식과 형상에 맞도록 그를 인도하네. 각자의 능력이 닿는

253

b

---

223 "ethē"와 "epitēdeumata"를 "습관들"과 "행동 방식"으로 옮겼다.
224 "박코스의 여신도들"(bakchai)은 디오니소스 신의 숭배자들로 이 신의 광기에 사로잡혀 놀라운 능력을 얻는다(《이온》 534a를 참고). 그들을 사로잡은 광기는 다른 사람에게 전파된다. 에우리피데스(Euripides)의 비극 《박코스의 여신도들》(Bacchae) 704~711행을 참고.
225 원문의 "arytein"은 "물이나 다른 액체를 끌어내다"는 뜻으로 강물에서 물을 끌어대는 것과 같은 일을 가리킨다.
226 헤라(Hera)는 제우스의 아내이자 혼인의 수호 여신이다.
227 아폴론(Apollon)은 음악, 예언, 치료, 태양의 신이다.

만큼 말이야. 그들은 아이에 대한 질투심도 없고[228] 자유인답지 않은 악의도 없어서 그를 자신들이나 자신들이 섬기는 신과 모든 점에서 똑같은 상태로 이끌기 위해 할 수 있는 온 힘을 다하네. 참으로 사랑하는 사람들의 바람이나 비의예식은, 만일 그들이 바라는 것을 내가 말하는 방식으로 끝까지 실행한다면, 이처럼 아름답고 행복으로 이끄는 것이니 그런 일들은 사랑의 광기에 사로잡힌 친구로 말미암아 그의 친구에게 생겨나지. 이 사람이 (사랑하는 사람에게) 붙잡힌다면 말일세. 붙잡히는 사람은[229] 다음과 같은 방식으로 붙잡히네.

34. 이 이야기[230]의 처음에 나는 각 영혼을 세 부분으로 나누어 그 둘은 형태가 말의 모양이고 셋째 것은 마부의 형태라고 말했는데,[231] 이제 다시 한 번 이 점에 머물러보세. 우리의 말대로, 두 마리 말 가운데 하나는 좋지만 다른 하나는 그렇지 않네. 좋은 말의 탁월함이 어떤

---

228 "자신들의 아이(pais)가 본성적으로 그렇기를 바라네", "아이(paidika)를 설득하고", "아이(paidika)에 대한 질투심도 없고"에서 볼 수 있듯이 "pais"와 "paidika"는 같은 뜻으로 쓰인다. 236b에 대한 각주 76을 참고.

229 "붙잡히는 사람"(ho hairetheis)이라는 표현은 "hairein"이라는 동사의 수동태 부정과거 분사를 취해서 만든 표현이다. "hairein"은 여기서 "고르다"는 뜻이 아니라 "얻다" 또는 "이기다"의 뜻으로 쓰였다. 다음의 구절들을 참고하라. 《잔치》 182e ; 《뤼시스》 205e, 206a.

230 원문에는 다시 "mythos"가 쓰였는데, 이에 대해서는 237a에 대한 각주 82를 참고. 265c에서는 "이야기" 대신 "일종의 신화적인 찬가"(tis mythikos hymnos)라는 표현이 쓰인다.

231 위의 246a를 참고하라. 피타고라스학파의 일부 구성원들은 서로 관련된 대립적 원리들(한정자와 무한정자, 홀수와 짝수, 하나와 다수 등)을 두 축에 배열했는데, 이에 따르면 오른쪽과 왼쪽은 각각 좋은 것들의 축과 나쁜 것들의 축에 속한다.

것이고 나쁜 말의 열등함[232]이 어떤 것인지는 이야기하지 않았는데, 이제 그것에 대해 말해야 하네. 둘 가운데 더 훌륭한 쪽[233]에 있는 것은 생김새가 반듯하고 사지가 늘씬하며 목이 길고 콧날이 우뚝하며 보기에 희고 눈은 검으며, 분별과 수치심이 있고 명예를 사랑하며 참된 의견을 동무로 삼아, 매를 맞는 일 없이 명령과 이치에 따라 인도되지. 하지만 다른 하나는 (몸이) 구부정하고 무거우며 사지가 아무렇게나 붙어 있고 목덜미는 두껍고 짧으며, 안장코에 살갗은 검고 눈은 잿빛이며 피가 뜨겁고 무분별과 거짓을 동무로 삼으며, 귀 언저리에는 털이 많아 말귀를 못 알아듣고 채찍과 가시막대기[234]를 들어야 겨우 말을 듣네. 그런데 마부가 사랑스런 눈[235]을 보고 거기서 얻은 감각으로 말미암아 온 영혼이 열기로 달아오르면, 영혼은 동요하고 갈망에서 오는 찌르는 아픔을 느끼기 시작하는데, 두 마리의 말 가운데 한쪽은 마부의 말을 잘 듣고 언제나 그렇듯이 그때도 수치심에 못 이겨 사랑받는 이에게 내닫지 않으려 자신을 억제하지만, 다른 쪽은 마부의 막대기와 채찍도 개의치 않은 채 함부로 날뛰면서 앞으로 움직여 동료와 마부에게 온갖 곤란을 안겨주면서 아이에게 나아가기를

e

254

---

232 여기서 "열등함"이라고 옮긴 "kakia"는 "aretē"(탁월함, 뛰어남, 덕)의 반대 개념이므로, "열등함"이나 "악덕"이라고 옮길 수 있겠지만, 그 하위 개념으로서 "미숙함" "비겁함" 등의 뜻을 갖는다. 이 번역에서는 문맥을 고려해서 "열등함", "미숙함", "비겁함" 등으로 옮겼다.
233 오른쪽을 말한다.
234 원문의 "matix"와 "kentra"는 말을 모는 데 쓰는 채찍과 끝에 가시가 박힌 몰이막대를 가리킨다.
235 원문의 "omma"는 "눈", "눈빛", "얼굴", "모습" 등으로 옮길 수 있다.

b 강요하고 육체적 사랑[236]의 기쁨을 기억나게 한다네. 그 둘은 처음에는 무섭고 도리에 어긋난 짓[237]을 강요받는다는 생각에 화를 내며 맞서지만, 그 곤경이 끝없이 이어지면, 마침내 물러나 그 요구에 따르기로 동의한 채 끌려 앞으로 나아가네. 그리고 그 앞에 가서 아이의 별처럼 빛나는 모습[238]을 보네.

35. 마부가 그 모습을 보면, 아름다움의 본성 쪽으로 기억이 되돌아가 그것이 절제[239]와 함께 거룩한 발판 위에 서 있는 것을 다시 보게 되지. 그것을 본 뒤 마부는 두려움에 사로잡히고 경외심 때문에 뒤로
c 자빠지며, 그와 동시에 그는 어쩔 수 없이 고삐를 뒤로 거칠게 잡아당길 수밖에 없게 되어, 두 말은 결국 엉덩방아를 찧는데, 한쪽은 대항하지 않고 기꺼이 이를 따르지만, 다른 쪽은 무분별함 탓에 매우 못마땅해하네. 그 자리를 떠날 때 한쪽은 부끄러움과 놀라움 때문에 온 영혼이 땀에 젖지만, 다른 쪽은 재갈과 엉덩방아의 아픔이 가시고 나면 숨을 고르기 무섭게 화를 내면서 비난을 퍼붓고, 마부와 다른
d 쪽 말을 야단치네. 비겁하고 용기가 없어서 정해진 자리와 동의를 저버렸다고 말일세. 이 말은 다시 다가갈 마음이 없는 자들을 강요해

---

236 원문의 "aphrodisia"는 "Aphroditē"의 형용사형 "aphrodisios"를 명사화한 것으로 "육체적인 사랑"과 "성적인 쾌락"을 뜻한다.
237 "무섭고 도리에 어긋난 짓"(deina kai paranoma)은 "본성에 어긋난 쾌락"(para physin hēdonē, 251a)과 같은 뜻이다.
238 240d의 "opsis"에 대한 각주 104를 참고.
239 "아름다움의 본성"(hē tou kallous physis)이나 "절제"(sōphrosynē)는 물론 아름다움의 이데아나 절제의 이데아를 가리킨다.

앞으로 끌면서, 이들이 뒤로 미루자고 간청하면 마지못해 양보를 하네. 그리고 정해진 때가 다가오면 다른 둘은 기억을 못하는 체하지만 그 말은 그 일을 상기시키면서 억지를 쓰고 목청을 높이며 끌어당기고, 똑같은 말을 하러 아이에게 다시 가기를 강요하네. 그리고 아이에게 가까이 가면, 머리를 숙인 채 꼬리를 치켜들고 재갈을 입에 물면서 염치없이 끌어당기지.²⁴⁰ 하지만 마부는 똑같은 감정을 이번에는 더욱더 강하게 느끼면서, 달리기의 출발선에서 뒤로 낚아채듯, 무분별한 말의 이빨에서 재갈을 뒤로 더욱 힘껏 잡아당겨 그 흉측한 혀와 턱을 피로 물들이고, 다리와 엉덩이를 땅바닥에 내쳐 고통에 넘겨주네.²⁴¹ 똑같은 일을 여러 차례 겪으면 그 사악한 말은 무분별한 짓을 그치고 주눅이 들어 마부의 뜻을 따르며, 아름다운 것을 보면 두려움에 사지가 풀리지. 그 결과 이제 사랑하는 사람의 영혼은 아이 앞에서 수치심과 두려움을 갖고 아이를 따르게 된다네.

e

36. 가식 없이 참으로²⁴² 그런 감정을 품은 사랑하는 사람에게 아이는 신처럼 온갖 보살핌을 받으며, 그 자신도 보살핌을 베푸는 사람과 본성적으로 친구이기 때문에, 설령 사랑하는 사람과 가까이하는 것이 부끄러운 일이라고 말하는 동료들이나 다른 어떤 사람들로 말미암아 그릇된 선입견을 가졌던 때가 한때 있었고 그 때문에 사랑하는 사람

255

---

240 나쁜 말의 "염치없는"(meta anaideias) 행동에 대해서는 250e 아래를 함께 참고.
241 "고통에 넘겨주다"(odynais edōken)라는 표현에 대해서는 《일리아스》 5권 397행과 《오뒤세이아》 17권 567행을 참고.
242 소크라테스의 첫 번째 연설의 화자는 사랑을 하면서도 사랑하지 않는 척 꾸미는 가식적인(schēmatizomenos) 사람이다.

을 물리친 적이 있다고 하더라도, 시간이 지나면 나이와 필연의 힘에

b 이끌려 그와 교제를 나누기에 이르네. 왜냐하면 나쁜 사람이 나쁜 사람과 친구가 되는 것도 운명의 뜻이 아니려니와, 좋은 사람이 좋은 사람과 친구가 되지 못하는 것 또한 운명의 뜻이 아니기 때문이네. 사랑하는 사람이 곁을 얻어 이야기와 교제를 나누게 되면, 가까운 데서 드러나는 그 사람의 선의는 사랑받는 사람을 놀라게 하는데, 그는 그 신들린 친구[243]에 견주어 볼 때 다른 어떤 친구들이나 일가친척도 그만한 몫의 정(情)[244]을 베풀지 못함을 알아차린다네. 그가[245] 시간을 들여 이런 일을 하면서 운동 경기장에서뿐만 아니라 다른 종류의 교

c 제 가운데 신체적인 접촉을 하면서 그와 가까이하면,[246] 제우스가 가뉘메데스를 사랑할 때[247] "히메로스"라고 이름붙인 그 흐름[248]의 원천이 사랑하는 사람에게 옮겨가, 그 중 일부는 그 자신에게 스며들고, 일부는 그에게 가득 차 밖으로 넘쳐흐르지. 그리고 마치 바람이나 메아리가 매끈하고 딱딱한 표면에 부딪혀 그것이 생겨난 데로 되돌아가듯, 그 아름다움의 흐름은 다시 아름다운 자[249]에게 되돌아가, 영혼

---

243 사랑하는 사람은 에로스의 광기에 붙잡혀 있기 때문에 "신들린 친구"(entheos philos)이다.
244 문맥에 따라 "philia"를 "정"(情)으로 옮겼다.
245 사랑하는 사람을 가리킨다.
246 운동 경기장(gymnasia)에서 일어나는 연애 감정이 깃든 신체 접촉에 대해서는 《잔치》 209c, 217c를 참고하라.
247 아름다운 가뉘메데스(Ganymedes)는 제우스 신에 의해 올륌포스 신으로 인도되어 거기서 영원히 젊음을 잃지 않고 술시중을 든다. 《일리아스》 5권 266행과 20권 232행을 참고.
248 "히메로스"라고 불리는 "흐름"(rheuma)에 대해서는 251b 아래를 참고.

에 이르는 입구인 그의 눈을 통과한 뒤 영혼에 이르러 날개의 출구들 　d
을 들어올리고 그것들을 부풀려 날개가 자라게 하고 사랑받는 이의
영혼을 사랑으로 가득 채우네. 그런데 그는 사랑을 하면서도 그 정체
를 알지 못하지.[250] 그는 자기가 겪은 일이 어떤 것인지 알지 못하고
말로 표현할 능력도 없고, 다른 사람에게 눈병을 옮은 사람이 그 이
유를 댈 수 없듯이,[251] 마치 거울에서 보듯 사랑하는 사람에게서 자기
자신을 보면서도 이를 알아차리지 못하네. 그리고 그가 옆에 있으면,
그와 똑같이 고통을 잊네. 하지만 그가 없으면, 그때도 역시 그와 똑
같이 상대를 그리워하면서 그리움의 대상이 되지. 그가 품은 맞사랑
은 사랑의 영상이라네.[252] 하지만 그는 그것을 일러 사랑이 아니라 친 　e
분이라고 생각하네. 사랑하는 사람과 비슷하긴 해도 그 정도가 더 약
하게, 그는 그 사람을 보고 만지며 입을 맞추고 함께 누우려는 욕망
을 갖지. 우리가 예상할 수 있듯이, 그 다음에는 곧바로 다음과 같은
일들이 이어지네. 둘이 함께 누우면 사랑하는 사람의 무절제한 말이
마부에게 말할 거리를 얻고, 오랜 노고의 대가로 짧은 시간의 향유를
요구하네. 아이의 말(馬)은 아무 말도 못한 채, 몸이 달아 어쩔 줄 모　256
르면서[253] 사랑하는 사람을 껴안고, 마치 가장 친한 친구를 맞이할 때

249　사랑하는 사람에게 사랑의 감정을 불러일으킨 자, 즉 사랑받는 아이를 가리킨다.
250　원문에는 동사 "aporein"이 쓰였다. 그 뜻은 251d에 대한 각주 216을 참고.
251　고대 그리스 사람들은 "눈병"(ophthalmia)을 앓는 사람과 눈이 마주치면 눈병이 옮는다고 생각했다.
252　사랑하는 사람과 사랑받는 사람의 관계는 짝사랑의 관계가 아니다. 사랑하는 사람에 대한 사랑받는 사람의 "맞사랑", 즉 "anterōs"가 있다. 그리고 이 사랑은 사랑하는 사람이 가진 사랑과 닮은 영상 또는 그것의 반영물(eidōlon)이다.

처럼 입을 맞추네. 그리고 함께 누울 때, 요구가 있으면 사랑하는 사람에게 자기 몫의 호의 베풀기를 거절할 수 없지. 하지만 다른 말은 마부와 함께 수치심과 이성을 가지고 이런 일들에 맞서네.

37. 정신의 더 뛰어난 부분들이 이겨서 그들을 질서 있는 생활 태도와 지혜에 대한 사랑으로 이끌면,[254] 그들은 이곳의 삶을 복되고 조화 있게 살아가네. 자기 자신을 억제하고 절도를 지키면서 영혼의 열등함을 낳는 것을 노예로 삼고 탁월함을 낳는 것에 자유를 허락하지. 그리고 삶이 끝나면, 날개를 달고 가벼워진 상태로 진짜 올륌피아 경기의 세 판[255] 중 한 판에서 승리를 거두는데, 인간적인 분별이나 신적인 광기[256] 가운데 어느 것도 그것보다 더 좋은 것을 사람에게 베풀어 줄 수 없다네. 반면, 더 세속적이고 지혜를 사랑하지 않고 명예[257]를

---

253 여기서도 다시 "aporein"의 분사형 "aporon"이 쓰였다.
254 에로스 또는 사랑은 마침내 사랑하는 사람과 사랑받는 사람을 질서 있는 생활태도(diaita)와 지혜에 대한 사랑, 즉 철학(philosophia)으로 이끈다. 에로스와 철학의 공속성(共屬性)과 그때 드러나는 에로스의 "궁극적인 숨은 신비"에 대해서는 《잔치》 210a 아래를 참고하라.
255 올륌피아 경기의 레슬링에서는 세 판을 이겨야 승리자가 된다. 이에 대해서는 아이스퀼로스(Aischylos)의 《자비로운 여신들》 589행, 《에우튀데모스》 277d, 《국가》 583b 등을 참고하라. 지혜를 향한 욕망과 몸부림은 영혼의 승리를 얻기 위한 진정한 올림픽 경기이다. 위의 249a를 함께 참고.
256 "인간적인 분별"(sōphrosynē anthrōpinē)과 "신적인 광기"(theia mania)의 비교에 대해서는 244d를 참고.
257 원문의 "timē"는 공적으로 인정받은 "명예"나 "직분"을 가리킨다. 명예에 대한 사랑은 지혜에 대한 사랑보다 한 단계 낮은 수준의 사랑이다. 위의 248d 아래와 《국가》 549a 아래를 참고.

사랑하는 생활태도를 취하면, 어느 땐가 술에 취하거나 다른 어떤 방심 상태에 놓일 때 무절제한 짐승들이 두 사람의 영혼을 붙잡아 무방비 상태에 빠뜨리고 그들을 하나로 결합시키는데, 그들은 많은 사람들이 가장 복된 삶이라고 여기는 것을 선택해서 그런 삶을 살아가네. 한 번 그런 방식을 취하고 나면 여생에 걸쳐 같은 방식을 취하지만, 정신 전체에 의해 인정받지 못하는 일들을 하는 까닭에 그렇게 하는 일이 드물지. 앞서 말한 사람들에게는 뒤지지만, 그들 역시 사랑을 하는 동안이나 거기서 벗어난 다음 서로 친분을 맺고, 서로 크나큰 믿음을 주고받았다고 생각하면서 이 믿음이 깨어져 언젠가 적대감에 이르는 것은 도리가 아니라고 여기네. 마지막에는 날개는 없으나 날아오르려는 충동을 갖고 몸을 빠져나가는데, 그렇게 보면 그들은 사랑의 광기에서 작지 않은 보상을 받은 셈이지. 왜냐하면 천궁 안쪽의 구역에서 행보를 시작한 자들이 어두운 땅 속 길로 빠져드는 법은 없기 때문이네. 그들은 빛나는 삶을 이어가며 행복하게 동반의 길을 가고, 때가 되면 사랑의 힘으로 똑같이 날개가 생겨나지.

38. 여보게, 사랑하는 사람에게서 오는 친분은 자네에게 이토록 엄청난 신적인 선물들을 베풀어줄 것이네. 하지만 사랑하지 않는 사람에게서 오는 친절은 죽을 자의 분별과 섞여서,[258] 사라져버리는 하찮은 것들에 마음을 쓰고 대중이 탁월함이라고 칭찬하는 예속 상태를 친구의 영혼 속에 생겨나게 해서, 이 영혼으로 하여금 9천 년 동안 땅 주

---

[258] 뤼시아스 연설의 화자인 "사랑하지 않는 사람"의 쾌락 계산을 염두에 두고 있다.

변과 땅 속을 정신없이 배회하게 할 걸세.[259] 오, 친애하는 에로스여, 이것이 바로 우리가 힘을 다해 가장 아름답고 훌륭하게 지어 당신께 바치는 속죄(贖罪)의 번복시[260]이니, 특별히 파이드로스의 강요에 못 이겨 시적인 낱말들을 써[261] 지었나이다. 앞서 한 말들에 대해서는 양해를, 지금 한 말들에 대해서는 기쁨을 가지소서. 선의와 아량을 베풀어, 당신이 준 사랑의 기술[262]을 홧김에 내게서 빼앗거나 잘라버리지 마소서. 내가 아름다운 이들에게서 지금보다 더 큰 명예를 얻게 하소서. 만일 앞의 연설에서 파이드로스와 내가 당신 마음에 거슬리는 말을 했다면, 이를 이 연설의 아비인 뤼시아스 탓으로 돌리시고 더 이상 그가 그런 이야기를 하지 않게 하소서. 그리고 그의 형제 폴레마르코스[263]가 그랬듯이 그가 지혜에 대한 사랑으로 마음을 돌리게 하소서. 그래야 그를 사랑하는 이 사람[264]도 더는 지금처럼 망설이지 않고 마음껏 철학적인 이야기들을 나누며 에로스를 향한 삶을 살 것입니다.

---

259 "정신없이"(anoun) 땅 주변과 땅 속을 배회하는 영혼에 대해서는 《파이돈》 81c~e를 참고.
260 "번복시"(palinōidia)에 대해서는 243b에 대한 각주 122를 참고.
261 소크라테스는 여기서 다시 한 번 뤼시아스의 연설에 대한 파이드로스의 말(234c)을 패러디한 것이다.
262 소크라테스가 가진 "사랑의 기술"(erōtikē technē)과 관련해서는 위의 227c와 그에 대한 각주 8을 참고.
263 뤼시아스의 형제 폴레마르코스(Polemarchos)는 《국가》 첫 번째 권에서 손님을 접대하는 주인이자 소크라테스의 대화 상대자로 등장한다. 《국가》 327c~328b, 331d~336a를 참고.
264 파이드로스를 두고 하는 말이다. 236b와 279b를 참고.

대화의 이행: 매미 신화

39. **파이드로스** 소크라테스, 만일 그런 것들이 우리에게 더 좋다면 그 c
렇게 되기를 나도 함께 기원합니다. 당신은 앞서보다 훨씬 더 훌륭하
게 연설을 마무리했기에 저는 그 연설을 들으면서 일찌감치 놀라움
에 사로잡혀 있습니다. 그래서 설령 뤼시아스가 자신의 다른 연설을
그것과 견주어본다고 하더라도, 내 눈에 그가 하찮게 보이지 않을까
걱정이군요. 얼마 전 정치가들 가운데 한 사람이 바로 그 점을 비방
하면서 그를 비판했고, 그 비판을 하면서 줄곧 그를 "연설 작가"[265]라
고 불렀기 때문입니다. 그러니 그는 곧 명예에 대한 사랑[266] 때문에
글쓰기를 그만둘지도 모릅니다.

소크라테스 이보게, 젊은 친구. 자네는 우스운 생각을 입에 담는군. 그 d
를 그런 잡음을 무서워하는 사람으로 여긴다면, 자네는 자네 동무를
한참 잘못 알고 있는 셈이네. 자네는 그를 비판했던 사람이 진심으로
그런 말을 했다고 생각하는 것 같군.

파이드로스 소크라테스, 제겐 그렇게 보였습니다. 당신 자신도 아시다
시피, 여러 나라에서 막대한 재력과 권위를 가진 사람들은 연설을 글

---

[265] "연설 작가"(logographos)란 돈을 받고 연설문, 특히 법정 연설문을 대신 작성해서 팔았던 사람들을 가리킨다. 직접 연설문을 작성해서 연설을 했던 사람을 가리키는 "연설가"(rētor)와 대비되는 용어다.

[266] 원문의 "philotimia"는 "명예에 대한 사랑" 또는 "공명심" 등으로 옮길 수 있을 것이다. "사랑하는 사람"의 공명심에 대해서는 232a, 234a를 참고.

로 쓰거나 자신들의 문서[267]를 뒤에 남기기를 부끄러워합니다. 나중에 소피스테스라는 평판을 얻지 않을까 두려워하지요.[268]

소크라테스 파이드로스, 자네는 "달콤한 팔꿈치"[269]라는 말이 나일 강의 긴 굴곡에서 유래했다는 걸 모르는군. 팔꿈치뿐만 아니라 자네는 이런 사실도 모르지. 정치가들 중 자신만만한 사람들은 연설문 작성과 문서 남기기[270]를 더없이 좋아한다네. 그리고 언제나 연설을 글로 쓸 때는 추앙자들을 얻는 것을 좋아하기에 그들은 어디서나 자신들을 칭찬하는 사람들을 글의 첫머리에 덧붙인다네.

파이드로스 무슨 말입니까? 저는 모르는 사실입니다.

소크라테스 문서의[271] 첫머리에 정치하는 사람을 칭찬하는 사람이 맨 먼저 기록된다는 사실을 자네는 모르는군.

파이드로스 어떻게요?

소크라테스 작가[272]는 이렇게 말하지. "이것은 평의회에서" 또는 "데모

---

267 원문의 "syngrammata"는 일반적으로 "글", "문서", "작품", 특히 "산문 작품"을 가리킨다.
268 소피스테스들 역시 돈을 받고 연설의 기술을 가르쳤을 뿐만 아니라 연설문을 글로 작성해서 팔기도 했다.
269 "달콤한 팔꿈치"(glykys angōn)에 대해서는 여러 가지 해석이 있었다. 고대의 주석가 헤르메이아스(Hermeias)의 설명에 따르면 이 표현은 두 지점 사이의 뱃길을 늘여놓았던 나일 강의 V자 모양의 유수(流水)를 가리키며, 사람들은 이 길고 번거로운 뱃길을 일컬어, 역설적인 뜻으로 "달콤한 팔꿈치" 또는 "달콤한 굴곡"이라고 불렀다. 사람들은 때때로 속마음과 정반대되는 말을 한다는 뜻이다.
270 원문의 "연설문 작성"(logographia)은 방금 파이드로스가 말한 "연설을 글로 쓰는 것"(logous graphein)에 해당하는 개념이다.
271 Burnet가 삭제한 원문의 "syngrammati"를 "syngrammatos"로 읽었다.
272 원문의 "syngrapheus"에 대해서는 235c에 대한 각주 69를 참고.

스에서 결의되었다"거나 그 두 기관에서 "결의되었다"[273] 또는 "이러 저런 사람이 제안했다"고 말하면서, 자기 자신에게 권위를 더하고 자화자찬을 일삼네. 그런 뒤 이어서 연설을 해나가면서 추앙자들에게 자신의 지혜를 과시하는데 때때로 아주 긴 문서를 작성할 때도 있다네. 자네 눈에는 그런 것이 글로 쓰인 연설[274]과 종류가 다른 것으로 보이나?

파이드로스 그렇지 않습니다. b

소크라테스 그래서 그 연설이 한 자리를 차지하면,[275] 작가는 기쁨에 들떠 연단을 떠나지만, 그것이 쓸려 나가서 연설문 작성에 합당한 몫을 얻지 못하고 글로 문서화될 만한 가치를 잃게 되면, 그와 그의 동무들은 괴로워한다네.

파이드로스 정말 그렇습니다.

소크라테스 그러니 그들은 자신들의 활동을 폄하하기보다는 경외하는 것이 분명하네.

---

273 "평의회에서 결의되었다"(Edoxe tēi boulēi)는 식의 표현은 입법안을 비롯해서, 아테네의 공공 회의에서 이루어진 결정의 전형적인 문투이다. 정치적인 연설은 그런 말로 시작되지 않는다. 파이드로스의 동의 아래 소크라테스는 연설문 작성과 형식적인 법안 작성 사이의 차이를 무시하고 이야기를 진행한다. 아테네에서는 클레이스테네스(Kleisthenēs)의 민주화 개혁(기원전 508년) 이래 139개에 이르는 촌락(dēmos)을 10개의 부족(phylē)으로 재편하고, 각 부족에서 추첨으로(apo kyamou) 30세 이상의 시민 50명씩을 뽑아 총 500인으로 이루어진 평의회(boulē)를 구성해 운영했다.

274 원문의 "logos syngegrammenos"는 "글로 쓰인 연설", 즉 "written speech"를 가리킨다.

275 아테네에서 모든 공식 문건은 주로 석고판(sanis)에 기록하였다.

파이드로스 물론입니다.

c **소크라테스** 어떤가? 어떤 연설가나 왕이 뤼쿠르고스나 솔론이나 다레이오스[276]의 능력을 얻어 한 나라에서 불멸의 연설 작가로 군림할 정도가 된다면, 그는 살아 있는 동안 자기 자신을 신과 같은 존재로 여기고, 후세인들은 그의 문서를 보면서 그에 대해 그와 똑같은 생각을 품지 않을까?

파이드로스 물론입니다.

소크라테스 그런데 그런 사람들 가운데 어떤 사람이 뤼시아스에게 어떤 식으로든 악의를 품고 있다 해서, 글을 쓴다는 이유를 들어 그를 비방하리라 생각하는가?

파이드로스 당신의 말에 따르면 그럴 것 같지 않군요. 그는 자기 자신이 가진 욕망을 비방하는 셈이 될 테니까요.

d **40. 소크라테스** 그렇다면 이 점, 즉 연설을 쓰는 것 자체가 부끄러운 일이 아니라는 것은 누구에게나 분명하네.

파이드로스 물론입니다.

소크라테스 하지만 나는 훌륭하지 않고, 부끄럽고 조악하게 말을 하거

---

[276] 뤼쿠르고스(Lykurgos)는 스파르타의 전설적인 입법자다. 솔론(Solon)은 기원전 6세기 초 아테네의 기본법을 개정해서 민주주의자들과 그 반대자들 사이의 대립을 불식시킨 인물이다. 그 두 인물은 그리스의 가장 유명한 입법자였다(《잔치》 209d). 페르시아의 왕 다레이오스(Dareios, 기원전 521년~486년)는 《법률》 695c~d와 《제7서간》 332a~b에서 이상적인 입법가 중의 한 사람으로 그려져 있다. 하지만 이들 가운데 어느 누구도, 심지어 솔론조차도 "연설 작가"(logographos)로는 알려져 있지 않았다.

나 글을 쓰는 것은 부끄러운 일이라 생각하네.

파이드로스 분명 그렇지요.

소크라테스 그렇다면, 파이드로스, 훌륭하게 글을 쓰는 방식과 훌륭하지 않게 글을 쓰는 방식은 어떤 것일까? 그런 점들과 관련해서 뤼시아스나 다른 사람, 그러니까 정치적인 문서건 사적인 문서건, 시인으로서 운율에 맞춰서 했건 문외한으로서 운율 없이 했건, 과거에 글을 한 번이라도 써보았거나 앞으로 글을 쓸 사람을 놓고 우리가 한번 시험을 해보아야 할까?

파이드로스 그렇게 할 필요가 있는지 묻는 겁니까? 그런 즐거움을 위해서가 아니라면 도대체 무슨 목적으로 살겠습니까? 왜냐하면 먼저 애를 쓰지 않고는 아무 즐거움도 없는 일들을 위해서 우리가 사는 것은 아니니까요. 그런 것은 거의 모든 육체의 즐거움이 갖는 특징이고, 그런 까닭에 그런 것들은 노예의 쾌락이라고 불려 마땅하지요.[277]

e

소크라테스 우리에게는 분명 여가가 있네. 그리고 우리 머리 위에서는 매미들이 땡볕 아래 노랠 부르며 우리를 내려다보면서 서로 대화를 나누는 것 같네. 그런데 그들 눈에 우리 두 사람이, 많은 사람들이 그렇듯, 한낮의 더위 속에 대화는 나누지 않고 졸면서 정신의 게으름으로 말미암아 매미 소리에 넋이 나간 모습을 보인다면, 그들은 마땅히 비웃으면서, 마치 가축들이 한낮의 물가에서 잠을 자듯 어떤 노예들이 쉬기 위해 자신들 곁에 다가왔다고 생각할 걸세. 하지만 그들 눈에 우리가 대화를 나누고 세이렌들[278] 옆을 지나듯 그들 옆을 지나면

259

---

[277] "노예의 쾌락"(andrapodōdeis hēdonai)에 대해서는 《국가》 583c 아래와 《필레보스》 51c 아래를 참고.

b 서도 넋이 나가지 않은 모습을 보인다면, 그들은 마음이 흡족해서, 신들에게 얻어 사람들에게 베풀어줄 수 있는 선물을 우리에게 줄 걸세.

41. **파이드로스** 그들이 무슨 선물을 줄 수 있습니까? 나는 전혀 들어본 일이 없는 것 같습니다.

소크라테스 문예를 사랑하는 사람이 그런 것들에 대해 들어보지 못했다는 것은 당치 않네. 전해오는 말에 따르면 이들은[279] 무사들[280]이 생겨나기 전에 살았던 사람들이었는데, 무사들이 생기고 노래가 출현하자 그때 살던 사람들 가운데 일부는 그 즐거움에 매혹당해 먹는 것과 마시는 것을 잊고 노래를 불렀으며, 자신들의 목숨이 다하는 것도 잊었다네. 그런 뒤 이 사람들에게서 매미 족속이 생겨났는데, 이들은 무사들로부터 이런 선물을 받았다네. 즉 태어날 때부터 먹을 필요 없이 식음을 전폐하고 목숨이 끝날 때까지 줄곧 노래를 부르다가, 나중에 무사들에게 가서 이곳에 있는 사람들 가운데 누가 누구를 섬겼는

---

278 세이렌들(Seirēnes)은 새 모양을 한 여인들로서 매혹적인 노래를 불러 뱃사람들의 정신을 빼앗고 배가 암벽에 부딪혀 난파당하게 했다. 오뒤세우스는 동료 뱃사람들의 귀를 막고 자신은 몸을 돛대에 묶어 세이렌들의 노래를 들으면서도 목숨을 구했다. 《오뒤세이아》 12권 36행 아래를 참고하라.

279 매미들을 가리킨다.

280 헤시오도스의 《신통기》(36행 아래)에 따르면 무사 여신들(Mousai)은 제우스와 기억의 여신 므네모쉬네(Mnēmosynē)에게서 태어난 9명의 딸들로서, 이들은 서사시, 서정시, 비극, 역사 서술, 천문학 등 모든 문예(文藝)를 주관한다. 서사시를 담당하는 칼리오페(Kalliopē)에게는 최고의 영예가 부여되었다. "Mousikē"는 이 무사 여신들이 관장하는 모든 분야의 "문예"를 통칭한다.

지 보고하는 일이 바로 그 선물이라네. 그러니까 테릅시코라에게는 가무(歌舞)를 통해 그 무사를 받들던 사람들을 알려주어 그들로 하여금 그의 사랑을 얻게 하고, 에라토에게는 사랑의 예식들을 통해 그 무사를 받들던 사람들을 알려주며, 다른 무사들에게도 각각의 무사가 가진 명예[281]의 형태에 따라 그렇게 한다네. 장녀인 칼리오페와 차녀인 우라니아에게는 지혜에 대한 사랑 가운데 평생을 살면서 그 무사들의 문예를 받들던 사람들을 알려주는데, 그들은 여러 무사 가운데 특히 천궁과 신적인 이치와 인간의 이치를 관장하면서 가장 아름다운 소리를 낸다네. 그러니 여러 가지 이유를 놓고 볼 때 한낮에 낮잠을 자서는 안 되고 무언가를 놓고 이야기를 해야 하네.

d

파이드로스 이야기를 해야지요.

수사술과 진상

42. **소크라테스** 그렇다면 이제 우리가 살펴보기로 마음먹었던 대로, 말이나 글을 통해 연설을 할 때 어떻게 하는 것이 훌륭하게 하는 것이고 어떻게 하는 것이 그렇지 않은 것인지 살펴보아야 하네.

e

파이드로스 물론입니다.

소크라테스 뛰어나고 훌륭한 연설을 하려면, 말하는 사람은 먼저 자기가 말하려는 주제들에 대해서 진상을 알고 그런 앎을 가진 정신이 그

---

281 원문의 "timē"는 "직분"으로도 옮길 수 있다. 256c에 대한 각주 257을 참고.

연설 속에 담겨 있어야 하지 않을까?

파이드로스 친애하는 소크라테스, 그 점에 대해서 나는 이런 말을 들었습니다. 연설가가 되려는 사람이 알아야 할 것은 참으로 정의로운 것들이 아니라, 재판을 하는 대중에게 그렇게 보이는 것들이고,[282] 참으로 좋거나 아름다운 것[283]이 아니라 그렇게 보이는 것이라고 합니다. 왜냐하면 설득의 출처는 그런 것들이지 진상이 아니기 때문이지요.

소크라테스 파이드로스, 지혜로운 사람들이 하는 "말을 내쳐서는 안 되네."[284] 그들의 말에 무슨 뜻이 담겨 있지 않은지 살펴보아야 하네. 그러니 방금 자네 입에서 나온 말을 지나쳐서는 안 되네.

파이드로스 옳은 말씀입니다.

소크라테스 그것을 이런 방식으로 살펴보세.

파이드로스 어떻게요?

소크라테스 이렇게 가정해보세. 말(馬)을 사서 적들과 맞서야 한다고 내가 자네를 설득하지만, 우리 둘 모두 말이 어떤 것인지 모른다고 하세. 그리고 내가 자네에 대해 아는 것은 그저, 파이드로스는 말을 가축 가운데 귀가 가장 큰 짐승으로 알고 있다는 게 전부라고 하세.

파이드로스 소크라테스, 우스운 이야기군요.

소크라테스 아직 끝나지 않았네. 내가 당나귀에 대한 찬사를 늘어놓고

---

[282] "참으로"(tōi onti) 있는 것들과 대중에게 이러저러하게 "보이는 것들"(ta doxanta) 사이의 대비는 《파이드로스》 후반부의 대화에서 참된 수사술과 전통적인 수사술을 구분하는 논의의 핵심이 된다. "ta doxanta"는 뒤에 나오는 "그럴듯한 것"(ta eikota, 267a)이나 "믿을 만한 것"(to pithanon, 272d)과 같은 뜻이다.

[283] 원문의 표현은 "ta ontōs agatha Hē kala"이다.

[284] 《일리아스》 2권 361행을 참고.

그걸 말이라고 부르면서 자네가 집 안에서나 싸움터에 나갈 때 다른 어떤 것보다 소중한 짐승을 얻었다고, 전쟁을 하는 데 유익할 뿐만 아니라 짐이나 다른 물건들을 나르기에 유익한 짐승을 얻었다고 말 하면서 내가 자네를 진지하게 설득한다고 해보세.   c

파이드로스 더할 수 없이 우스운 이야기가 되겠지요.

소크라테스 영리한 적보다 웃기는 친구가 더 낫지 않은가?[285]

파이드로스 분명 그렇지요.

소크라테스 연설가가 좋은 것과 나쁜 것을 알지 못한 채, 똑같은 처지에 놓여 있는 나라를 붙잡고 설득하면서, 당나귀의 그림자[286]를 두고 말에 대한 찬사를 늘어놓는 데 그치지 않고 나쁜 것을 두고 좋은 것이라고 찬양한다면, 그리고 대중의 의견들을 궁리한 뒤 좋은 것 대신 나쁜 것을 하라고 설득한다면, 훗날 그 수사술이 뿌린 씨에서 거둘   d
열매가 어떤 것이리라 생각하는가?

파이드로스 전혀 적절치 않은 것이겠지요.

---

285 교묘하게 자신의 무지를 숨기고 진지한 인상을 주지만 실제로는 악의를 가진 사람의 실수보다는 선의를 가졌지만 명백하게 웃음을 살 만한 실수가 더 무해하다는 말이다.

286 아리스토파네스(Aristophanes)의 희극 《말벌》에 대해 주석을 붙인 고대의 주석가는 이 이야기의 기원을 다음과 같이 설명한다. 어떤 사람이 메가라에서 아테네까지 짐을 나르기 위해 당나귀를 빌렸다. 7월의 정오 무렵, 폭염이 기승을 부리자 짐을 나르던 사람은 당나귀를 세우고 당나귀의 그림자 그늘에서 더위를 식혔다. 그 자리에 함께 있던 당나귀의 주인은 이에 대해 화를 내면서, 당나귀를 빌려준 것은 짐을 운반하기 위해서이지 그늘을 만들어주기 위해서가 아니라고 따졌다. 싸움은 격렬하게 번져서 결국 법정으로 가게 된다.

43. 소크라테스 여보게, 우리가 연설의 기술을 필요 이상 거칠게 비난했나? 그 기술은 이렇게 대꾸할지도 모르네. "당신들은 이상한 사람들이군요. 무슨 어리석은 소립니까? 나는 진상을 전혀 모른 채 말하는 법을 배우라고 강요하는 것이 아닙니다. 내 조언의 뜻은, 그것을 취하고 난 뒤 나를 취하라는 거지요. 그러니까 내가 자부하는 것은 이런 점입니다. 즉 내가 없다면, 어떤 사람이 (참으로) 있는 것들을 알았다 해도 단지 그뿐, 기술적으로 설득하는 법을 지니지 못한다는 말이지요."

e **파이드로스** 그 기술이 그렇게 말한다면, 정당한 말이 아니겠습니까?

소크라테스 그렇겠지. 만일 (수사술을) 공격하는 논변들이 그것이 기술임을 증언해준다면 말일세. 왜냐하면 나는 그것들에 맞서서 항변하는 논변들을 듣고 있다고 생각하는데, 그에 따르면 수사술은 사람을 속이며 기술이 아니라 기술이 없는 숙련[287]이라네. 스파르타 사람의 말대로, 진상을 파악함이 없이 말을 하는 진정한 기술은 지금도 있지 않고 앞으로도 결코 생겨나지 않을 것이네.[288]

261 **파이드로스** 그런 논변들이 필요합니다, 소크라테스. 그러면 그것들을 이리로 데려와서, 그것들이 무엇을 어떻게 말하는지 시험해보십시오.

소크라테스 이리 오너라, 귀하신 짐승들아, 잘 생긴 자식들을 둔[289] 파

---

287 원문의 "atechnos tribē"를 "기술 없는 숙련"이라고 옮겼다. 수사술이 기술(technē)이 아니라는 비판에 대해서는 《고르기아스》 462b~c를 참고.
288 스파르타 사람들은 간단명료한 말을 하는 것으로 유명하다. "스파르타 사람의 말대로"는 "거두절미(去頭截尾)하고 말하자면"이라는 뜻이다.
289 원문에는 "kallipais"가 쓰였다. 파이드로스의 "자식들"이란 물론 연설들이나 철학적인 대화들을 가리킨다. 이에 대해서는 위의 242a~b와 《잔치》 209b~e를 참고.

이드로스를 설득해보거라. 충분히 철학을 하지 않으면, 어떤 것에 대해서도 말하기에 충분치 않다는 사실을 설득해보거라. 파이드로스로 하여금 대답하게 하거라.

파이드로스 질문해보십시오.

소크라테스 일반적으로 볼 때 수사의 기술은 법정에서나 그런 종류의 다른 대중 연설에서뿐 아니라 사적인 자리에서도 말을 통해 이루어지는 영혼의 인도가 아닌가?[290] 그것은 작은 일에서나 큰일에서나 똑같이 통하는 기술이고, 적어도 그것이 올바로 쓰이는 한 대소사를 가릴 것 없이 똑같이 존중받을 만한 것이 아닌가? 자네는 그런 것들에 대해서 어떻게 들었나?

b

---

290 고르기아스는 그를 표제 인물로 삼은 대화편 《고르기아스》 452e에서 수사의 기술(hē rhētorikē technē)에 대해서 이와 비슷한 정의를 내린다. 다만 고르기아스는 사적인 자리의 연설에 대해서 언급하지 않고 "영혼의 인도"(psychagōgia)라는 관념을 끌어들이지 않은 채 단순히 설득에 대해서만 말한다. 수사술과 설득에 대한 소크라테스의 일반적인 설명에 대해서는 《고르기아스》 453d~454a를 참고하라. "영혼의 인도"라는 말은 "넋을 이끌다"는 뜻을 함축한다. 이 말은 영혼들을 지하세계로부터 불러내는 광경을 연상시킨다. 아리스토파네스는 희극 《새》(1555행)에서 "때를 씻지 않은 소크라테스가 영혼들을 호수에서 이끌어낸다(psychagōgei)"고 말한다. 《법률》(909b)에서는 소피스테스들을 겨냥해서 그 말이 쓰이는데, 살아 있는 사람들의 영혼을 미혹하는(psychagōgein) 사람들은 평생을 감옥에 갇혀 지내야 하고 그들이 죽으면 땅에 묻지 않은 채 나라 밖으로 내다버려야 한다고 말한다. 그러나 이소크라테스((Isokrates, 기원전 436년~338년)는 psychagōgia를 연설가가 지니지 못한, 시문학의 능력으로 본다. 《티마이오스》(71a)에서는 환상이나 환영들이 정신에 미치는 비이성적인 작용을 일컬어 psychagōgia라고 부른다. 아리스토텔레스의 《시학》 6, 1450a 33~34도 함께 참고.

291 여기서 "대중연설"이라고 옮긴 "dēmēgoria"는 일반적으로 대중 집회에서의 연설을 일컬으며, 법정 연설을 가리키는 "dikanikē"와 대비되는 용어다. 아리스토텔레스, 《수사학》 I 1, 1354b 28 아래를 참고.

파이드로스 제우스에 맹세코, 모든 면에서 그런 것은 아닙니다. 재판에서는 주로 기술에 의거해서 말을 하거나 글을 쓰고, 대중 연설[291]에서도 말을 하지요. 그 밖에는 들어본 적이 없습니다.

소크라테스 자네는 네스토르와 오뒤세우스가 일리온에서 여가 시간에 글로 썼다는, 연설의 기술들에 대해 단 한번이라도 들어본 적이 있나? 팔라메데스가 지은 기술에 대해서 들어본 적이 있나?[292]

c **파이드로스** 고르기아스를 또 한 사람의 네스토르라고 부른다거나 트라쉬마코스와 테오도로스를 오뒤세우스라고 부른다면 모를까,[293] 제우스에 맹세코, 네스토르가 지은 말하는 기술에 대해서는 들어본 적이 없습니다.

---

292 여기서 소크라테스는, 모든 학문과 기술의 근원이 호메로스에 있다는 그리스 사람들의 일반적인 믿음을 장난스럽게 원용하고 있다. 네스토르(Nestor)와 오뒤세우스는 탁월한 연설 능력을 가진 호메로스의 영웅들이다(《일리아스》 2권 337~368행과 2권 188~277행). 팔라메데스(Palamēdēs)는 호메로스의 작품 가운데는 등장하지 않지만, 트로이아 원정에 참전하지 않으려고 광인 행세를 하는 오뒤세우스의 술책을 밝혀낸 지혜로운 인물로 알려져 있다. 어떤 전승(傳承)에 따르면 팔라메데스는 문자의 창안자이기도 하다.

293 레온티노이(Leontinoi)의 고르기아스(Gorgias, 기원전 480년 무렵~380년)는 기원전 5세기에 활동했던 가장 영향력 있는 연설가이자 소피스테스 가운데 하나다. 그는 레온티노이의 사절로 아테네를 방문해서 유창한 연설로써 아테네인들을 사로잡았다. 두 편의 예시 연설이 유명한데, 하나는 헬레나 찬가(D.-K., 82 B 11)이고 다른 하나는 팔라메데스 변호 연설(D.-K., 82 11a)이다. 칼케돈(Chalkēdon)의 트라쉬마코스(Thrasymachos)는 《국가》 1권에 등장하는데, 그로부터 추측해낼 수 있는 것 말고는 그에 대해 알려진 바가 없다(267c 참고). 몇 단락의 수사학적 단편들이 그의 것으로 전해져 오고 있다(D.-K., 84 B 1). 뷔잔티온(Byzantion)의 테오도로스(Theodoros)의 글은 전승된 것이 없다(아래의 266e~267a과 아리스토텔레스, 《수사학》 III 13, 1414b 13 아래를 참고).

44. **소크라테스**   그럴지도 모르지. 하지만 그 사람들은 내버려두세. 말해보게. 법정에서 소송 상대자들[294]이 하는 일은 무엇인가? 그들은 서로 반론을 펴지 않는가? 그렇지 않다면 그들이 무얼 한다고 하겠는가?

파이드로스   바로 그런 일을 하지요.

소크라테스   옳은 것과 옳지 않은 것에 대해 그렇게 하겠지?[295]

파이드로스   네.

소크라테스   그런데 기술적으로 이런 일을 하는 사람은 똑같은 것이 똑같은 사람들에게 어떤 때는 옳은 것처럼 보이고 — 그가 원할 때는 — 옳지 않은 것처럼 보이게 하겠지?   d

파이드로스   물론입니다.

소크라테스   그리고 대중 연설에서는 똑같은 것이 어떤 때는 나라에 좋은 것처럼 보이고, 어떤 때는 그와 반대되는 것처럼 보이게 만들겠지?

파이드로스   그렇습니다.

소크라테스   우리가 알기에, 엘레아의 팔라메데스는 기술적으로 말을 해서 똑같은 것이 듣는 사람들에게 유사하면서도 유사하지 않고, 하나이면서 여럿이고, 정지해 있으면서 이동하는 것으로 보이게 하지 않는가?[296]

---

294 원문에는 "hoi antidikoi"가 쓰였다.

295 법정(dikasterion)에서 재판관(dikastēs)이 하는 일은 재판(dikastēria 또는 dikē)을 통해 옳은 것 또는 정의로운 것(dikaion)과 옳지 않은 것 또는 불의한 것(adikon)을 가려 정의(dikē)를 세우는 일이다. 249a에 대한 각주 183을 참고.

파이드로스 물론입니다.

소크라테스 반론술[297]은 법정에서나 대중 연설에서만 통하는 것이 아니네. 만일 모든 발언과 관련해서 한 가지 기술이 있다면 바로 이것이 그런 기술인 듯하네. 즉 모든 것을 가능한 모든 것과 비교 가능한 모든 측면에서 유사하게 만들고, 다른 어떤 사람이 유사하게 만들어 다른 점을 숨긴다면 이를 폭로하는 데 사람들이 쓰는 기술을 말하는 걸세.

파이드로스 무슨 뜻으로 그런 말을 하시는 겁니까?

소크라테스 이렇게 살펴보면 그 뜻이 분명해질 것 같네. 속임은 차이가 큰 것들에게서 더 잘 일어나는가, 아니면 차이가 작은 것들에게서 더 잘 일어나는가?

파이드로스 차이가 작은 것들에게서 일어나겠지요.

소크라테스 그렇지만 자네는 많이 움직이기보다 조금씩 움직여 반대되는 것으로 몰래 옮겨갈 것이네.

파이드로스 물론입니다.

소크라테스 그렇다면 다른 사람을 속이되 자기 자신은 속임을 당하지 않으려는 사람은 있는 것들 사이의 유사성과 비유사성을 정밀하게 분간해야 하네.[298]

파이드로스 반드시 그래야겠지요.

소크라테스 그렇다면 그가 각 대상의 진상을 모르는 채, 자기가 모르는

---

[296] "엘레아의 팔라메데스"란 엘레아(Elea) 출신으로 파르메니데스(Parmenides)의 제자였던 제논(Zenon)을 가리킨다. 그가 제시한 운동의 불가능성에 대한 논변이 잘 알려져 있다. 《파르메니데스》 127d 아래와 135c 아래를 참고.

[297] "반론술"(antilogikē)에 대해서는 《국가》 454a 아래를 참고.

[298] 원문의 표현은 "tēn homoiotēta tōn ontōn kai anhomoiotēta akribōs dieidenai"이다.

것과 다른 것들 사이의 크고 작은 유사성을 식별할 수 있는가?

파이드로스 그런 일은 불가능합니다. b

소크라테스 그렇다면 있는 것들과 동떨어진 의견을 갖고서 속임을 당하는 사람들에게 바로 그런 상태[299]가 흘러든 것은 어떤 유사성들 때문임이 분명하네.

파이드로스 그렇습니다.

소크라테스 그렇다면 있는 것에 속하는 각 대상이 무엇인지 알지 못하는 사람이 각 경우마다 있는 것으로부터 그 반대되는 것으로 유사성들을 이용해서 조금씩 옮겨가면서 다른 사람을 오도하는 기술을 갖거나, 아니면 그 자신은 그런 일을 피하는 기술을 갖는 것이 가능하겠는가?

파이드로스 결코 가능하지 않습니다.

소크라테스 그러니 이보게, 진상을 알지 못한 채 의견을 좇았던 사람은, c 연설의 기술을, 생각건대, 기술이 없는 웃음거리로 만들어버릴 걸세.

파이드로스 그렇겠군요.

세 연설에 대한 분석과 변증술의 방법

45. **소크라테스** 그렇다면 자네가 들고 있는 뤼시아스의 연설이나 우리가 했던 연설에서 어떤 것이 우리가 기술이 없는 것들이라 부른 것에

---

[299] 여기서 말하는 "상태"(pathos)는 바로 속임(apatē)을 당한 상태를 가리킨다.

속하고 어떤 것이 기술에 맞는 것들³⁰⁰이라 부르는 것에 속하는지 살펴볼 의향이 있나?

파이드로스 무얼 더 바라겠습니까? 이제껏 우리는 본보기들을 충분히 들지 않고 뼈대를 추려 말했으니까요.

소크라테스 사실, 우연히도 그 두 연설³⁰¹은 내가 보기에 진상을 아는 사람이 말을 가지고 놀면서 듣는 사람들을 어떻게 끌고 다닐 수 있는지, 그 방식을 보여주는 본보기를 담고 있네. 나는 말일세, 파이드로스, 이를 장소의 신들 탓으로 돌리네.³⁰² 무사의 전령들,³⁰³ 즉 머리 위에 있는 노래꾼들이 우리에게 영기(靈氣)를 불어넣어³⁰⁴ 이런 선물을 주었을 수도 있지. 왜냐하면 사실 나는 말하는 기술이 없기 때문이네.

파이드로스 그렇다고 해두지요. 당신이 말하는 바를 밝혀주기만 하세요.

---

300 원문의 "atechnos"와 "entechnos"를 각각 "기술 없는 것"과 "기술에 맞는 것"이라고 옮겼다.
301 "두 연설"(tō logō)이 어떤 것을 가리키는지에 대해서는 논란의 여지가 있다. 뤼시아스의 연설을 제외한 소크라테스의 두 연설을 가리키는 것으로 볼 수도 있고, 소크라테스의 두 연설을 하나로 묶고 거기에 뤼시아스의 연설을 더해서 두 연설이 된다고 볼 수도 있다. 아마도 후자가 옳을 것이다. 265c에서는 소크라테스의 두 연설을 묶어 하나의 연설로 친다.
302 소크라테스는 《파이드로스》 전체에 걸쳐 자신의 연설을 "장소의 신들"(entopioi theoi) 탓으로 돌린다. 이와 관련해서는 253c와 263d를 참고.
303 "무사의 전령들"(hoi tōn Mousōn prophētai)은 물론 매미들을 가리킨다. 259c를 참고.
304 원문에 쓰인 완료분사 "epipepneukotes"의 동사원형 "epipnein"은 본래 "바람을 불어넣다"라는 뜻이다.

소크라테스 자, 뤼시아스 연설의 처음을 읽어주게.

파이드로스 "자네는 내가 하는 일들에 대해 알고 있으며, 그런 일들이 생기면 우리에게 유익하리라 내가 생각한다는 것도 이미 들은 바 있네. 그리고 내가 자네를 사랑하는 사람이 아니라는 이유 때문에, 내가 바라는 것을 자네가 거절하는 일이 없기를 바라네. (욕망이 사라지면) 그들은 자기들이 덕을 베푼 일들을 두고 후회를 하지."[305]

소크라테스 그만 하게. 그 사람이 어떤 점에서 잘못을 범하고 있고 기술이 없는지 말해야 하네. 안 그런가?

파이드로스 그렇습니다.

46. **소크라테스** 이런 사실, 즉 어떤 낱말들[306]에 대해서는 우리의 생각이 같지만 어떤 것들에 대해서는 생각이 다르다는 것은 누구에게나 분명하지 않은가?

파이드로스 당신이 말하는 것이 무슨 뜻인지 알 듯하지만, 더 분명하게 말해주십시오.

소크라테스 어떤 사람이 "쇠"나 "은"이라는 낱말을 쓰면, 우리는 모두 똑같은 것을 생각하지 않나?

파이드로스 물론입니다.

소크라테스 "정의로운"이나 "좋은"은 어떤가? 사람마다 생각의 방향이 다르고, 우리는 다른 사람들뿐만 아니라 우리 자신들과도 논쟁을 벌이지 않는가?

---

305 위의 231e 아래를 참고.
306 "toiouton" 대신 Richard의 제안을 따라 "onomatōn"이라고 읽었다.

파이드로스 그렇습니다.

b **소크라테스** 어떤 경우 우리는 한목소리를 내지만, 그렇지 않은 경우도 있네.

파이드로스 맞습니다.

소크라테스 그렇다면 그 둘 중 어느 경우에 우리는 더 쉽게 속임을 당할까? 수사술은 둘 중 어느 경우에 더 큰 힘을 발휘할까?

파이드로스 분명 우리가 오락가락하는 것들에 대해서 그렇겠지요.

소크라테스 그렇다면 수사의 기술을 얻으려는 사람은 첫째로 그 두 경우를 방법에 맞게 나누고, 사람들이 오락가락할 수밖에 없는 것과 그렇지 않은 것, 이 두 형태 각각의 특징을 파악해야 하네.

c **파이드로스** 소크라테스, 그것을 파악한 사람은 훌륭한 것을 깨달은 셈이겠지요.

소크라테스 그런 다음—내 생각에는—각 대상에 다가가서, 그가 말하고자 하는 대상에 대해 그것이 두 부류 중 어떤 것에 속하는지를 눈에서 놓치지 말고 예리하게 감지해야 하네.

파이드로스 물론입니다.

소크라테스 어떤가? 우리는 사랑을 논란거리에 속하는 것으로 치는가 아니면 그렇지 않은 것으로 치는가?

파이드로스 논란거리에 속할 겁니다. 그렇지 않다면, 당신이 그것에 대해 방금 말했던 대로, 사랑은 사랑받는 사람과 사랑하는 사람에게 해가 된다고 했다가, 다시 사랑은 좋은 것들 가운데 가장 좋은 것이라고 말할 수 있겠습니까?

d **소크라테스** 매우 훌륭한 말일세. 허나 나는 신들린 상태[307]에 있는 탓에

아무것도 기억하지 못하니, 이 점에 대해서도 말해보게. 연설을 시작하면서 내가 사랑을 정의했던가?

파이드로스 제우스에 맹세코, 매우 훌륭하게 정의했지요.[308]

소크라테스 보게나, 자네 말대로라면 아켈로오스의 딸들인 님프들과 헤르메스의 아들인 판은 케팔로스의 아들 뤼시아스보다 연설을 하는 기술이 우월하다네.[309] 아니 내가 없는 말을 했나?[310] 뤼시아스가 사랑 이야기를 시작하면서―그 자신이 원했던 대로―우리로 하여금 사랑을 있는 것들 가운데 하나로 가정할 수밖에 없게 하고, 연설의 나머지 부분을 전부 그것과 결부시켜 연설을 끝맺었나? 그 이야기의 처음을 다시 읽어볼까?

e

파이드로스 그게 좋겠다면, 그렇게 하지요. 하지만 당신이 찾는 것은 거기에 없습니다.

소크라테스 그 자신의 말을 내가 직접 듣도록 읽어보게.

47. **파이드로스** "자네는 내가 하는 일들에 대해 알고 있으며, 그런 일들

---

307 원문의 "to enthousiastikon"는 "신들린 상태" 또는 "접신 상태"로 옮길 수 있겠다.
308 위의 237c~238c에서 소크라테스가 에로스에 대해 내린 정의를 보라. 265a 아래도 함께 참고.
309 소크라테스와 파이드로스의 대화는 강물의 님프들과 판의 영향을 받고 있다. 이에 대해서는 230b에 대한 각주를 보라. 대화가 이루어지는 한낮의 땡볕 아래서는 특히 판이 힘을 미친다. 따라서 이 구절의 뜻은, 이런 자연의 신들이 소크라테스에게 영감을 불어넣어, 뤼시아스가 수사의 기술을 가지고 했던 연설보다 더 훌륭한 연설을 한다는 뜻으로 받아들일 수 있다.
310 원문의 "ouden lego"는 "있지 않은 것을 말하다", "없는 것을 말하다", "헛소리를 하다"의 뜻이다.

264 이 생기면 우리에게 유익하리라 내가 생각한다는 것도 이미 들은 바 있네. 그리고 내가 자네를 사랑하는 사람이 아니라는 이유 때문에, 내가 바라는 것을 자네가 거절하는 일이 없기를 바라네. 욕망이 사라지면 그들은 자기들이 덕을 베푼 일들을 두고 후회를 하지."[311]

소크라테스 그는 분명 우리가 찾는 일을 하는 것과는 거리가 먼 듯하군. 그는 처음부터 시작하지 않고 끝에서부터 배영(背泳)을 하듯 연설을 거슬러 올라가려고 하네. 이미 연설을 끝낸 뒤 사랑하는 사람이 아이에게 할 법한 말에서 시작하네. 아니면 내가 없는 말을 했나? 친애하는[312] 파이드로스?

b **파이드로스** 소크라테스, 그가 연설에서 다룬 것은 정말로 끝 부분입니다.

소크라테스 나머지 부분은 어떤가? 그 연설의 부분들은 아무렇게나 내던져진 것처럼 보이지 않나? 아니면 두 번째 발언은 어떤 필연성이 있어서 두 번째 자리에 와야 하는지, 근거가 있는 것 같은가? 다른 발언들의 경우에는 어떤가? 적어도 내 눈에는, 내가 아무것도 모르는 탓이겠지만, 그저 글 쓰는 사람에게 떠오르는 것을 호기 있게 말한 것처럼 보였네. 자네는 그 사람이 그 내용들을 이런 순서로 배치하면서 따랐던, 연설문 작성의 필수원칙[313]에 대해 아는 것이 있나?

c **파이드로스** 그가 한 말들을 그토록 정밀하게 꿰뚫어볼 능력이 내게 충분히 있다고 생각하시니 고맙습니다.

---

311 위의 230e~231a와 262e를 참고하라.
312 원문의 "philē kaphalē"는 호메로스의 서사시에 나오는 표현이다(《일리아스》 8권 281행을 참고). 문자 그대로 옮기면, "사랑하는 머리"라는 뜻이다.
313 원문에는 "anankē logographikē"가 쓰였다.

소크라테스 하지만 나는 자네가 이런 말은 할 수 있으리라고 생각하네. 그러니까 모든 연설은 마치 생명체와 같이 유기적인 짜임새에 따라 자신에게 속한 몸을 갖추고 있어서, 머리가 없거나 발이 없는 것이 아니라 중간과 마지막이 있고 그것들이 서로에 대해서나 전체에 대해서 적절한 관계 속에 있도록 쓰여 있어야 한다는 말이지.[314]

파이드로스 물론입니다.

소크라테스 그렇다면 자네 동무의 연설이 그런지 그렇지 않은지 살펴보게. 그러면 자네는 그 연설이 프뤼기아의 미다스[315]의 묘비에 새겨져 있다고 사람들이 말하는 비문과 결코 다를 바 없다는 것을 알게 될 걸세.

파이드로스 그게 어떤 것이고 거기 무슨 문제가 있는 겁니까? d

소크라테스 그 비문은 이런 것이네.

나는 청동의 처녀이니, 미다스의 무덤 위에 서 있도다.
빗물이 흐르고 키 큰 나무가 푸른 잎을 내는 동안,

---

314 글이 살아 있는 유기체와 같아야 하고, 글의 짜임새가 유기적인 구성이어야 한다는 생각에 대해서는 《정치가》 277b 아래를 보라. 아리스토텔레스의 《시학》 7, 1450b 34 아래를 함께 참고.

315 프뤼기아(Phrygia)의 미다스(Midas) 왕에 대한 전설로는 두 가지 이야기가 유명하다. 디오니소스는 만지는 것마다 금이 되게 해 달라는 그의 소원을 이루어주었다고 한다. 아폴론과 판의 음악 경연에서 그는 심판자가 되어 판에게 승리를 돌렸는데, 이에 대해 아폴론은 그의 귀를 당나귀 귀로 만들었다고 한다. 하지만 본문에서 인용된 시의 주인공은 기원전 8세기에 살았던 실존 인물 미다스에 대한 것이다. 아래에 인용되는 시는 로도스(Rhodos) 섬의 린도스(Lindos) 출신의 시인 클레오불로스(Kleobulos)가 지은 것으로 알려져 있다.

여기, 수많은 사람이 통곡한 이 무덤 위에 머물러 있도다.
나는 지나는 길손들에게 미다스가 여기 묻혀 있다 말하노라.

c 여기서 어떤 것을 처음에 말하고 어떤 것을 마지막에 말하건 아무 차이가 없다는 사실을 자네가 알 수 있으리라 생각하네.

파이드로스 우리의 연설을 두고 조롱하시는군요, 소크라테스.

48. **소크라테스** 자네 속이 언짢지 않도록 그것은 그만 제쳐두기로 하세.[316] 내 생각에 그 안에는 우리가 섣불리 모방하려 들지 않는다는 조건에서 주목해보면 도움이 될 수 있는 본보기들이 빼곡하지만, 다른 연설들로 넘어가세. 내가 보기에 그 연설들 안에는 연설에 대해 탐색하고 싶어 하는 사람들이 마땅히 알아야 할 것이 들어 있네.

265 **파이드로스** 어떤 점을 말씀하시는 겁니까?

소크라테스 그것들은 어떤 점에서 서로 반대되는 것이었네. 왜냐하면 하나는 사랑하는 사람에게, 다른 하나는 그렇지 않은 사람에게 호의를 베풀어야 한다는 내용이었기 때문이지.

파이드로스 정말 사내다운 주장입니다.

소크라테스 나는 "광기 있는"[317]이라고 자네가 말해야 옳다고 생각했네. 우리가 찾았던 것은 바로 그것이니 말일세. 우리는 사랑이 일종의 광

---

[316] 파이드로스는 소크라테스에게 뤼시아스의 연설에 대한 분석에 이어 자기 자신의 연설을 분석해보기를 청한다. 하지만 소크라테스는 이를 회피하고, 신적인 광기에 대한 이야기로 말머리를 돌린다.

[317] 파이드로스가 "andrikos"(사내다운)라는 말을 쓰자, 소크라테스는 이를 "manikos" (광기에 사로잡힌)라는 같은 모음, 같은 음절의 낱말로 바꾸어 바로잡는다.

기라고 말했네. 그렇지 않은가?

파이드로스 그렇습니다.

소크라테스 광기에는 두 가지 형태가 있지. 하나는 인간적인 열병에 의해 생기는 것이고, 다른 하나는 일상의 관습에서 벗어난 신적인 일탈에 의해[318] 생기는 것이지.

파이드로스 물론 그렇지요.

b

소크라테스 그리고 우리는 신적인 광기를 네 분의 신에 맞춰 네 부분으로 나눈 뒤,[319] 예언적인 것은 아폴론에게서 영감을 받은 것이고, 비의적인 것은 디오니소스에게서, 시적인 것은 무사 여신들에게서 영감을 받은 것이라고 했네. 그리고 네 번째 광기는 아프로디테와 에로스에게서 영감을 받은 것이며 이것은 사랑의 광기요 가장 좋은 것이라고 말했네. 이 사랑의 감동을 어떻게 그려내야 할지 나는 잘 모르겠네.[320] 우리가 한편으로는 그 진상의 일부를 포착하기도 하고, 또 다른 한편으로는 엉뚱한 곳으로 이끌려간 측면도 있겠지만, 우리는 모든 점에서 믿을 수 없지는 않은 말을 섞어서, 나와 자네의 지배자이자 아름다운 아이들의 수호자인 에로스에게 더함도 덜함도 없이 경건하게 일종의 신화적인 찬가[321]를 바쳤네, 파이드로스.

c

---

318 즉 에로스에는 "인간적인 열병"(nosēmata anthrōpina, 231d 참고)에 의해 생기는 것과 신적인 힘에 의해 생기는 것이 있다. 신적인 힘에 사로잡힌 사람은 일상적인 행동 방식이나 관습(nomima)에서 완전히 벗어나는데, "신적인 일탈"(theia exallagē)이란 바로 그런 상태를 일컫는다.

319 "광기"(mania)를 "예언적인 것"(mantikē), "비의적인 것"(telestikē), "시적인 것"(poiētikē), "사랑의 광기"(erōtikē)로 나누는 것에 대해서는 244a~245a를 참고하라.

320 "사랑의 감동"(to erōtikon pathos)에 대한 기술로는 위의 251c 아래를 참고.

파이드로스　내가 듣기에 나쁘지 않았습니다.

49. **소크라테스**　그러면 이제 이 점을, 즉 그 연설이 어떻게 에로스에 대한 비판에서 칭찬으로 뒤바뀔 수 있었는지 알아보세.[322]

파이드로스　무엇을 두고 하시는 말입니까?

소크라테스　내가 보기에는 다른 것들은 사실 놀이 삼아 한 일인 듯하네. 하지만 지금 우연히 발설한 말들 안에는 두 가지 절차[323]가 들어 있는데, 만일 누군가 그 둘의 능력을 기술적으로 붙잡을 수 있다면, 이는 나쁜 일이 아니네.

d

파이드로스　어떤 것들 말입니까?

소크라테스　여러 곳에 흩어져 있는 것들을 함께 바라보면서 그것들을 하나의 이데아로 모으는 일인데, 그 목적은 우리가 각 대상을 정의하고, 설명하려고 하는 대상을 그때그때 분명하게 드러내는 데 있네. 예컨대 에로스에 대해서 방금 내린 정의가 그러하네. 그 정의의 옳고 그름을 떠나, 그 연설은 그런 것들을 근거로 삼아 분명하고 일관된

321　"일종의 신화적인 찬가"(tis mythikos hymnos)란 소크라테스의 두 번째 연설 가운데 특히 영혼의 마차를 묘사한 대목(246a~256e)을 가리킨다.

322　여기서 소크라테스는 자신의 두 연설을 변증술에 따라 구성된 하나의 통일체로 파악한다.

323　아래에서 더 분명하게 예시되듯이, 여기서 말하는 두 가지 "절차"(eidē)란 변증술의 두 과정인 모음(synagōgē)과 나눔(diairesis)을 말한다. 이 두 절차는 각각 "여러 곳에 흩어져 있는 것들을 함께 바라보면서 그것들을 하나의 이데아(idea)로 모으는 일"(eis mian idean synorōnta agein ta pollachēi diesparmena, 265d)과 "다시 형상들에 따라 나누는 능력을 갖추는 일"(to palin kat' eidē diatemnein kat' arthra hēi pephyken)로 정의된다. 이 두 절차에 대해서는 《소피스테스》 253d~e의 서술을 함께 참고.

것을 말할 수 있었네.

파이드로스 다른 절차는 무엇입니까? 소크라테스.

소크라테스 그것은 다시 형상들에 따라 나누는 능력을 갖추는 일인데, 본성적으로 갖춰진 마디를 따라 나누어야지 미숙한 푸주한이 그렇게 하듯 부분을 쪼개려 해서는 절대 안 되네. 방금 두 연설이 정신의 착란 상태[324]를 하나의 공통 형상으로 붙잡았고, 또한 마치 한 몸에서 이름만 같은 두 갈래가 생겨나 하나는 왼쪽, 다른 하나는 오른쪽이라 불리듯이, 그 두 연설은 그 넋 빠진 상태[325]를 우리 안에 자연히 생겨난 단일한 형상으로 간주한 다음, 하나는 왼쪽 부분을 나누되 그 나누는 절차를 계속해서, 마침내 그것들 가운데 왼쪽 사랑[326]이라고 불리는 것을 찾아내어 그것을 정당하게 비난하기에 이르렀고, 다른 하나는 광기의 오른쪽 부분들로 우리를 이끌어 첫 번째 것과 이름만 같은 신적인 사랑을 찾아낸 뒤 그것을 내세워, 우리에게 생기는 가장 좋은 것들의 원인이라고 찬양했네.[327]

e

266

b

파이드로스 참으로 옳은 말입니다.

---

324 원문의 "to aphron tēs dianoias"를 Hackforth는 "irrationality"로, Nehamas-Woodruff는 "mental derangement"로 옮겼다. 본문에서는 "광기"(mania)와 같은 뜻을 가진다. 즉 사랑에는 인간적인 열병에 의해 생기는 것과 신적인 일탈에 의해 생기는 것이 있지만, 그것들은 둘 다 "지성의 혼란 상태" 또는 "판단력의 부재 상태"라는 점에서는 똑같다.

325 원문의 "paranoia"는 ─"to aphron tēs dianoias"가 그렇듯이─에로스에 붙잡힌 사람의 정신 상태를 표현하는데, 위의 238e에서 "열병을 앓는"(nosounti)이라는 표현과 같은 뜻이다.

326 "왼쪽 사랑"(skaios erōs)이란 물론 아래의 "신적인 사랑"(theios erōs)과 반대되는 인간적인 사랑을 말한다.

50. **소크라테스** 파이드로스, 나 자신은 이 나눔과 모음을 사랑하는 사람인데, 말을 하거나 생각하는 능력을 갖추기 위함이라네. 그리고 내가 만일 다른 어떤 사람이 본성적으로 하나로 모이면서 여럿으로 나뉘는 것을 통찰할 능력을 갖고 있다고 여기면, 나는 그의 뒤를 "마치 신의 발자국을 좇듯"[328] 따라가네. 그 일을 할 수 있는 능력을 갖춘 사람들에게 내가 붙인 이름이 옳은지 여부는 신이 알겠지만, 이제껏 나는 그들을 변증가[329]라고 부르지.

전통적 수사술의 다양한 기술

소크라테스 하지만 이제 자네는, 사람들이 자네나 뤼시아스의 가르침들을 배운 뒤 그것들을 뭐라고 부르는지 말해보게. 그것은 바로 연설의 기술[330]이고, 트라쉬마코스는 물론 다른 사람들도 그 기술을 써서 그들 자신도 말하는 데 지혜롭게 되었을 뿐만 아니라, 마치 왕에게 하듯 그들에게 선물을 바치려고 하는 다른 사람들도 지혜롭게 만들

---

327 소크라테스의 연설 가운데는 일종의 "사랑의 변증법"이 포함되어 있다. 거기에는 사랑에 대한 한 가지 제한된 규정을 지양(止揚)하면서 그에 대한 더 높고 포괄적인 규정을 찾아나가는 과정이 담겨 있다.
328 원문의 "katopisthe met' ichnion hōste theoio"의 출전으로는 《오뒤세이아》 2권 406행과 5권 193행을 참고.
329 "dialektikos"는 진정한 철학자에게만 쓰이는 "영예로운 호칭"(the honourable title)(Hackforth)이다.
330 "연설의 기술"(hē logōn technē)은 "수사의 기술"(hē rhetorikē technē)과 같은 뜻이다.

지?³³¹

파이드로스 그들은 왕 같은 사내들이지만, 당신이 묻는 것들에 대해 아는 사람들³³²은 아니지요. 하지만 내가 보기에 이런 절차를 일러 당신이 변증술이라고 부른다면, 이는 옳은 일인 듯합니다. 하지만 수사술³³³은 아직 우리의 논의 밖에 있는 것 같군요.

소크라테스 무슨 말인가? 이 절차들³³⁴을 빠뜨린 채 기술적으로 파악되는 무언가 훌륭한 것이 있을 수 있을까? 자네와 나는 결코 그것을 무시해서는 안 되고, 수사술에 속하는 나머지 부분이 무엇인지 말해야 하네.   d

파이드로스 매우 많지요, 소크라테스. 연설의 기술에 대해 쓴 책자들에 가득합니다.³³⁵

51. **소크라테스** 잘 상기시켜주었네. 내 생각으로는 연설의 처음에는 먼저 서언³³⁶을 말해야 하네. 자네는 그걸 말하려는 거지? 안 그런가?

---

331 트라쉬마코스에 대해서는 261c와 그에 대한 각주 293을 참고. 그를 대표자로 삼는 다른 소피스테스들을 플라톤은 다른 대화편에서도 높은 강의료를 요구한다는 사실을 이유로 들어 비판한다. 《메논》 91d, 《프로타고라스》 310d, 《크라튈로스》 391b 등의 구절을 참고.
332 원문의 "epistēmones"를 이렇게 옮겼다.
333 여기서 "변증술"과 "수사술"이라고 옮긴 원문의 "to dialektikon"과 "to rhetorikon"은 말 그대로 옮기면 "변증술과 관련된 것" 또는 "수사술과 관련된 것"을 뜻한다.
334 앞에서 말한 변증술의 두 가지 절차, 즉 나눔과 모음의 절차를 말한다.
335 266c~269c의 논의는 기원전 5세기와 4세기의 수사술의 다양한 기법들이 건실한 학문적 성취물이 아니며, 따라서 수사술은 "기술"(technē)이라고 불리기에 미흡하다는 사실을 보여준다.

자네가 말하는 것은 그 기술의 세부 기법[337]이 아닌가?

파이드로스 그렇습니다.

소크라테스 두 번째 자리에는 서술과 그에 뒤이어 증언이 오고, 세 번째 자리에는 증거가 오며, 네 번째로는 추정이 오네. 연설의 최고 달인(達人)인 뷔잔티온 사람은 보증과 추가 보증에 대해 말하고 있는 걸로 난 알고 있네.[338]

파이드로스 유능한 테오도로스[339]를 두고 하는 말이군요?

---

336 "서언"(序言)이라고 옮긴 "prooimion"은 아이스퀼로스(Aischylos)와 핀다로스(Pindaros)의 작품에서부터 전거가 있다. 투퀴디데스(Thukydides)(III 104, 4)는 델로스의 아폴론 찬가를 그런 이름으로 불렀고, 아리스토텔레스는 《수사학》의 한 장을 prooimion을 분석하는 데 할애했다(III 14, 1414b 19 아래).

337 원문의 "ta kompsa"는 "멋진", "세련된" 등의 뜻을 가진 형용사 "kompsos"에서 취한 명사형인데, 여기서는 세련된 수사 기법을 뜻한다. 269c에 등장하는 "technē-mata"(기법들)도 같은 뜻이다.

338 "서술"(敍述, diēgēsis) : "기술하다", "상술하다"는 뜻의 동사 "diēgeisthai"는 헤라클레이토스, 투퀴디데스, 아리스토파네스의 작품에 그 전거가 있다. "diēgēsis"의 최초의 전거는 플라톤의 작품에서 찾을 수 있다(대략 스무 곳의 전거가 있다). 하지만 이소크라테스의 작품에서는 쓰이지 않는다. 그 낱말은 특정한 사태의 내용을 이야기를 통해 전달하는 것(narratio)를 뜻하는 전문용어가 된다. 아리스토텔레스, 《수사학》 I 1, 1354b 18과 III 16, 1416b 16을 참고. "증언"(證言, martyria) : "martyria"는 이미 《오뒤세이아》에 그 전거가 있다. "증언"은 법조항, 맹세, 계약, 노예의 진술(노예의 진술은 고문을 통해 얻어내기도 했다)과 함께 증명 수단에 해당한다. 이런 증명 수단을 사용하는데는 수사적인 능력이 필요 없기 때문에, 아리스토텔레스는 "기술 없는 증명 수단"(atechnoi pisteis, 《수사학》 I 2, 1355b 35)이라는 말을 사용한다. "증거"(證據, tekmērion) : "tekmērion"은 아이스퀼로스의 작품에 처음 등장한다. 논변에서 "어떤 것에 대한 증거"(Zeichen füer etwas)는 "증명을 하는 증거"(beweisendes Zeichen)가 된다. 그에 상응하는 표현은 헤로도토스, 안티폰(Antiphon), 플라톤에게서 나타난다. 헤로도토스, 《역사》 II 58 : "내가 보기에 그 사실에 대한 증거는 다음과 같다"(tekmerion de moi toutou tode……), 플라톤, 《크

소크라테스 물론이지. 고발이나 변론에서는 반박과 추가반박[340]을 해야 267
하네. 암시와 간접 칭찬[341]을 처음 창안한 파로스의 뛰어난 인물 에우
에노스[342]를 이런 이야기 가운데 끌어들이지 말까? 하지만 사람들 말
에 따르면 그는 간접 비난을 기억에 편리하게 운율에 맞춰 말했다고

라틸로스》 398a : "내가 보기에 그 증거는 다음과 같은 사실에 있다" 등의 구절을 참고. 아리스토텔레스(《수사학》 II 25, 1402b 13)에 따르면 개연적 전제들에는 네 부류가 있는데, "증거"는 "그럴듯한 것"(eikos), "사례"(paradeigma), "징표"(sēmeion)와 더불어 그런 전제들 가운데 하나다. 이런 전제에서는 개연적인 추론을 얻어낼 수 있다. "추정"(推定, eikota) : 진실이 알려져 있지 않거나 가려져 있는 경우 그럴듯한 것(eikota)이 판단의 관건이 된다. 심리적이거나 사회적 경험을 전제하는 이런 종류의 논변들은 비극과 헤로도토스의 글에 등장하며, 일찍부터 이론적인 논의의 대상이 되기도 했다. 여기서(273a~c) 플라톤이 제시한 사례는 유명해졌음에 틀림없으며, 아리스토텔레스에 따르면(《수사학》 II 24, 1402a 17~20) 실제로 코락스와 테이시아스에게로 거슬러 올라간다. 안티폰은 그것을 그의 첫 번째 4부작의 주제로 삼았다. "보증"(保證, pistōsis)과 "추가 보증"(epipistōsis) : "pistōsis"는 확인하는 말, 즉 확언(確言)을 뜻하며, "epipistōsis"는 신조어임에 틀림없다. 이 복합어는 본문에만 등장한다. 하지만 "pistōsis" 역시 플라톤의 저서 가운데 《법률》(943c martyrōn pistōseis logōn)에서 한 번 더 쓰일 뿐이고, 아리스토텔레스에게서는 사용되지 않는다. 수사학 전문 용어로서 자리를 잡지 못했다. 로마 제정기에 비로소 용례가 산발적으로 나타난다.

339 261c와 그에 대한 각주 293을 참고.
340 "반박"이라고 옮긴 "elenchos"는 본래 "반박", "증명", "시험" 등 여러 가지 뜻을 가진다. 파르메니데스, 핀다로스, 헤로도토스 이래 사용되었고, 안티폰, 뤼시아스, 이소크라테스, 플라톤, 아리스토텔레스에게서는 논변과 관련된 논의 도처에서 자주 사용된다. 반면 복합어 "추가 반박"이라고 옮긴 "epexelenchos"는 본문과 아리스토텔레스, 《수사학》 III 13, 1414b 15에서만 등장한다.
341 "암시", "간접 칭찬", "간접 비난"이라고 옮긴 "hypodēlōsis", "parepainos", "parapsogos"는 다른 사람에 의해서는 채택되지 않았다.
342 파로스(Paros) 출신의 에우에노스(Euenos)는 기원전 5세기 말에 활동했던 소피스테스로 《변론》 20b 아래와 《파이돈》 60c~61c에 등장한다. 그가 지었다고 하는 몇몇 시 단편이 전해진다.

하네. 그는 지혜로운 사람이기 때문이지. 테이시아스와 고르기아스는 잠을 자도록 내버려둘까?³⁴³ 그들은 진상보다는 그럴듯한 것³⁴⁴을 더욱 존중해야 할 것으로 보았고, 또한 말의 힘을 통해 사소한 것을 중대한 것으로, 중대한 것을 사소한 것으로 보이게 만들고, 새것을 옛것으로, 그 반대로 옛것을 새것으로 보이게 만들며, 모든 주제에 대해 간결한 연설을 하거나 한없이 긴 연설을 하는 법을 창안해냈지? 내가 이런 말을 하는 것을 듣고서 언젠가 프로디코스는 웃으면서 오로지 자기만이 적절한 연설의 기술을 창안했다고 말했네.³⁴⁵ 길지도 짧지도 않고, 길이가 적당해야 한다고 말했다네.

파이드로스 프로디코스, 더없이 지혜로운 일을 해냈군요.

소크라테스 히피아스³⁴⁶는 우리의 이야기에서 빼놓을까? 엘리스 출신의 이방인도 프로디코스에게 찬성할 거라고 난 생각하네.

파이드로스 물론이지요.

---

343 시라쿠사이(Syrakousai)의 테이시아스(Teisias)는 시켈리아 수사학파의 창건자인 코락스(Korax)의 제자였다. 고르기아스(261c를 참고)와 이소크라테스(278e~279b를 참고)와 뤼시아스는 그의 제자였다.

344 "진상"(ta alēthē)과 "그럴듯한 것"(ta eikota)의 대비에 대해서는 260a와 272d를 참고. 본문에 자주 등장하는 "to eikos"나 복수형 "ta eikota"는 "그럴듯한 것, "개연적인 것" 또는 "개연성"을 뜻한다.

345 케오스(Keos)의 프로디코스(Prodikos, 기원전 5세기 후반에 활동)는 소크라테스와 동시대 인물이며 플라톤의 저술 다른 곳에서 수사학의 대표자로 소개된다. 그는 정확한 개념 사용을 중시했던 인물로 알려져 있다(《크라튈로스》의 384b를 참고). 다음의 구절들도 함께 참고하라. 《프로타고라스》 339e~341d, 《메논》 75e, 《에우튀데모스》 277e, 《프로타고라스》 337a~c에는 그의 연설체에 대한 패러디가 담겨 있고, 크세노폰(Xenophon)의 《소크라테스의 회상》 2.1.21~33에는 "헤라클레스의 선택"을 주제로 한 그의 연설에 대한 풀이가 담겨 있다.

소크라테스 중언법, 격언법, 비유법[347]과 같은 것을 망라한 폴로스의 수   c
사어 전시관[348]이나, 미사구[349]를 짓도록 리큄니오스[350]가 그에게 선물
한 낱말들에 대해서는 우리가 또 어떻게 말할까?

---

346 엘리스(Elis)의 히피아스(Hippias, 기원전 5세기 후반에 활동)도 소크라테스와 동시대 인물이었는데, 플라톤의 두 대화편 《대히피아스》와 《소히피아스》의 표제 인물이다. 그는 수학, 천문학, 화성학, 윤리, 역사 등 여러 분야를 가르쳤는데, 그 가운데는 물론 수사학도 들어 있었다. 《프로타고라스》 337c~338b에는 그의 연설체에 대한 패러디가 담겨 있다.

347 폴로스(Polos)는 고르기아스의 제자로서, 《고르기아스》(466a 아래)에서 소크라테스의 대화 상대자로 등장한다. 그의 창안물로 소개되는 "중언법"(重言法, diplasiologia), "격언법"(格言法, gnōmologia), "비유법"(比喩法, eikonologia) 가운데 후대에 살아남은 것은 gnōmologia뿐이다. 아낙시메네스는 "격언적 표현 방식"이라는 뜻으로 그 낱말을 사용했던 것으로 보인다. 반면 아리스토텔레스는 그 용어를 격언 또는 경구(gnomon)의 쓰임에 대한 이론이라는 뜻으로 이해한다(II 21, 1394a 19). 나중에는 그 낱말이 "격언 모음" 또는 "경구집"이라는 뜻으로 쓰인다.

348 Hackforth는 폴로스의 "수사어 전시관"(ta mouseia logōn)을 그의 저술 명칭으로 보지만 이는 확실치 않다.

349 "미사구"(美辭句)라고 옮긴 "euepeia"는 "호의적인 발언"이라는 뜻으로 소포클레스의 《오이디푸스 왕》(932)에 한 차례 등장한다. 본문에서는 "성공적인 표현", "훌륭한 표현 방식"을 뜻한다. 리큄니오스나 폴로스는 이런 뜻으로 그 낱말을 사용했을 것이다. 플라톤 저술에서는 위작인 《악시오코스》에서만 그 낱말이 등장하고, 아리스토텔레스에게서는 쓰이지 않는다. 하지만 그 뒤 할리카르나스의 디오니시오스(Dionysios von Halikarnass, 기원전 1세기 후반에 활동)에게서는 "울림이 좋은 표현"이라는 뜻으로 여러 차례 쓰인다. 디오니시오스는 그 낱말을 리큄니오스/폴로스에게서, 그러니까 우리가 다루는 텍스트에서 차용했을 것이다. 《파이드로스》는 《메넥세노스》와 더불어 디오니시오스가 가장 빈번하게 인용한 플라톤의 글이며, 리큄니오스와 폴로스의 이름은 네 번 등장하는데, 그 가운데 세 번은 두 사람이 함께 언급된다.

350 키오스(Chios)의 리큄니오스(Likymnios)는 디튀람보스 시인이자 수사학자로서, 폴로스의 스승이었다. 아리스토텔레스, 《수사학》 III 13, 1414b 17과 III 2, 1413b 14를 참고.

파이드로스 하지만 소크라테스, 프로타고라스[351]가 창안한 그런 부류의 것들도 있지 않습니까?

소크라테스 여보게, 정언법[352]을 비롯해서 그밖에 다른 훌륭한 것들이 여럿 있지.[353] 내가 보기엔 노령(老齡)과 궁핍에 대한 탄식의 연설들은 칼케돈 출신의 그 혈기왕성한 사람이 기술을 통해 통달한 것처럼 보이네.[354] 그 자신의 말에 따르면 그는 또한 여러 사람을 동시에 격분시켰다가 격분한 사람들을 다시 노래와 같은 말로써 사로잡는 데 능란한 인물이지. 어떤 이유를 내세우든 비방을 하고 비방을 흩어버리는 데 그는 독보적이네. 연설의 결말에 대해서는 모든 사람들이 공통된 생각을 가진 듯한데, 어떤 사람들을 그것을 되새김[355]이라고 부르고

d

---

351 압데라(Abdera)의 프로타고라스(Protagoras, 기원전 485년~415년 무렵)는 가장 큰 영향을 미쳤던 소피스테스들 가운데 한 사람이다. 플라톤의 대화편 《프로타고라스》의 표제 인물이다. "정언"(正言) 또는 "정언법"(orthoepeia)에 대한 그의 관심에 대해서는 《크라튈로스》 391d, 400d~401a와 《프로타고라스》 338e~339d를 참고.

352 "정언법"(正言法)이라고 옮긴 "orthoepeia"는 "표현의 올바름"을 뜻한다. 프로타고라스에 의해 창안된 뒤 데모크리토스(D.-K., 68 B 20a)에 의해 수용된 듯하다. 나중에 그 낱말은 필로뎀(Philodem, 기원전 110년~40년 무렵)과 할리카르나스의 디오니시오스에게 이르러서야 비로소 다시 쓰인다.

353 아리스토텔레스, 《시학》 19, 1456b 14 아래를 참고하라.

354 칼케돈(Chalkēdon)의 트라쉬마코스(Thrasymachos)를 두고 하는 말이다. 261c와 266c를 참고하라.

355 "되새김"이라고 옮긴 "epanodos"는 "상승", "오르막길"이라는 뜻으로 플라톤의 《국가》(521c, 532b)에 처음 등장한다. 그 낱말이 "되새김"이나 "요약"이라는 뜻을 갖는 것은 본문과 아리스토텔레스(《수사학》 III 13, 1414b 2)에서다. 반면에 동사형 "epaneimi"나 "epanerchomai"는 기원전 5세기에 그 전거가 있으며, 두 동사는 모두 "이야기의 앞선 지점으로 되돌아가다"는 뜻을 가진다. 헤로도토스, 《역사》 VII 137, 3과 에우리피데스, 《타우리스의 이피게네이아》 256을 참고. 하지만 "요약하다"라

어떤 사람들은 다른 이름으로 부른다네.

파이드로스 결말에 이르러 요점을 하나하나 간추리면서 청중에게 앞서 말했던 내용에 대해 상기시키는 것이지요?

소크라테스 내가 말하는 것은 이런 것들이네. 연설의 기술에 대해 자네가 말할 수 있는 것이 또 있다면 말해보게.

파이드로스 사소해서 별로 말할 가치가 없는 것들입니다.

소크라테스 그렇다면 사소한 것들은 제쳐두기로 하세. 그보다는 그것들이 언제 어떤 기술 능력을 발휘하는지 더욱 자세히 눈여겨보기로 하세.

268

파이드로스 대중 집회에서 대단히 큰 힘을 갖지요, 소크라테스.

소크라테스 그렇지. 하지만, 여보게, 내게 그렇게 보이듯이 자네의 눈에도 그것들의 날줄이 엉성한 점이 드러나는지 살펴보게.

파이드로스 보여주기만 하십시오.

52. **소크라테스** 내게 말해보게. 어떤 사람이 자네 동무인 에뤽시마코스나 그의 아버지 아쿠메노스[356]를 찾아와서 이렇게 말한다고 해보세. "나는 몸에 이로운 여러 가지 처방을 알고 있어서, 내가 원한다면 몸에 열기를 줄 수도 있고 냉기를 줄 수도 있으며, 또한 내게 그런 판단이 선다면, 토하게 할 수도 있고, 그런 판단이 서지 않으면, 밑으로 배설하게 할 수도 있으며, 그 밖에 그런 종류의 온갖 처방들에 대해

b

는 뜻의 타동사 용법은 기원전 4세기에 비로소 그 전거가 있다. 플라톤, 《법률》 693c와 《티마이오스》 19a를 참고.

356 에뤽시마코스와 아쿠메노스에 대해서는 227a에 대한 각주 3을 참고하라.

알고 있습니다. 그것들을 아는 까닭에 나는 내가 의사이며 다른 사람에게 그것들에 대한 인식을 전수해서 그를 의사로 만들 수 있다고 주장합니다." 자네 생각엔 이런 말을 듣고 그들이 무슨 말을 할 수 있겠나?

파이드로스 거기에 덧붙여 그 사람이 어떤 사람들에게 어떤 때 어느 한도까지 그 낱낱의 처방을 써야 할지를 아는지, 그 여부를 묻는 수밖에 달리 무슨 말을 하겠습니까?

소크라테스 그가 이렇게 주장한다면 어떨까? "그것에 대해서는 전혀 모릅니다. 하지만 내게 그것들을 배운 사람 스스로 당신이 묻고 있는 것을 해낼 수 있다는 것이 내 주장입니다."

c

파이드로스 내 생각에 그들은[357] 그 사람이 제정신이 아니라고 말할 겁니다. 그 사람은 기술에 대해 전혀 전문가[358]가 아니면서, 어딘가 책자에서 주워듣거나 우연히 어떤 치료약들을 찾아낸 다음 자신이 이미 의사라고 생각한다고 말할 겁니다.

소크라테스 이 경우에는 어떨까? 이번에는 어떤 사람이 소포클레스나 에우리피데스를 찾아와서, 자신은 사소한 일에 대해 아주 긴 이야기를 짓거나 중대한 일에 대해 매우 짧은 이야기를 짓는 법을 알고 있고, 자신이 원한다면 비통한 이야기를 짓고 또한 그와 반대로 두렵고

d

무서운 이야기는 물론 그런 종류의 다른 작품을 지을 줄 안다고 말하면서, 자신은 그것들을 가르침으로써 비극 창작법을 전수한다고 자

---

357 에뤽시마코스와 아쿠메노스.

358 원문에는 동사 "epaiein"의 분사형 "epaiōn"이 쓰였다. 이에 대해서는 234d에 대한 각주 64를 참고.

처한다면 어떨까?

파이드로스 소크라테스, 만일 어떤 사람이 비극이란 바로 그런 요소들이 상호 관계나 전체와의 관계 속에서 함께 엮여 적절한 짜임새[359]를 갖춘 것이라는 사실을 생각하지 못한다면, 그들 역시 그런 사람을 비웃을 거라고 생각합니다.

소크라테스 하지만 내 생각에 그들은 그 사람을 거칠게 비난하기보다는, 단순히 고음과 저음을 내는 법을 안다는 이유를 내세워 자신이 화성학자[360]라고 자처하는 사람을 만났을 때 문예를 아는 사람이 대처하는 방식대로 대응할 걸세. 그러니까 그는 "이 한심한 인간아! 자네 돌았군"[361]이라고 거칠게 꾸짖기보다는 문예를 아는 사람답게 이렇게 타이를 걸세. "훌륭하네, 화성학자가 되려는 사람은 반드시 그런 것들도 알아야지. 하지만 자네가 가진 것을 소유한 사람도 화성에

---

359 원문에는 "systasis"가 쓰였다. 비극의 짜임새와 그 중요성에 대해서는 아리스토텔레스, 《시학》 9, 1452a 18 아래와 13, 1453a 31 아래를 참고.

360 원어는 "harmonikos"이다. 화성학(和聲學, ta harmonika)은 플라톤의 철학에서 통치자의 교육 내용 가운데, 변증술 교육에 앞서는 교육 내용으로서 중요한 구실을 하는데, 이에 대해서는 《국가》 530c~531c를 참고.

361 "돌았다"라고 옮긴 원문의 동사 "melancholan"은 "흑담즙"을 가리키는 "cholē melaina" 또는 "melancholia"에서 나왔다. 그리스 의학에서는 사람의 몸이 황담즙, 혈액, 점액, 흑담즙이라는 네 종류의 체액으로 이루어졌다고 보고, 이 체액들 사이의 적절한 균형 유무에 따라 건강과 질병이 생긴다는 체액 병리학(humoral pathology)을 내세웠다. "melancholan"은 흑담즙이 많은 사람의 성격을 가리키는 "침울하다", "우울하다"는 뜻이다. 아리스토텔레스는 이런 정신 상태를 치료가 필요한 상태로 본다(《니코마코스 윤리학》 VII 14, 1154b 11), 그런가 하면 아리스토텔레스나 그의 학파의 저술로 알려진 《문제집》(Problemata)에는 침울한 기질을 가진 사람의 천재성에 대한 언급도 있다(XXX 1, 954b 1 아래).

대해 전혀 전문가가 아닐 수 있다네. 왜냐하면 자네가 알고 있는 것은 화성을 알기에 앞서 필요한 지식들이지 화성학은 아니라네."

파이드로스 지당한 말씀입니다.

269 **소크라테스** 그렇다면 소포클레스도 자신을 찾아온 사람이 내보인 것이 비극을 알기에 앞서 필요한 지식이지 비극은 아니라고 말할 것이고, 아쿠메네스 역시 자신을 찾아온 사람이 내보인 것이 의술을 알기에 앞서 필요한 지식이지 의술은 아니라고 말할 것이네.

파이드로스 어느 모로 보나 그렇지요.

53. **소크라테스** 어떤가? 감언(甘言)의 달변가 아드라스토스나 페리클레스[362]가, 우리가 방금 다룬 화려한 기법들, 즉 간결어법이나 비유법[363]을 비롯해서 우리가 두루 눈여겨 살펴보아야 한다고 말했던 다른 기

---

[362] "감언의 달변가 아드라스토스"(meligēryn Adraston)라는 말은 스파르타의 시인 티르타이오스(Tyrtaios)의 시구(단편 9, 8)를 인용한 것이다. 아드라스토스(Adrastos)는 아르고스(Argos)의 전설적인 왕이자 아이스퀼로스의 비극 《테바이를 공격한 7인》의 사령관이다. 플라톤은 그를 페리클레스와 더불어, 수사술 교육을 받지 않고서도 천부의 화술 덕분에 실력을 행사했던 정치가의 사례로 소개한다. 페리클레스는 기원전 450년부터 429년까지 아테네의 민주정을 이끌었던 정치가이자 당대 최고의 연설가이다. 투퀴디데스는 《펠로폰네소스전쟁사》(2.35~46)에서 페리클레스의 장례 연설을 재구성해서 실어놓았다. 소크라테스는 《고르기아스》(503c와 515c~516d)에서 페리클레스에 대해 비판적인 입장을 취한다. 《메논》 94b도 함께 참고. 페리클레스에 대한 자세한 설명은 허승일 외 지음, 《인물로 보는 서양고대사》, 길 2006, 188~208쪽을 참고.

[363] 여기서 말하는 "간결어법"(簡潔語法, brachylogia)이나 "비유법"(比喩法, eikonologia)을 비롯한 "기법들"(technēmata)은 266d 아래에서 "세부 기법들"이라고 불렸던 수사 기법들을 가리킨다.

법들에 대해 듣는다면, 그들은 나와 자네처럼, 그런 것들을 글로 쓰고 그것들을 수사의 기술이라는 명목으로 가르치는 사람들에게 배운 게 없는 사람의 막말을 해가며 거칠게 화를 낼까, 아니면 그들은 우리보다 더 지혜로운 까닭에 우리 둘을 나무라면서 이렇게 말할 것 같은가? "파이드로스와 소크라테스, 어떤 사람들은 (변증술에 따르는) 대화에 대해 아는 것이 없어서 수사술이 도대체 무엇인지 정의할 능력이 없고, 그런 상태에 놓인 탓에 그 기술을 알기에 앞서 필요한 지식들을 소유하고서 수사술을 찾아냈다고 생각하며, 다른 사람들에게 그것들을 가르치면서 그들에게 완벽하게 수사술을 가르쳤다고 여기지요. 그리고 그것들 하나하나를 설득력 있게 말하고 전체를 짜임새 있게 엮는 것은 별일이 아니며, 그 일은 그들에게 배운 자들이 혼자 힘으로 말을 다루는 가운데 터득해가야 한다고 여기지요. 그렇다면 당신들은 그런 사람들에게 화를 낼 것이 아니라 그들을 이해해주어야 합니다."

파이드로스 소크라테스, 참으로 이런 사내들이 수사의 기술이라는 명목으로 가르치고 글에 담는 기술은 그런 종류의 것인 듯하군요. 그리고 내가 보기에 당신 말이 옳은 것 같습니다. 하지만 설득력 있는 참된 연설가의 기술은 어디서 어떻게 터득할 수 있습니까?

철학과 수사술. 페리클레스가 아낙사고라스에게 배운 것

소크라테스 파이드로스, 누구도 따를 수 없는 완벽한 달인(達人)이 되기에 합당한 능력을 갖추는 것은 아마도, 아니 반드시 다른 일들의 경우와 사정이 같을 걸세. 만일 자네에게 본성적으로 연설가의 자질이 있다면, 학문적 인식과 연습을 통해 언변 좋은 연설가가 될 걸세.[364] 하지만 이 가운데 무언가 부족함이 있으면, 그 점에서 자네는 불완전할 것이네. 그런데 연설가의 기술에 관한 한, 내가 보기에 뤼시아스와 트라쉬마코스가 가는 길에는 방도[365]가 있어 보이지 않는군.

파이드로스 그러면 어디에 그런 방도가 있습니까?

e **소크라테스** 여보게, 아마도 페리클레스는 수사술에서 누구보다도 완전한 자였을 걸세.

파이드로스 물론이지요.

54. **소크라테스** 모든 위대한 기술은 한담(閑談)과 자연에 대한 사변적 지식[366]을 함께 필요로 한다네. 왜냐하면 그것에 맞는 정신의 높이와 철저한 수행 능력이 어딘가에서 나온다면, 바로 거기서 나올 것이기

270

---

364 좋은 연설가(rhētōr)가 되려면 타고난 재능, 기술적인 지식(epistēmē), 연습 또는 훈련(meletē)이 필요하다는 것은 이소크라테스를 비롯한 당대 수사학자들의 일반적인 견해였다. 이런 견해에 잇대어 이제 플라톤은 참된 수사술(technē rhētorikē)의 조건들이 무엇인지를 밝히려고 한다.
365 원어는 "methodos"이다. 소크라테스의 발언의 의미에 대해서는 270d~e를 참고.
366 "한담과 자연에 대한 사변"(adoleschia kai meteōrologia)은 철학에 대한 당시 사람들의 통속적인 견해를 표현해준다(아리스토파네스, 《구름》 1480행 아래를 참고). "adoleschia"는 "변설"(辨說)이라는 뜻도 있지만, 여기서는 한가롭게 나누는 이야기를 뜻한다. "meteōrologia"는 — 말 그대로 옮기면 — "meteōra", 즉 "공중에 떠 있는 것들"에 대한 논의 또는 이론이라는 뜻이다. 아리스토텔레스의 저술 가운데 *meteōrologica*가 있는데, 천문 기상 현상을 탐구하는 저술이다.

때문이지. 페리클레스 역시 타고난 천성에 노력을 덧붙여 그런 경지에 이르렀네. 왜냐하면 내가 생각하기에 그는 뛰어난 능력의 소유자 아낙사고라스와 가까이하면서 자연에 대한 사변적 지식을 충분히 갖추게 되었고, 아낙사고라스가 많은 논의를 할애해서 다른 지성과 정신[367]의 본성에 대한 깨우침에 이른 뒤, 그로부터 연설의 기술을 얻을 목적으로 그 기술에 유용한 것을 이끌어 냈다네.[368]

파이드로스 무슨 말을 하시는 겁니까?

소크라테스 수사술을 얻는 방식은 의술을 얻는 방식과 똑같을 걸세. b

파이드로스 어떻게요?

소크라테스 두 경우 모두 본성을 분석해야 하네. 한쪽에서는 몸의 본성을, 다른 쪽에서는 영혼의 본성을 분석해야 한다는 말일세. 만약 자네가 단순히 숙련이나 경험[369]이 아니라 기술을 통해 치료약과 영양

---

367 Burnet을 따라 "nou te kai dianoias"로 읽었다. "dianoia"(판단력 또는 사유) 대신 "anoia"(정신 결여)로 읽은 사본들도 있다.

368 클라조메나이(Klazomenai) 출신의 자연철학자 아낙사고라스(Anaxagoras, 기원전 500년~428년)는 대략 기원전 480년부터 450년까지 아테네에 머물렀는데, 그는 페리클레스의 스승이자 친구였다. 본문에서 두 사람은, 철학적인 토대 위에서만 참된 수사학이 가능하다는 주장을 내세우기 위한 사례로 소개되지만, 플라톤은 이 두 사람에 대한 동시대인들의 긍정적인 평가에 아무 유보 없이 동의하지는 않는다. 《고르기아스》(515b~516d)에서 그는 페리클레스의 수사술을 비판하는가 하면, 《파이돈》(97b~99d)에서는 소크라테스의 입을 빌려 아낙사고라스의 이론에 대해 불만을 표시한다. 아낙사고라스에 대한 소크라테스의 발언에 대해서는 《변론》 26d~e를 함께 참고.

369 "숙련"(tribē)이나 "경험"(empeiria)은 "기술"(technē)보다 낮은 수준에 있다. "경험"(empeiria)이 대상의 본성(physis)에 대한 지식 없이 이루어진다는 플라톤의 견해에 대해서는 다음의 구절들을 참고하라. 《고르기아스》 463b, 465a, 501a ; 《법률》

분을 주입해서 몸에 건강과 체력이 깃들게 하려고 하거나, 말들과 규범적 행동[370]을 주입해서 영혼에 자네가 원하는 바의 신념과 탁월함을 제공할 뜻이라면 말일세.

파이드로스 그럴듯하군요, 소크라테스.

c **소크라테스** 자네는 전체의 본성에 대해 모르는 채[371] 영혼의 본성을 이치에 맞게 파악할 수 있으리라 생각하는가?

파이드로스 만일 아스클레피오스의 후예에 속하는 히포크라테스[372]의 말을 믿어야 한다면, 그런 방도를 취하지 않고서는 몸의 본성에 대해서도 모를 겁니다.

720b. 경험과 기술의 비교에 대한 고전적인 논의로는 아리스토텔레스, 《형이상학》 I 1, 980b 25~981a 7을 함께 참고.

370 목적어로 쓰인 "epitēdeuseis nomimous"는 "규범적 행동" 또는 "행동 규범"(rules for conduct—Hackforth)으로 옮길 수 있다. 이렇게 말과 행동 방침을 주입해서 연설을 듣는 자의 영혼에 자기가 원하는 "신념"(peithō)과 "탁월함"(aretē)을 심어놓는다는 뜻에서 연설은 "영혼의 인도"(psychagōgia, 261a, 271c)이다.

371 원문은 "aneu tēs tou holou physeōs"이다. Hackforth의 추측대로, 여기서 말하는 "전체"(to holon)란 "있는 것 전체" 또는 "우주 전체"를 가리키는 것이 아니라 탐구의 대상이 되는 것 전체, 즉 영혼 전체 또는 몸 전체를 가리키는 것으로 보는 편이 옳을 것이다. 하지만 "모든 위대한 기술이 한담과 자연에 대한 사변적 지식을 함께 필요로 한다"는 269e 아래의 진술을 염두에 두고 보면, "전체"(to holon)가 자연 전체를 가리키는 개념으로 쓰였을 가능성도 배제하기 어렵다.

372 코스(Kos)의 히포크라테스(Hippokrates, 기원전 460년~370년 무렵)는 소크라테스와 동시대의 의사이며 "히포크라테스 선서"로 유명하다. 58편의 글이 그의 이름으로 전해져 내려오지만 그것들 모두가 히포크라테스 자신의 저술은 아니다. 본문에서 소개된 이론은 히포크라테스의 저술로 전승된 《섭생에 대하여》(Peri diaitēs)에 뚜렷하게 드러난 학문적 의학의 관념을 반영하고 있는데, 이 글의 저술 시기는 기원전 4세기로 추정된다. 그리스 사람들은 모든 의사를 의술의 신인 아스클레피오스(Asklepios)의 후예로 여겼다.

소크라테스 여보게, 그가 하는 말은 훌륭하네. 하지만 우리는 히포크라테스에 덧붙여 그 이치를 검토해가면서, 그것이 들어맞는지 살펴보아야 하네.

파이드로스 그렇습니다.

55. **소크라테스** 그러면 히포크라테스와 참된 이치가 본성에 대해 도대체 무엇을 말하는지 살펴보게. 어떤 것이든 그것의 본성을 이런 방식으로 판단해서 알아야 하지 않을까? 먼저, 우리 자신이 어떤 대상에 대해 기술자가 되고 또 다른 사람을 그렇게 만들 수 있는 능력을 갖추고 싶다면, 우리는 그 대상이 단순한지 여러 형태인지 살펴보고, 그 다음, 만일 그것이 단순하다면, 그것의 능력을 살피되 그것이 어떤 것에 미치는 능동적인 작용의 능력은 어떤 것이고 또 어떤 것에 의해 일어나는 수동적인 작용의 능력은 어떤 것인지 살펴보아야 하고,³⁷³ 만일 그것이 여러 형태를 가진다면, 그 수를 헤아려본 다음, 한 형태에 대해 그렇게 하는 것과 똑같이, 그 각각의 형태를 알아내되 그것이 본성적으로 어떤 것에 대해 어떤 능동적인 작용을 미치고 또 어떤 것에 의해 어떤 작용을 수동적으로 받아들이는지 알아내야 하네. 그렇지 않은가? d

파이드로스 그렇겠지요, 소크라테스.

소크라테스 그런 절차가 빠진 탐구 방법은 장님의 행보와 같을 걸세.³⁷⁴

---

373 "능력"(dynamis)에는 크게 두 가지, 즉 어떤 것을 행할 수 있는 "능동적인 작용"(to dran)의 능력과 "수동적인 작용"(to paschein)의 능력, 즉 다른 것에 대해 작용을 하는 능력과 다른 것으로부터 작용을 받아들이는 능력이 있다.

e 　　하지만 어떤 대상이든 기술을 써서 그것을 탐구하는 자는 장님이나 귀머거리와 같아서는 안 되네. 반대로, 어떤 사람이 다른 사람에게 기술에 맞게 연설들을 한다면, 그 사람은 분명 그 연설들이 겨냥하는 대상의 참된 본성을[375] 정확하게 제시할 것이네. (우리의 논의 맥락에서 보면) 그 대상은 영혼이겠지.

파이드로스 물론입니다.

271 　**소크라테스** 그렇다면 그의 모든 노력은 그것을 목표물로 삼아 질서정연하게 이루어지네. 왜냐하면 그는 영혼 안에 신념을 만들어내려 하기 때문이지. 그렇지 않나?

파이드로스 그렇습니다.

소크라테스 그렇다면 분명, 트라쉬마코스를 비롯해서 진심으로 수사의 기술을 가르치는 사람은 누구나, 첫째로, 모든 측면에서 정밀하게 영혼을 기술하고 우리로 하여금, 영혼이 본성적으로 하나이고 동질적인 것인지 아니면 몸의 모양새가 그렇듯이 여러 형태인지 알게 해줄 걸세. 왜냐하면 이것을 일컬어 우리는 "본성을 제시한다"[376]고 말하기 때문이지.

파이드로스 전적으로 옳은 말입니다.

소크라테스 둘째로, 그것이 본성적으로 어떤 것에 어떤 능동적인 작용

---

[374] 여기서는 "methodos"를 "탐구 방법"이라고 옮겼다. 소크라테스의 이런 발언에 대해서는 269d에서의 그의 발언과 비교.

[375] 원문에는 목적어로서 "tēn ousian…… tēs physeōs toutou……"가 쓰였는데, 여기서는 "tēn ousian…… tēs physeōs"의 뜻을 새겨 "참된 본성"이라고 옮겼다.

[376] 원문에는 "physin deiknynai"가 쓰였다. Hackforth는 "to show a things' nature"라고 옮겼다.

을 미치고 어떤 것에 의해 어떤 작용을 수동적으로 받아들이는지 그는 말하겠지.

파이드로스 물론입니다.

소크라테스 셋째로, 그는 연설의 부류들과 영혼의 부류들은 물론 그것들의 성질들을 질서에 맞춰 분류한 뒤 그 원인들을 탐색하면서, 그 하나하나의 짝을 맞추어 어떤 성질의 영혼이 무슨 이유 때문에 어떤 성질의 연설에 의해 설득을 당할 수밖에 없고, 어떤 성질의 영혼이 설득을 당하지 않는지 가르칠 걸세.

b

파이드로스 제가 보기에, 이것은 더없이 훌륭한 설명일 것 같군요.

소크라테스 그렇다면, 여보게, 이와 다른 방식으로 예시 연설이나 실제 연설이 이루어진다면,[377] 그것은 결코 기술에 맞게 연설을 하거나 글을 쓴 것이 아닐 걸세. 지금 우리가 다루는 주제에 대해서나 다른 어떤 주제에 대해서나 사정은 마찬가지네. 연설의 기술에 대해 지금 글을 쓰는 사람들은 — 자네가 그들의 말을 들었지만[378] — 기만자들[379]이네. 그들은 영혼에 대해 속속들이 알고 있으면서 이를 감추고 있네. 그러니 그들이 이런 방식으로 말을 하고 글을 쓰기 전에는, 그들이

c

---

[377] 원문의 "allōs endeiknymenon ē legomenon"은 "예시 연설"(epideixis)과 대중 집회나 법정에서 실연된 실제 연설을 염두에 둔 표현이다. "예시 연설"은 연설가의 기술을 보여주고 학생들을 가르치기 위한 사례로 작성된 모의(模擬) 연설 또는 시범(示範) 연설을 가리킨다. 《고르기아스》 447b~c에는 그런 연설을 막 마치고 난 다음의 고르기아스의 모습이 그려져 있다. 본문의 첫머리에 나오는 뤼시아스의 연설도 물론 그런 예시 연설이다.

[378] 266c 아래를 참고.

[379] "기만자들"이라고 옮긴 원문의 "panourgoi"는 영리하고 교활해서 자신의 생각과 지혜를 숨기는 사람들을 가리킨다. 유사한 용법으로는 《고르기아스》 499b를 참고.

기술에 맞게 글을 쓴다는 말에 설득당하지 마세.

파이드로스 어떤 방식을 두고 말하는 겁니까?

소크라테스 전문 용어들[380]을 말하기란 쉽지 않네. 하지만 힘닿는 만큼 기술을 발휘하고자 한다면, 어떻게 글을 써야 할지 말해볼 작정이네.

파이드로스 말해보시지요.

56. **소크라테스** 연설의 능력은 영혼의 인도[381]에 있기 때문에, 연설가가 되려는 사람은 영혼의 형태에 어떤 것들이 있는지 반드시 알아야 하네. 그런데 영혼의 형태는 수도 여럿이고 그 성질도 여럿이어서, 그로 말미암아 어떤 사람들은 됨됨이가 이러저러하게 되고 또 어떤 사람들은 그와 다르게 된다네. 그리고 이런 구분에 상응해서 연설의 형태도 수가 여럿이고 저마다 성질이 다르지. 그래서 성향이 이러저러한 사람들은 어떤 특정한 이유 때문에 이러저러한 연설들에 의해 이러저러한 상태에 쉽게 빠져들고, 그와 성질이 다른 사람들은 (같은 말을 들어도) 다른 여러 가지 원인 때문에 그런 상태에 빠져들지 않네. (연설가가 되려는 사람은) 이런 점들을 충분히 통찰하고, 그런 다음 그것들이 실제 상황 속에서 실행되는 것을 지켜본 뒤 감각을 동원해서 그것들을 치밀하게 따라할 수 있는 능력을 갖추어야 하네. 그렇지 않으면 그 사람은 과거에 선생에게 들었던 이론 이상의 아무것도 얻지 못

d

e

---

380 원문의 "auta ta rhēmata"는 연설 작법에 대한 교과서에서 사용되는 용어들("the actual words which manuals of good writing should contain"—de Vries)을 가리킨다고 보아서 "전문 용어"라고 옮겼다.

381 "영혼의 인도"(psychagōgia)에 대해서는 261b에 대한 각주 290을 참고.

하네. 반면, 어떤 성향의 사람이 어떤 연설들에 의해 설득당하는지 충분히 설명할 줄 알고, 누군가 가까이 다가왔을 때 이 사람이 해당 인물이고 과거에 들었던 이론들이 대상으로 삼았던 바로 그 본성이 실제로 지금 그 사람에게 속한다는 사실을 간파해서, 이러저런 것들을 설득하기 위해 이런저런 연설들을 어떻게 원용해야 하는지 그 방법을 스스로 분명하게 밝힐 수 있는 능력이 있는 사람이 있다고 해보세. 그가 이 모든 능력을 갖추고, 언제 말을 하고 언제 침묵해야 할지 그 적기(適期)[382]를 포착하며, 간결어법과 호소법과 과장법을 비롯해서[383] 그 밖에 그가 배운 연설의 여러 형태 하나하나에 대해 그것이 적합한 때와 부적합한 때를 분간해낸다면, 그때 비로소 그 사람에게 그 기술이 훌륭하고 완전하게 갖추어져 있는 셈이지, 그 전에는 그렇지 않네. 하지만 연설을 하거나 가르치거나 글을 쓸 때 지금 말한 것들 가운데 어딘가에 결함이 있음에도 불구하고 자기가 기술적으로 연설을 한다고 떠벌린다면, 그에게 설득당하지 않는 사람이 승자가 되는 것이네. 그러면 어떤가? 우리의 작가는 이렇게 말할지도 모르겠네. "파이드로스와 소크라테스, 당신들도 그렇게 생각합니까? 아니면 연설의 기술에 대해 말할 때 다른 방식의 설명을 취해야 할까요?"[384]

272

b

---

382 "적기"라고 옮긴 "kairos"는 어떤 일을 하기에 적절한 때를 가리킨다. 고대 그리스의 수사학 이론에서 핵심 개념이다. 기원전 1세기에 활동했던 할리카르나소스(Halikarnassos)의 디오뉘시오스(Dionysios)에 따르면 "kairos"는 "즐거움을 주는 것과 그 반대되는 것을 가르는 최고의 척도"이다.

383 플라톤은 여기서 다시 한 번 소크라테스의 입을 빌려 당시의 수사술의 전문 용어 (termini technici)를 소개한다. "호소법"(eleinologia)은 연설가를 향한 청중의 동정심을 불러일으키는 데 쓰였고, "과장법"(deinōsis)은 반대자들을 공격하는 데 쓰였다.

파이드로스   다른 가능성은 없을 것 같군요, 소크라테스. 하지만 그것은 분명 만만치 않은 일입니다.

참된 수사술의 방법, 그 어려움과 정당성

소크라테스   옳은 말이네. 이를 위해 우리의 모든 논변을 위아래로 돌려가면서, 그 기술에 이르는 더 쉬운 지름길이 어디 있는지 찾아보아야 하네. 빠르고 편한 길이 있는데 공연히 멀고 힘든 길을 가지 않기 위해서지. 하지만 자네는 뤼시아스나 다른 어떤 사람의 이야기를 들었으니 혹시 뭔가 거들 방법이 있다면, 그것을 상기해서 말해보게나.

파이드로스   시험 삼아 해볼 수도 있겠지만, 지금으로서는 할 말이 전혀 없습니다.

소크라테스   그렇다면 그것에 대해 내가 어떤 사람들에게 들었던 이야기를 털어놔볼까?

파이드로스   물론이지요.

소크라테스   파이드로스, 사람들 말에 따르면 늑대의 말도 들어주는 것이 정의라네.

파이드로스   당신도 그렇게 하시지요.

---

384 여기서 등장한 수사술의 저자는 271a를 따라, 진정으로 수사술을 배우려고 노력하는 사람을 뜻한다.

57. 소크라테스 사람들은 그것들을 그렇게 치켜세울 필요도 없고 다루는 범위를 넓혀 상위의 원리로 소급할 필요도 없다고 말하네. 우리가 이 이야기의 처음에 말했듯이,[385] 그들은 이렇게 말하지. "충분한 능력을 갖춘 연설가가 되려는 사람은 일이 정의로운지 좋은지에 대해서나 사람들의 됨됨이가 본성 탓인지 아니면 양육에 의한 것인지에 대해서 전혀 진상을 알 필요가 없습니다. 왜냐하면 법정에 있는 사람들 가운데 어느 누구도 그런 것들의 진상에는 무관심하고 믿을 만한 것에 관심을 두는데, 그럴듯한 것이 바로 그런 것이고,[386] 기술적으로 e 연설하려는 사람은 그것에 주목해야 합니다. 가끔 있는 일이지만, 그럴듯하지 않은 일이 일어났다면, 일어난 일을 사실대로 말할 것이 아니라 그럴듯한 것들을 말해야 하는데, 이는 고발에서나 변론에서나 마찬가지입니다. 연설을 하는 사람은 어떤 상황에서나 그럴듯한 것을 추구해야 하고 많은 경우 진상에는 작별을 고해야 합니다. 어떤 연설을 할 때나 이런 원칙이 지켜진다면, 그로부터 완전한 기술이 얻 273 어지는 겁니다."

파이드로스 소크라테스, 당신은 연설의 기술자로 자처하는 사람들이 하는 말을 정확히 재현했습니다. 내가 기억하기로는 우리는 앞에서 그런 문제를 간략하게 다루었는데, 이런 일의 전문가들이 보기에는 그 점이 더없이 중요하지요.

소크라테스 자, 자네는 테이시아스[387]를 정밀하게 연구했으니, 테이시아

---

[385] 위의 259e 아래를 참고.
[386] "진상"(alētheia)과 "믿을 만한 것"(to pithanon) 또는 "그럴듯한 것"(to eikos)의 대비에 대해서는 260a에 대한 각주 282를 참고.

b 스로 하여금 우리에게 이런 점을 말하도록 하게. 그가 말하는 그럴듯한 것이란 대중에게 옳게 보이는 것 이외의 다른 어떤 것도 아니지?

파이드로스 달리 무엇이겠습니까?

소크라테스 그는 다음과 같은 것이 지혜롭고 기술에 맞는 것임을 발견해내고서 이렇게 글을 썼던 것 같네.[388] "힘이 약하지만 용감한 사람이 힘이 센 겁쟁이를 제압한 뒤 겉옷이나 다른 어떤 물건을 강탈했다는 이유로 법정으로 끌려간다면, 두 사람 가운데 어느 누구도 진상을 말해서는 안 된다. 그 대신 겁쟁이는 용감한 사람 혼자의 힘에 의해 제압된 것이 아니라고 말해야 하고, 반대쪽 사람은 이를 반박하면서

c 자기 둘밖에는 아무도 없었다고 말하면서 잘 알려진 이런 주장을 펼쳐야 한다. '어떻게 이런 내가 저런 사람에게 달려들 수 있겠습니까?' 그러면 반대쪽 사람은 자신의 비겁함을 실토하지 않고 다른 어떤 거짓말을 꾸며대려 함으로써, 어떤 식으로든 소송 상대자에게 반박의 계기를 제공할 것이다. 그리고 다른 경우에도 기술적인 발언은 대략 그런 성격을 가진다." 그렇지 않은가, 파이드로스?

파이드로스 물론입니다.

소크라테스 그러니, 테이시아스나 다른 사람은—그가 누구고 어디서 얻은 이름으로 불리길 반기건 간에[389]—놀라울 정도로 은밀한 기술을 고안해낸 것 같네. 허나, 이보게, 우리가 이에 대해 말을 해볼까 아니

---

387 "테이시아스"에 대해서는 267a와 그에 대한 각주 343을 참고.

388 그리스어 원문은 간접 인용문 형식을 취하고 있지만, 이 번역에서는 직접 인용의 형식으로 옮겼다.

389 이 언급은 테이시아스의 스승 "코락스"를 염두에 둔 것인 듯하다. 그의 이름 "Korax"(까마귀)는 말장난거리였다.

면…….

파이드로스 무슨 말을 한다는 겁니까? d

58. **소크라테스** 이런 말이네. "오, 테이시아스, 우리는 당신이 도착하기 오래 전에, 이런 개연성이 많은 사람에게 생겨나는 것은 진상과의 유사성 때문이라고 말했지요.[390] 그리고 그때 우리는, 어떤 경우든 진상을 알고 있는 사람이 유사성들을 가장 잘 찾아낼 줄 안다고 설명한 바 있습니다.[391] 따라서 당신이 연설의 기술에 대해 뭔가 다른 것을 말한다면, 우리가 귀담아들을 수 있겠지만, 그렇지 않다면, 우리는 그 전에 제시했던 설명을 받아들여, 이렇게 말할 겁니다. '청중의 다양한 본성을 낱낱이 따져, 그것들[392]을 형태에 따라 나누고 그 각각을 e 단 하나의 이데아를 통해 포섭[393]할 능력이 없다면, 그는 아직 연설과 관련해서 사람이 얻을 수 있는 최고의 기술을 가진 자가 아닐 것입니다. 하지만 오랜 동안의 연구 없이는 결코 그런 능력을 얻을 수 없겠지요. 분별 있는 사람[394]이 온갖 공을 들여 그런 연구를 해야 하는 것은 사람들과 마주해서 말을 하거나 행동을 하기 위해서가 아니라, 한편으로는 신들에게 기쁨이 되는 것들을 말할 능력을 갖추고 다른 한

---

390 위의 262a 아래를 참고.
391 위의 259e~262c를 참고.
392 원문의 "ta onta"는 "있는 것들"이라고 옮길 수도 있겠지만, 여기서는 그저 청중의 다양한 본성을 가리킨다.
393 여기서 "포섭"이라고 옮긴 "perilambanein"은 "에워싸서 붙잡다"는 뜻이다.
394 "분별 있는 사람"이라고 옮긴 원문의 "ho sōphrōn"에 대해서는 231d에 대한 각주53을 참고.

편으로는 어떤 일을 하든 힘이 닿는 만큼 신들에게 기쁨이 있도록 행동하는 능력을 얻기 위해서지요.' 테이시아스, 우리보다 지혜로운 사람들의 말에 따르면, 지각 있는 사람은—부수적으로 그런 결과가 얻어진다면 모를까—동료 노예들[395]을 기쁘게 하는 데 마음을 쓸 것이 아니라 좋은 혈통에서 태어난 좋은 주인들을 기쁘게 하는 데 마음을 써야 합니다.[396] 그러니 먼 에움길을 거친다 해도, 놀라지 마십시오. 당신의 생각과 달리, 보다 큰일을 이루려면 돌아가야 하기 때문이지요.[397] 이 논변에 따르면, 누군가 그런 바람을 갖는다면, 그것들 역시 우리가 말한 것들을 행함으로써 가장 훌륭하게 달성될 수 있을 겁니다."[398]

파이드로스 소크라테스, 누군가 그런 일을 해낼 수 있다면, 내가 보기에 당신의 말은 매우 훌륭합니다.

소크라테스 하지만 훌륭한 것들을 얻으려는 사람은 어떤 어려움을 겪는다고 하더라도 그것을 감내하는 것이 훌륭한 일이네.

파이드로스 그렇지요.

소크라테스 그렇다면 연설과 관련된 기술이나 기술 결핍에 대해서는 이

---

395 원문에는 "homodouloi"가 쓰였다. 《파이돈》 85b에서 소크라테스는 백조(白鳥 kyknos)들을 아폴론 신에게 속한 존재들이라고 말하면서, 자신은 그런 백조들의 "동료 노예"라고 한다.

396 소크라테스의 제자 중 한 사람으로 견유파를 창시한 안티스테네스(Antisthenes, 기원전 440년~365년)는 "신들과 함께 살고 싶으면 철학을 배우고, 사람들 틈에서 살고 싶으면 수사학을 배우라"고 말했다. 본문의 소크라테스의 발언은 같은 뜻을 담고 있다.

397 진리의 중요성에 대해서는 《법률》 730c 1을 참고.

398 《파이돈》 116c를 참고.

정도로 하세나.

파이드로스 물론입니다.

말의 우위성. 문자 발명의 신화

소크라테스 그렇다면 이제 남은 것은 글쓰기의 적절함과 부적절함에 관련된 문제네. 어떻게 하면 글이 훌륭하게 되고 어떻게 하면 부적절한 것이 될까, 그런 문제지?[399]

파이드로스 그렇습니다.

59. **소크라테스** 자넨 연설과 관련해서 그것을 실행하거나 논의할 때 어떻게 해야 신께 가장 큰 기쁨을 드릴 수 있을지, 그 방법을 아는가?

파이드로스 전혀 모릅니다. 당신은 아십니까?

소크라테스 옛 사람들에게 들은 이야기를 할 수 있네. 그들만이 진상을 알고 있지. 하지만 우리 자신도 그것을 찾아낼 수 있다면, 사람들이 가진 의견들 중 어떤 것이 우리의 관심을 끌 수 있을까?

파이드로스 우스운 질문을 하시는군요? 그러지 말고, 당신이 들었다는 것을 말해주십시오.

소크라테스 그러니까 나는 이런 이야기를 들었네. 아이귑토스의 나우크라티스 지방에는 옛 토착신들 가운데 어떤 신이 있었는데, 그 신은

---

[399] 259e의 논제 설정에 따라 두 번째 문제로 화제가 바뀌어 "글쓰기의 적절함과 부적절함"(peri euprepeias graphēs kai aprepeias)이 논의의 주제가 된다.

― 사람들이 이뷔스라고 부르는 성스러운 새의 주인이었다네.⁴⁰⁰ 그 신의 이름은 테우트였지. 이 신이 맨 처음 수(數)와 계산법과 기하학과 천문학은 물론 장기 놀이와 주사위 놀이를 발명했고, 그 외에 문자까지 발명했다고 하네. 그 당시 아이귑토스 전체를 다스리는 왕은 타무스였고, 그는 위쪽 지역의 큰 도시에 살았는데, 그 도시를 일러 헬라스 사람들은 아이귑토스의 테바이⁴⁰¹라고 부르고 그 신은 암몬이라 하지. 테우트가 그를 찾아와 기술들을 보여주면서 다른 아이귑토스 사람들에게 그 기술들을 보급해야 한다고 말했네. 그러나 왕은 그 기술 하나하나에 어떤 유익이 있는지 물었고, 테우트가 설명을 하자, 자신의 생각에 옳은 말과 옳지 않은 말을 따져서 어떤 것은 비판하고 어떤 것은 칭찬했지. 타무스는 테우트에게 그 두 측면에 따라 각각의 기술에 대해 수많은 것을 이야기했다고 하는데, 그것들을 낱낱이 설명하자면 이야기가 길어질 걸세. 그런데 대화가 문자에 이르자, 테우트가 이렇게 말했다네. "왕이여, 이런 배움은 아이귑토스 사람들을 더욱 지혜롭게 하고 기억력을 높여줄 것입니다. 왜냐하면 그것은 기억과 지

---

400 이어지는 전설은 플라톤의 자작(自作) 신화일 가능성이 높다(275b를 참고). 하지만 거기 등장하는 주인공들은 아이귑토스 신화의 신들일 것이다. 나일강 삼각주 지역에 있는 번화한 도시 나우크라티스(Naukratis)가 고향인 발명의 신 테우트(Theuth)는 프로메테우스와 헤르메스의 면모를 간직하고 있기도 하다. 타무스(Thamus)-암몬(Ammon) 신은 본래 도시의 신이자 아이귑토스 북부에 있던 테바이(Thebai)의 전설적인 왕이었다. 플라톤 당시 타무스 신을 섬기는 의식은 지중해 북동부 지역에 널리 퍼져 있었다. 테우트는 《필레보스》 18b에서도 문자의 발명자로 언급된다.

401 《오뒤세이아》 4권 126행을 참고.

402 원문은 "mnēmēs kai sophias pharmakon"이다. "묘약"으로 옮긴 "pharmakon"은 병을 치료하거나 몸에 해를 미치는 약이나 독약을 가리킨다. 230d와 275a를 함께 참고.

혜의 묘약⁴⁰²으로 발명된 것이니까요." 그러자 타무스가 이렇게 대꾸했네. "기술이 뛰어난 테우트여, 기술에 속하는 것들을 만들어내는 능력을 가진 사람이 있다면, 그것들이 사용하려는 사람들에게 끼치는 손해와 이익을 판단하는 능력을 가진 사람은 따로 있는 법이오. 이제, 그대는 문자의 아버지로서 그것들에 대해 선의를 품고 있기에 그것들이 할 수 있는 것과 정반대되는 것을 말했소. 왜냐하면 그것은 그것을 배운 사람들로 하여금 기억에 무관심하게 해서 그들의 영혼 속에 망각을 낳을 것이니, 그들은 글쓰기에 대한 믿음 탓에 바깥에서 오는 낯선 흔적들에 의존할 뿐 안으로부터 자기 자신의 힘을 빌려 상기하지 않기 때문이오. 그러니 당신이 발명한 것은 기억의 묘약이 아니라 상기의 묘약⁴⁰³이지요. 그대가 그대의 제자들에게 주는 것은 지혜의 겉모양⁴⁰⁴이지 진상이 아니라오. 왜냐하면 그들은 그대 덕분에 가르침을 받는 일 없이 많은 것을 듣게 되고, 자신들이 많이 안다고 생각하겠지만 사실 대부분 그들은 무지하고 상대하는 데도 어려움이

275

b

---

403 "기억"과 "상기"라고 옮긴 "mnēmē"와 "hypomnēsis"는 각각 동사 "mimnēsthai"와 "hypomimnēskein"의 명사형인데, 앞의 동사는 "기억하다", "상기하다"(remember)를, 뒤의 동사는 "기억나게 하다", "상기시키다"(remind)를 뜻한다. 이로부터 "hypomnēsis"는 "상기"(reminding)를, "hypomnēma"는 그렇게 하는 데 사용되는 수단, 즉 "상기 수단"(reminder, memorial)을 뜻한다. "mimnēsthai"나 "hypomimnēskein"과 함께 자주 쓰이는 "anamimnēiskein"은 "잊은 것을 다시 기억하게 하다", "상기시키다"를, 그것의 수동태 "anamimnēiskesthai"는 "상기하다", "잊은 것을 다시 기억해내다"를 뜻한다. 이 동사의 명사형 "anamnēsis"는 후자의 의미에서의 "상기"(想起, calling to mind, reminiscence)를 의미한다.

404 원문에는 목적어로서 "sophias doxan"이 쓰였다. 여기서 "doxa"는 물론 "의견"이나 "평판"이 아니라 "외관", "겉모양"을 뜻한다. 바로 아래에 사용된 "겉보기에 지혜로운 자"(doxosophoi)라는 표현과 호응한다. 이 말은 "사이비 현자"를 가리킨다.

있을 것이니 그들은 진정으로 지혜로운 자가 아니라 겉보기에 지혜로운 자인 까닭이오.

파이드로스 소크라테스, 당신은 손쉽게 아이귑토스인의 이야기나 당신이 원하는 곳 사람들의 이야기를 지어내는군요.

소크라테스 여보게, 도도네에 있는 제우스 신전의 사제들은 참나무의 말들이 최초의 예언이라고 말하네.⁴⁰⁵ 그 당시 사람들은 지금의 우리들처럼 지혜롭지 않았기 때문에, 오직 참나무와 바위덩이⁴⁰⁶만이 진상을 말한다면, 그것들에 귀를 기울이는 것으로 충분했네. 순진함 탓이지. 그에 반해 자네에게는 말하는 사람이 누구고 어디 출신인지가 중요한 것 같군. 자네는 그의 말이 사실인지 아닌지, 그 여부만을 따지지 않으니 말일세.

c

파이드로스 그런 타박이 틀리지 않습니다. 그리고 제가 보기에는 문자에 대한 테바이 신의 말이 맞는 것 같습니다.

60. **소크라테스** 그러니 기술을 문자에 담아 남긴다고 생각하는 사람은 물론, 문자로부터 무언가 명석함과 확실함이 생겨나리라는 생각⁴⁰⁷에서 그것을 받아들이는 사람도 속에 순진함이 가득한 사람일 것이고, 글로 쓰인 말들이 이미 앎을 가진 사람으로 하여금 그 글들이 다루는 것을 상기하게 하는 것 이상의 일을 한다고 생각한다면 그는 참으로

d

---

405 위의 244b와 그에 대한 각주 129를 참고.
406 《일리아스》 22권 126행과 《오뒤세이아》 19권 163행을 참고.
407 문자에 "명석함"(saphes)과 "확실함"(bebaion), 즉 명료성(明瞭性)이 없다는 생각은 아래의 277d에서 다시 천명된다.

암몬의 예언에 대해 무지한 사람일세.⁴⁰⁸

파이드로스 지당한 말입니다.

소크라테스 파이드로스, 글쓰기에는 뭔가 이런 기이한 점이 있으니, 그것은 사실 그림 그리기와 똑같네. 거기서 생겨난 것들은 살아 있는 생물처럼 보이지만, 자네가 어떤 질문을 던지면 무겁게 침묵한다네. (글로 쓰인) 말들도 똑같지. 자네에게는 그것들이 마치 무언가 생각을 가지고 말하는 것처럼 보일 수도 있겠지만, 그 글에 담긴 것들 가운데 무언가 배우고 싶은 것이 있어서 질문을 던지면 글은 언제나 똑같이 하나만을 가리킨다네. 일단 글로 쓰이고 나면, 모든 말은 장소를 가리지 않고 그것을 이해하는 사람들 주변과 그 말이 전혀 먹히지 않는 사람들 주변을 똑같이 맴돌면서, 말을 걸어야 할 사람들과 그렇지 않은 사람들을 가려 알지 못하네. 잘못된 대우를 받고 부당하게 비판을 당하면 언제나 아비의 도움을 필요로 하지. 혼자서는 자신을 지킬 수도 없고 자신을 도울 힘도 없기 때문이라네.⁴⁰⁹ e

파이드로스 아주 지당한 말씀입니다.

소크라테스 그러면 그것의 이복형제요 적자(嫡子)로 태어난 다른 말은 어떤가? 그것의 출생 방식은 어떻고 또 그것은 다른 쪽에 비해 본성적으로 얼마나 더 좋고 뛰어난 능력이 있는지 살펴볼까? 276

---

408 글자 또는 문자란 결국 어떤 것을 안 사람이 아는 내용을 다시 기억하는 데 쓰는 수단일 뿐, 모르는 것을 알게 해주는 수단은 아니라는 말이다. 문자를 통해 무언가를 배워 앎을 얻는다는 생각은 잘못되었다는 것이 플라톤의 문자 비판의 핵심이다.

409 문자에 대한 플라톤의 비판적《제7서간》344c와《프로타고라스》329a를 참고하라. 한편,《프로타고라스》(347c~348a)에서 소크라테스는 시문학을 겨냥해서, 작가가 없으면 시문학은 자기 자신을 변호할 수 없다고 비판한다.

143

파이드로스 그게 뭐고 어떻게 생겨난다는 말입니까?

소크라테스 참된 인식과 함께, 배우는 자의 영혼 속에 쓰인 말은 자신을 지킬 힘이 있고, 상대해서 말을 해야 할 사람들과 침묵해야 할 사람들을 가려서 안다네.

파이드로스 당신은 앎이 있는 자의 말을 일컬어 살아 있고 영혼이 있는 것이라고 말하는 거군요. 글로 쓰인 말은 그것의 영상(映像)이라고 불러야 마땅할 겁니다.

b 61. **소크라테스** 어떤 면에서 보나 그렇지. 이제 이 점에 대해 내게 말해 보게. 씨앗을 돌보고 거기서 결실이 맺히기를 바라는 지각 있는 농부가 진심으로 한여름의 아도니스의 정원[410]에 씨를 뿌리고 여드레 만에 정원이 화사하게 바뀌는 것을 바라보고 기뻐할까, 아니면 그가 그렇게 한다면 그것은 놀이나 축제를 위한 일일까? 그는 진지하게 마음에 두고 있는 것들을 농사 기술을 써서 알맞은 곳에 뿌리고 씨 뿌린 것들이 여덟 달이 차서 그 마지막 결실을 맺을 때 이를 기뻐하지 않을까?

c **파이드로스** 아마도 그러겠지요, 소크라테스. 그는 한쪽 것들은 진지한 의도에서, 다른 쪽 것들은 당신의 말대로 그와 다른 방식으로 행할 겁니다.

---

[410] 아도니스(Adonis)는 여신 아프로디테의 사랑을 받았다. 죽은 다음에도 그는 매년 여섯 달 동안 지상에 머물 수 있었다. 해마다 일어나는 자연의 죽음과 소생을 반영한 이런 신화와 결부시켜 사람들은 아도니스 축제 때 빨리 자라는 식물들을 넓은 대접이나 화분에 심어 지붕 위에 얹어놓았다.

소크라테스 우리는 정의로운 것과 아름다운 것과 좋은 것에 대한 수많은 인식을 가진 사람이 자기가 뿌리는 씨앗에 대해 농부보다 지각이 없다고 말해야 할까?

파이드로스 결코 그렇지 않습니다.

소크라테스 그렇다면 그가 그것들을,[411] 이치에 맞게 자기 자신을 도울 힘도 없고 진상을 충분히 가르칠 힘도 없는 말들과 함께, 먹물에 담가 갈대촉을 사용해서 씨를 뿌리듯 뿌려댄다면 이는 진지한 의도에서 하는 일이 아닐 걸세.

파이드로스 그건 결코 있을 법한 일이 아니지요.

소크라테스 결코 그런 일은 없네. 그가 글을 쓴다면, 이는 놀이 삼아 문자의 정원에 씨를 뿌리고 글을 쓰는 일일 것 같네. 그는 자기 자신을 위해서나 똑같은 발자취를 좇는 모든 이를 위해서, 나이가 들어 망각에 이를 때, 되살려내야 할 상기 수단들[412]을 쌓아두면서, 그 문자의 정원이 여린 새순을 내며 자라는 것을 보고 기뻐할 걸세. 다른 사람들이 다른 놀이들에 빠져서 수많은 술잔치나 그와 한 핏줄인 다른 모임을 통해 자기 자신들을 적시는 데 반해, 그 사람은 그 대신 내가 말하는 일들을 하며 놀면서 소일할 것이네. d

파이드로스 천박한 놀이와 달리, 말을 가지고 놀 줄 아는 사람의 고상한 놀이를 말하는 거군요, 소크라테스. 그런 사람은 정의나 당신이 말하는 다른 주제들에 대해 이야기를 지어내면서 놀이를 즐기지요.[413] e

---

411 위에서 말한 정의로운 것, 아름다운 것, 좋은 것 등을 가리킨다.
412 원문의 "hypomnēmata"에 대해서는 275a에 대한 각주 403을 참고.
413 정의(正義)를 주제로 한 대화편인 《국가》를 가리키는 말로 볼 수 있다.

소크라테스 여보게, 파이드로스, 정말 그렇다네. 하지만, 만일 어떤 사람이 그 일에 적합한 영혼을 붙잡은 뒤 변증술을 통해 그 안에 인식을 갖춘 말들을 키우고 씨를 낸다면, 이는 한결 더 훌륭하고 진지한 일이 되겠지. 그런 말들은 자기 자신을 비롯해서 그 말들을 키운 사람을 도울 능력이 있을 뿐만 아니라 결실을 맺고 씨를 낼 것이며, 그로부터 또 다른 말들이 다른 습성을 가진 사람들 속에 자라나고 이런 과정이 영원히 불멸하면서 이어지게 할 수 있을 터이니, 이는 그것들을 소유한 사람으로 하여금 사람이 얻을 수 있는 최대의 행복을 누리게 할 걸세.

파이드로스 그렇습니다. 당신이 말하는 것이 훨씬 더 훌륭하군요.

62. **소크라테스** 파이드로스, 이런 점들에 대해 동의했다면, 이제 앞서 말한 점들을 결정할 수 있네.

파이드로스 어떤 것들을 말입니까?

소크라테스 그것들에 대해 알아보려고 우리는 여기까지 이르렀는데, 연설문 작성과 관련해서 뤼시아스에게 가해진 비난과 아울러, 기술에 맞게 글로 쓴 연설들과 기술 없이 쓴 연설들 자체를 검토하는 것이 우리의 목적이었네.[414] 기술에 맞는 것과 그렇지 않은 것은 이미 적절히 밝혀졌다고 생각하네.

파이드로스 나도 그렇게 생각합니다. 어떻게 하는 것이 기술에 맞는 것인지 다시 한 번 제게 상기시켜주십시오.

---

414 위의 259e와 262c를 참고.

소크라테스 먼저, 말이나 글의 주제가 되는 것들 하나하나에 대해 그 진상을 알고 모든 것을 그 자체로서 정의할 수 있는 능력을 갖추며, 정의를 한 다음에는 그것을 다시 형태에 따라 나누어 더는 나눌 수 없는 것에 이르기까지 나아가는 법[415]을 알아야 하네. 그리고 이와 같은 방식으로 영혼의 본성을 갈라서 알아낸 다음 본성적으로 각각의 영혼에 알맞은 연설의 형태를 찾아내고, 그렇게 연설의 기본을 세우고 짜임새를 갖추되,[416] 복잡다단한 영혼에게는 복잡다단하고 조화로운 말들을, 단순한 영혼에게는 단순한 말들을 해야 하네. 그렇게 하기 전에는 연설들을[417]—그 본성이 허락하는 만큼—기술적으로 다룰 수 있는 능력을 갖추지 못할 걸세. 가르침이 목적이건 설득이 목적이건 마찬가지인데, 이는 앞에서 이루어진 모든 논변이 우리에게 일깨워 주는 점이지.

파이드로스 어떤 면에서 보나 실제로 그렇다는 것이 분명해졌습니다.

63. **소크라테스** 연설을 말로 하거나 글로 쓰는 것이 훌륭한 일인지 부끄러운 일인지, 그리고 어떤 경우에 비난이 정당하고 어떤 경우에 그렇지 않은지, 이 문제에 대해서는 어떤가?[418] 조금 전에 논의한 것을 통해 분명히 밝혀지지 않았나?

---

415 원문의 "palin kat' eidē mechri tou atmētou temnein"은 변증술의 한 가지 절차인 "나눔"(diairesis)에 대한 또 다른 정의이다. 265e의 정의와 비교.

416 원문의 "houtō tithēi i kai diakosmēi ton logon"을 뜻을 새겨 옮겼다. Hackforth의 번역 "……and order and arrange your discourse accordingly"를 참고.

417 원문에는 연설 전체를 하나의 묶음 또는 부류(genos)로 보아 "to logōn genos"가 쓰였다.

파이드로스 어떤 것을 두고 말하는 겁니까?

소크라테스 뤼시아스건 다른 어떤 사람이건 사적으로나 공적으로 법률의 초안을 잡으면서 과거에 글을 쓴 적이 있고 앞으로도 그럴 것이네. 그런 사람은 그렇게 정치적인 문서를 작성하면서 그 안에 커다란 확실성과 명석함[419]이 담겨 있다고 생각하는데, 그런 점에서 글을 쓰는 사람은—누가 그걸 내놓고 이야기하건 그렇지 않건—비난을 살 만하네. 왜냐하면 깨어 있는 상태에서나 잠이 든 상태에서나[420] 정의로운 것과 불의한 것, 나쁜 것과 좋은 것에 대해 무지하다면, 이는 정말 비난을 살 일이라는 비판을 피할 수 없기 때문이지. 온 세상 사람이 그것을 칭찬한다고 해도 사정은 마찬가지라네.

파이드로스 그렇겠지요.

소크라테스 그에 반해 어떤 사람은 각 대상에 대해 글로 쓰인 말 속에는 반드시 여러 가지 놀이가 담겨 있을 수밖에 없다고 생각하네. 그의 생각에 따르면 운문이건 산문이건 이제껏 있었던 어떤 말도 진지하게 고려할 만큼 가치 있게 글로 쓰인 적이 없고, 〔마치 낭송하는 사람들[421]의 말이 질문이나 가르침과 무관하게 설득을 하기 위해 입에서 튀어나오듯 그렇게

---

418 위의 258d를 참고.

419 위의 275c에 대한 관련 각주 407을 참고.

420 《오뒤세이아》 19권, 547행과 20권 90행을 참고. 여기서는 정의와 불의, 좋은 것과 나쁜 것에 대한 무지는 그것을 의식하건 의식하지 못하건 비난을 살 수밖에 없다는 뜻이다. 반면, 여기서 "깨어 있는 상태에서나 잠이 든 상태에서"라는 부사적인 뜻으로 옮긴 원문의 "hypar kai onar"를 명사로 읽어서 본문을 다음과 같이 해석한다. "For ignorance of what is a waking vision and what is a mere dreamimage of justice and injustice, good and evil, cannot truly be acquired of involving reproach, even if the mass of men extol it."

발언된 적도 없으며,) 참으로 그 말들 가운데 가장 훌륭한 것들은 앎을 가진 사람들을 위한 상기[422]일 뿐이네. 반면, 정의로운 것과 아름다운 것과 좋은 것에 대해 가르침을 주고 배움을 얻게 하기 위해 발언되는 말들이나 참으로 영혼 안에 쓰인 말들 속에만 분명하고 완전하며 진지하게 받아들일 가치가 있는 것이 들어 있다고 그는 생각하지. 그의 생각에 따르면 그런 종류의 말들은 말하는 사람의 적자(嫡子)라고 불려야 마땅한데, 먼저 어떤 말이 발견되어 말하는 사람 안에 들어 있다면, 그 자신 안에 있는 그 말이 그렇고, 그 다음 그 말의 자손들이자 형제들로서 어떤 말들이 동시에 다른 사람들의 다른 영혼들 안에서 가치 있게 자라난다면, 이런 말들이 그렇다네.[423] 다른 말들에게는 작별을 고하고 떠나보내야 하네. 파이드로스, 바로 이렇게 생각하는 사람이야말로 나와 자네가 우리 자신도 그렇게 되기를 기원하는 그런 종류의 사람일 것이네.

278

b

파이드로스 나로서는 모든 점에서 그렇게 되기를 바라며 당신이 말하는 것이 이루어지기를 기원합니다.

---

421 "낭송하는 사람들"이라고 옮긴 "hoi rhapsōidoumenoi"는 호메로스의 서사시 작품들을 사람들 앞에서 낭송하는 직업을 가졌던 사람들을 가리킨다. 《이온》은 그런 낭송가(rapsōidos, 530c) 이온(Ion)과 소크라테스의 대화를 담고 있는데, 여기서 소크라테스는 낭송가는 자기가 다루는 주제에 대해서 아는 것이 없으면서 광기에 사로잡혀 시적인 감응을 전달하는 사람임을 논증한다. 연설가에 대한 유사한 비판에 대해서는 《프로타고라스》 328e~329a를 참고.

422 원문의 "hypomnēsis"는 "상기 수단"이라고 옮긴 276d의 "hypomnēmata"와 거의 같은 뜻으로 쓰였다.

423 위의 277a를 보라.

뤼시아스와 이소크라테스에게 전하는 말

64. **소크라테스** 그렇다면 이로써 연설에 대한 우리 논의를 적당히 즐긴 걸로 하세. 그리고 자네는 뤼시아스에게 가서 이런 말을 전하게. 우리 둘이 님프들의 시내와 성소(聖所)[424]로 내려가, 그들이 뤼시아스를 비롯해서 연설을 작성하는 다른 사람, 호메로스를 비롯해서—반주 음악이 있건 없건[425]—시를 짓는 사람, 그리고 세 번째로 솔론을 비롯해서 정치 연설을 통해 법률들을 제정하고 문서를 작성했던 사람이면 누구에게나 전하라고 당부한 말들을 들었다고 하게.[426] 만일 그들 가운데 어떤 사람이 그런 글들을 쓰면서 진상이 어떠한지를 알고 자신이 글로 쓴 것들에 대해 논거를 제시함으로써 그것들을 도울 능력이 있으며 글로 쓰인 것들이 하찮은 것임을 자신의 말로써 증명할 수 있는 능력을 갖추고 있다면, 그런 사람은 그런 글들로부터 생겨난 명칭[427]에 따라서가 아니라 그가 진지하게 마음을 두고 있는 것들로부터 생겨난 명칭에 따라서 이름이 불려야 하네.

---

[424] "성소"라고 옮긴 원문의 "mouseion"은 본래 "무사들의 처소", "거처"를 뜻한다.

[425] 원문의 "poiēsis psilē"(음악이 없는 시)와 "poiēsis en ōdēi"(음악이 있는 시)는 각각 서사시와 서정시를 가리킨다. 서정시의 경우 각각의 장르에 따라 다른 악기, 예컨대 오보에와 비슷한 모양의 아울로스(Ailos)나 뤼라(Lyra) 등이 쓰였다. 《국가》 399c 아래를 참고.

[426] 위의 258a~c를 참고.

[427] 아래 278e에서 밝혀지듯, 이들에게 붙는 명칭(epōnymia)은 각각 "시인"(poiētēs), "연설문 작가"(logōn syngrapheus), "법문 작성자"(nomographos)이다.

파이드로스 그렇다면 그런 사람에겐 어떤 명칭을 주겠다는 겁니까?

소크라테스 파이드로스, 내가 보기에 그를 "지혜로운 자"라고 부르는 것은 과분한 일이고 그 명칭은 오직 신에게만 맞을 듯하지만, "지혜를 사랑하는 사람"이나 그런 종류의 명칭[428]은 그에게 훨씬 더 들어맞을 뿐만 아니라 적절할 것이네.

파이드로스 이치에 어긋난 말이 아닙니다.

소크라테스 그렇다면 자기가 짓거나 글로 쓴 것들보다 더 고귀한 것들을 전혀 가지고 있지 않은 채, 시간을 들여가면서 그것들을 위아래로 돌려보면서 서로 붙였다 떼었다 하는 사람을 자네는 마땅히 "시인"이나 "연설문 작가"나 "법문 작성자"라고 부르겠지, 그렇지 않은가? e

파이드로스 물론입니다.

소크라테스 자네 동무에게 그런 말을 전하게.

파이드로스 당신은 어떻습니까? 당신은 어떻게 할 겁니까? 당신의 동무도 우리는 지나쳐서는 안 되겠기 때문입니다.

소크라테스 누구 말인가?

파이드로스 훌륭한 이소크라테스[429]를 두고 하는 말입니다. 그에게 무슨

---

428 전해오는 말에 따르면 "지혜"(sophia)와 "지혜에 대한 사랑"(philosophia)을 처음으로 구분한 것은 피타고라스(Pythagoras)였다. 그는 처음으로 자기 자신을 일컬어 "지혜를 가진 자"가 아니라 "지혜를 추구하는 자"라는 뜻에서 "philosophos"라고 불렀다고 한다. 이런 뜻에서 플라톤은 《국가》 475b에서 "철학자"를 지혜, 특히 "모든 지혜를 욕구하는 자"(pasēs sophias epithymētēs)로 정의한다. 이에 대해서는 《잔치》 204a와 《뤼시스》 218a를 함께 참고하라. 본문에서 말하는 "philosophos"와 같은 종류의 명칭이란 248d에서 쓰인 명칭들, 예컨대 "아름다움을 사랑하는 자"(philokalos), "사랑을 아는 자"(erōtikos) 등을 가리킨다.

말을 할 겁니까, 소크라테스? 우리는 그를 뭐라고 불러야 할까요?

279 **소크라테스** 파이드로스, 이소크라테스는 아직 젊네. 하지만 그에 대한 내 예언을 말하고 싶네.

파이드로스 어떤 말입니까?

소크라테스 내가 보기에 그는 타고난 본성의 능력 면에서 뤼시아스의 주변에서 나오는 연설들의 수준을 능가하고, 더욱이 그에게는 더 고상한 습성이 배어 있네.[430] 그러므로 나이가 들어가면서 그가 현재 짓고 있는 연설들을 통해, 과거에 연설에 손을 댔던 사람들과 견주어 아이와 비교할 때 드러나는 차이보다 더 큰 격차를 만들어내고, 또 그것들이 그에게 만족을 주지 못할 때 어떤 신적인 충동[431]이 그를 더 높은 수준으로 이끈다면, 이는 전혀 놀랄 일이 아닐 걸세. 여보게, 본성적으로 그 사내의 정신 속에는 뭔가 지혜에 대한 사랑이 깃들어 있

b 기 때문이지. 그러니 나는 이런 전언을 여기 있는 신들에게 받아, 마치 내가 사랑하는 아이에게 하듯 이소크라테스에게 전할 것이니, 자네는 그것들을 자네가 사랑하는 아이에게 하듯 뤼시아스에게 전하게.

---

429 유명한 연설 작가이자 교사였던 이소크라테스(Isokrates, 기원전 436년~338년)는 《파이드로스》의 저술 시기에 이미 학파를 세워 플라톤의 아카데미아와 경쟁 관계에 있었으며, 플라톤의 추상적인 철학을 내놓고 비판했다. 하지만 이런 사실이 이소크라테스의 소질에 대한 플라톤의 칭찬을 비아냥거림으로 보아야 할 이유가 되지는 않는다. 이소크라테스에 대한 자세한 설명은 허승일 외 지음, 《인물로 보는 서양고대사》, 길 2006, 209~228쪽을 참고.

430 이소크라테스의 "타고난 본성"(physis)과 "습성"(ēthos)에 대한 소크라테스의 언급은 기술을 얻기 위한 조건에 대한 그의 발언(269d)과 상통한다.

431 원문의 "hormē theiotera"를 Hackforth는 "a sublimer impuse"로 옮겼다.

파이드로스 그렇게 하지요. 자, 이제 땡볕의 기세가 한풀 꺾였으니 가십시다.

소크라테스 여기 있는 신들께 우리 함께 기도를 하고 떠나는 것이 좋지 않겠나?

파이드로스 물론입니다.

소크라테스 오. 친애하는 판과 여기 있는 다른 신들이시여, 내 속마음이 아름답게 하소서. 겉으로 내가 가진 것들이 내 속에 있는 것들과 친분을 갖게 하소서. 나는 지혜로운 자를 부자라 부르길 원하나이다. 분별 있는 사람이 아니면 어느 누구도 지닐 수 없고 가지고 다닐 수 없을 만큼의 황금이 내 수중에 있기를 원하나이다―또 다른 것이 필요한가, 파이드로스? 내게는 그런 기원이 적당하네.

c

파이드로스 그것들을 내게도 함께 빌어주십시오. 친구들의 것은 공유물이니까요.

소크라테스 가세.

《파이드로스》에 대한 해설

1. 플라톤 철학과 《파이드로스》

한 철학자의 개인사에 대한 성찰이 그의 철학을 이해하는 데 중요한 열쇠를 제공해줄 때가 적지 않다. 플라톤이 그 대표적인 경우라고 할 수 있다. 플라톤 철학의 밑바탕에는 당대 정치 현실과 인간 삶에 대한 비극적 의식이 깔려 있다. 그의 의식 안에 일종의 트라우마처럼 각인된 시대 체험은 플라톤이 중년의 나이에 이른 뒤 전개한 다양한 철학 이론 속에서 그 형태가 드러나지만, 그 원형은 이미 청년기, 혹은 그보다 훨씬 어린 시절의 시대 체험 속에서 확인할 수 있다. 이것이 공연한 심리적 추측이 아님은 그가 태어날 무렵의 그리스 상황에 대한 역사적 기록이나 그 시기의 체험에 대한 플라톤 자신의 발언들을 보면 분명해진다.

플라톤이 태어난 것은 기원전 427년, 그러니까 펠로폰네소스 전쟁(기원전 431년)이 일어나고서 몇 해 뒤다. 아테네의 명망가 출신인 플라톤은 다른 귀족 가문 청년들과 마찬가지로 정치적인 야망과 꿈을 가졌다. 하지만 운명의 다이몬은 그 꿈의 실현을 허락하지 않았다. 페르시아 전쟁에서 승리(기원전 479년)한 뒤 대략 "50년"(Pentecontaetia)에 걸쳐 페리클레스가 이끄는 민주정 아래서 황금기를 누렸던 아테네 제국은 펠로폰네소스 전쟁의 발발과 더불어 몰락의 길에 접어들었고, 설상가상으로 전쟁 두 번째 해에 아테네를 덮친 역병은 도시 전체를 암울한 상황으로 몰아넣었다.[432] 이 무렵 초연된 소포클레스의 비극 《오이디푸스 왕》의 첫 장면에서 우리는 그런 어두운 도시 분위기를 감지할 수 있다. 기원전 431년부터 기원전 404년까지 30년 가까이 이어진 이 내전과 내전기의 정치적 격변 속에서 플라톤은 정치에 참여할 기회를 얻을 수 없었다. 정치 현실에 실망한 플라톤은 또 다른 현실, 즉 철학적 이념의 현실로 눈을 돌렸고, 이 현실을 탐색하는 데 평생을 바친다. "플라톤은 현실 앞에서 비겁했고―그래서 그는 이상으로 도망쳤다"[433]는 니체의 지적은 이를 두고 하는 말이다.

플라톤 자신의 증언에 따르면,[434] 그의 삶에 결정적인 전기(轉機)가 된 것은 스승 소크라테스의 죽음이다. 기원전 399년, 민주정이 회복된 직후에 진행된 소크라테스에 대한 불의한 재판과 처형은 플라톤에게 현실 정치에 대한 환멸을 안겨주었다. 그는 정치의 길에서 철학의 길로 눈을 돌린다. 그 뒤 플라톤의 생애와 활동은 보통 세 시기로 나눌 수 있다.

첫 번째 시기는 플라톤이 스승의 죽음 직후 메가라로 도피한 뒤 키레네와 북아프리카 등을 여행하면서 보낸 10년 동안의 시기이다. 이 10년은 소크라테스의 재판을 다룬 《소크라테스의 변론》을 비롯한 플라톤의

---

432 Thukydides, 2. 48 아래를 참고. 우리말 번역으로는 투퀴디데스, 《펠로폰네소스전쟁사》, 천병희 옮김, 숲 2011, 176쪽 아래를 보라.
433 F. Nietzsche, 〈우상의 황혼〉, 《니체 전집 15》, 백승영 옮김, 책세상 2002, 198쪽.
434 《제7서간》 324c를 참고.

초기 대화편들, 즉 《크리톤》, 《라케스》, 《뤼시스》, 《카르미데스》, 《에우티프론》 등이 저술된 시기인데, 그런 점에서 이 시기를 스승에 대한 기억에 바쳐진 시기라고 보아도 좋을 것이다. 널리 알려져 있듯이, 플라톤의 초기 대화편에서는 소크라테스가 등장해서 대화를 통해 윤리적인 덕(德, aretē)에 대한 보편적 정의(定義, horismos)를 찾는다. 그런데 이 대화는 정의에 이르지 못한 채 막다른 골목에서 끝나고 만다. 초기 대화편에서 플라톤은 소크라테스의 대화의 이런 아포리아적 성격을 드러내는 데 충실했다고 보는 것이 연구자들의 일반적 견해다.

기원전 388년~387년 무렵 플라톤의 인생과 철학에 새로운 전기가 마련된다. 어느덧 불혹의 나이에 이른 플라톤은 남부 이탈리아의 시켈리아(Sikelia)를 여행하는데, 이 여행은 그에게 두 가지 측면에서 의미 있는 것이었다. 시켈리아에 체류하면서 플라톤은 새로운 식민도시 쉬라쿠사이(Syrakousai)를 창건한 디오뉘시오스(Dionysios) 1세의 왕가와 가까이하는 한편, 남부 이탈리아 지역에서 정신적·문화적인 영향력을 행사하고 있던 피타고라스학파와 교류한다. 플라톤은 쉬라쿠사이의 왕가에 영향을 미쳐 그 곳에 자신이 꿈꾸는 정의로운 국가를 건설하려는 뜻을 품지만, 이런 계획은 현실 정치의 벽에 부딪혀 물거품이 되고 만다. 하지만 시켈리아 여행 중에 이루어진 피타고라스학파와의 교류는 플라톤에게 풍요로운 철학적 결실을 낳았다. 여행에서 돌아온 플라톤은 기원전 385년 아카데미아(Akadēmia)를 세워 젊은이들을 가르치면서, 남부 이탈리아 철학의 추상적이고 관념론적인 세계관을 받아들여 소크라테스의 철학을 새로운 방향으로 발전시킨다. 일반적으로 잘 알려진 《메논》, 《파이돈》, 《잔치》, 《국가》, 《파이드로스》, 《크라튈로스》 등의 중기 대화편들이 그 결과인데, 여기에는 이데아론, 상기론, 영혼론, 이상국가론을 비롯한 플라톤 철학의 중심 이론들이 담겨 있다.

기원전 385년 아카데미아를 연 뒤 20년에 가까운 세월 동안 교육과 저술에 몰두하던 플라톤은 기원전 366년과 360년, 또다시 쉬라쿠사이 왕가의 초청에 못 이겨 두 차례 시켈리아 여행길에 오른다. 기원전 367년 디오뉘시오스 1세가 죽은 뒤 새로 권좌에 오른 그의 아들 디오뉘시오스 2세가 그를 다시 쉬라쿠사이로 초청했던 것이다. 이 두 차례의 여행에서 플라톤은 당연한 결과, 즉 현실 정치에 대한 환멸만을 안고 겨우 살아 돌아온다. 그 뒤 플라톤은 생애의 나머지 20년 동안 아카데미아의 수장으로 머물면서 후기 대화편들을 집필하는 데 바친다. 이때 쓴 것이 《파르메니데스》, 《테아이테토스》, 《소피스테스》, 《정치가》, 《티마이오스》, 《크리티아스》, 《필레보스》, 《법률》 등이다. 이 마지막 활동기의 플라톤은 자신의 중기 이론을 반성적으로 검토하고 보완하는 등의 철학적 작업에 몰두하다가 기원전 347년 육신의 감옥에서 벗어난다. 그가 결혼식 잔치에 참여했다가 세상을 떠났다는 기록도 있지만,[435] 키케로는 그가 "글을 쓰다가" 죽음을 맞았다고 전한다.[436]

플라톤의 철학은 세계와 인간에 대한 그의 개인적 체험에서 오는 근본 정서에 뿌리를 두고 있기 때문에, 이 정서에 대한 공감 없이는 그의

---

[435] Diog. Laert. III 2. R. D. Hicks (trans.), *Diogenes Laertius, Lives of Eminent Philosophers*, vol. 1. (Loeb), Cambridge/Mass.-London 1972 (¹1925).

[436] M. Cicero, *Cato* 13. M. Fatner (Hrsg.), *Cato Maior-Cato der Ältere* (Lat.-Dt.), München-Zürich 1999.

철학을 받아들이기가 쉽지 않다. 같은 것들보다는 같음 자체, 정의로운 것들보다는 정의 자체, 아름다운 것들보다는 아름다움 자체가 참으로 있는 것(ontōs on)이라고 주장하는 이데아 이론, 영혼(psychē)은 소멸하지 않는 비물질적 실체로서 수많은 육체를 윤회한다는 영혼론, 앎이란 전생의 기억을 되살려내는 상기(想起, anamnēsis)에 불과하다는 인식론, 어떤 감각 경험도 배제하고 순수 지성(nous)을 통해 이데아 세계를 파악하기를 요구하는 변증술(dialektikē), 아름다운 연인보다는 아름다움 자체를 사랑함으로써 영원성에 이를 수 있다는 에로스론, 철학자가 통치하는 정의로운 국가에 대한 정치적 염원, 이 모든 이론과 염원은 플라톤이 가졌던 염세적 세계관이 낳은, 구원에 대한 열망의 표현물들이라고 보아도 크게 틀리지 않는다. 플라톤의 철학 이론들을 이해하기 위해서 그것들의 사실성에 대한 물음보다 그것들 안에 담긴 의미에 대한 물음을 앞세워야 하는 것은 그런 이유 때문이다.

플라톤이 남긴 여러 대화편들 안에는 현실 세계에 등을 돌린 이런 이론들이 산재해 있다. "산재해 있다"고 말하는 까닭은 플라톤은 어느 하나의 주제를 취해 거기에 집중해서 초지일관 논의를 펼쳐가는 일이 거의 없기 때문이다. 첫눈에 보면 각 대화편 안에서 그런 이론들은 난마(亂麻)처럼 얽혀 있는 것 같은 인상을 준다. 이런 글쓰기 방식은 플라톤이 수행하는 철학하기의 대화적 성격을 보여주는 것으로, 철학의 분야를 여러 갈래로 나누고 그 각 분야의 주제에 대한 전문적인 탐구 결과를 글로 남긴 그의 제자 아리스토텔레스의 글쓰기 방식과 확연하게 구분되는 점이다.[437] 플라톤이 남긴 여러 대화편들 가운데 《파이드로스》는 그 복잡성과 다채로움에서 단연 첫손에 꼽힌다. 이런 이유 때문에 이 대화편의 통일성이 어디 있는지에 대해 오랫동안 연구자들 사이에서 논란이 끊이지 않았다.

《파이드로스》는 한편에서 보면 에로스(Erōs)에 대한 대화편이다. 파이드로스와 소크라테스, 두 대화자 사이의 대화는 에로스에 대한 뤼시아스(Lysias)의 연설에서 시작해서 같은 주제에 대한 두 편의 소크라테스의 후속 연설이 이어지는 가운데 진행된다. 《파이드로스》의 이런 주제와 구성은 에로스에 대한 여섯 편의 연설을 담은 《잔치》를 연상시킨다. 하지만 《파이드로스》의 대화는 에로스에 대한 것이자 동시에 에로스를 다루는 "연설"(logos)에 대한 것이기도 하다. 대화편 속에서 소크라테스는 뤼시아스 연설의 구성과 기법 등에 대한 비판을 실마리로 삼아 당대 수사술(rhētorikē)의 근본을 문제 삼는데, 이런 점에서 보면 《파이드로스》는 당대 수사술과의 대결을 보여주는 《고르기아스》와 가깝다.[438] 참된 에로스는 무엇이며, 참된 수사학이란 또 어떤 것인가라는 물음이 《파이드로스》의 대화 전체를 이끌고 간다고 말할 수 있겠는데, 이 물음에 대한 대화가 다른 문제들에 대한 논의들로 갈라지고 이런 논의들이 다시 모이는 과정이 진행되면서 대화는 복잡하게 얽혀든다.

대화의 복잡성뿐만 아니라 대화편 전체를 감싸고 있는 분위기에서도 《파이드로스》는 다른 대화편들과 다르다. 《파이드로스》의 대화가 펼쳐

---

[437] 플라톤과 아리스토텔레스의 학문관이나 탐구 방식의 차이에 대해서는 조대호, "아리스토텔레스의 학문 체계 : 학문의 개별성과 통합 가능성을 중심으로", 《지식의 통섭》, 주일우, 최재천 엮음, 이음 2007, 15쪽 아래를 참고.

[438] 이에 대해서는 김남두, "〈고르기아스〉에서 플라톤의 수사술 비판", 《서양고전학연구》, 제27집, 2007, 43~64쪽과 로랑 페르노, "플라톤과 수사학", 《서양고전학연구》, 제27집, 2007, 87~103쪽을 참고.

지는 무대는 다른 대화편의 그것에 비해 독특하다.⁴³⁹ 소크라테스가 도심을 벗어나 자연 속에서 대화를 나누는 것은 이 대화편이 유일하다. 평소 산천초목에는 관심을 두지 않고 아테네의 시장통을 떠돌던 소크라테스도 한여름 날, 아름다운 오후의 정경에 매료당한다. 독일의 유명한 고전연구자 빌라모비츠-묄렌도르프(U. v. Wilamowitz-Moellendorff)는 자신의 저술에서 《파이드로스》를 다루는 장에 "어느 행복한 여름날"(Ein glücklicher Sommertag)이라는 제목을 붙였는데,⁴⁴⁰ 실제로 대화편 전체에는 한여름 날의 화창함이 배어 있다. 이런 화창한 분위기와 그 가운데 펼쳐지는 대화의 생기발랄함 탓에 고대 주석가들 이래 적지 않은 플라톤 연구자들은 《파이드로스》를 플라톤의 최초의 대화편으로 여겼다. 근대 플라톤 연구의 초석을 놓은 슐라이어마허(F. Schleiermacher)도 그런 견해를 지지했던 사람들 가운데 하나다.⁴⁴¹ 하지만 이제 이런 견해를 지지하는 사람은 거의 없다. 오늘날 일반적으로 통용되는 견해에 따르면 《파이드로스》는 플라톤 중기 대화편들 가운데 하나로서 《잔치》나 《국가》 이후에 쓰인 것으로 알려져 있다.⁴⁴² 실제로 《파이드로스》 안에서 우리는 플라톤 중기 사상의 주요한 이론들이 간결하면서도 유기적으로 결합되어 있는 것을 확인할 수 있다.

---

439 아테네의 도시와 시골 풍경에 대한 묘사로는 R. Flacelière, 《고대 그리스의 일상생활》, 심현정 옮김, 우물이 있는 집 2003, 특히 56쪽 아래를 참고.

440 U. v. Wilamowitz-Moellendorff, *Platon, Bd. 1. Leben und Werke*, Berlin 1920 (¹1918), S. 450~488.

441 이에 대해서는 H. Raeder, *Platons Philosophische Entwicklung*, Leizig 1920 (¹1905), S. 76 아래와 247 아래를 참고.

442 M. Erler, *Platon, Die Philosophie der Antike*, Bd. 2/2, hrsg. v. H. Flashar, Basel 2007, S. 216.

2. 《파이드로스》의 내용[443]

예비적인 대화. 일리소스 강변 풍경 (227a~230e)

《파이드로스》는 파이드로스와 소크라테스가 우연히 길거리에서 만나는 장면에서 시작된다. 파이드로스는 오전 내내 집안에서 사랑에 대한 뤼시아스의 연설을 듣고 산책을 나온 길이다. 연설의 내용을 캐묻지 않을 소크라테스가 아니다. 동행을 허락한다면, 기억나는 대로 뤼시아스의 연설을 일러주겠다는 파이드로스의 말에 이끌려 소크라테스는 그를 따라나선다. 하지만 곧바로 소크라테스는 파이드로스의 옷소매 끝에 연설의 실제 원고가 숨겨져 있음을 알아차리고 원고의 낭독을 요구한다. 읽을 곳을 찾아 일리소스 강변을 따라가는 두 사람. 길을 가면서도 두 사람의 대화는 멈추지 않는다. 파이드로스는 오레이튀이아가 보레아스에게 그 근처 어디선가 납치되었다는 전설을 떠올리면서, 소크라테스에게 그 전설을 믿는지 묻는다. 소크라테스는 그 신화에 대한 "지혜로운 설명"(sophizomenos, 229c), 즉 탈(脫)신화적 설명의 가능성을 부정하지 않으면서도, 그런 일을 관심 밖의 일로 돌린다. 그의 유일한 관심은—델포이의 신탁에 따라—자기 자신을 아는 데 있기 때문이다. 신화의 의미에 대해 대화를 나누는 가운데, 두 사람은 마침내 플라타너스 아래 자리를 잡고 앉아 뤼시아스의 연설을 읽는다. 주변의 풍광은 그림 같다. 만

---

[443] 《파이드로스》의 내용 요약으로는 W. K. C. Guthrie, *A History of Greek Philosophy*, Vol 4. *Plato The Man and his Dialogues Earlier Period*, Cambridge 1975, pp. 398~433 과 P. Friedländer, *Plato 3*, transl. by H. Meyerhoff, Princeton 1969, pp. 219~242를 함께 참고.

발한 꽃, 플라타너스 아래를 흐르는 차가운 물, 청량한 바람, 귓전을 울리는 매미들의 합창. 이 아름다운 자연이 주는 신적인 감동 속에서 《파이드로스》의 대화가 펼쳐진다.

뤼시아스의 연설 (230e~234c)

파이드로스와 소크라테스가 플라타너스 아래서 함께 읽는 뤼시아스의 연설은 에로스에 대한 것이다. 하지만 이 연설은 《잔치》에 담겨 있는 "순진한" 에로스 예찬과 다르다. 연설의 화자인 가상의 구애자가 젊은 애인에게 건네는 이야기를 담은 뤼시아스의 연설은 에로스에 관한 것이지만, 그 내용은 훨씬 은근하고 그 발상은 "기발하다"(kekompseutai, 227c).

연설 속의 구애자는 "사랑하지 않는 사람"임을 자처하면서 아이의 육체를 얻기 위해 이렇게 설득한다. "사랑하는 사람보다 사랑하지 않는 사람에게 호의를 베풀어야 한다."(227c) 왜 그런가? 사랑하는 사람은 욕망(epithymia)이 사라지면 자기가 호의를 베푼 일로 말미암아 후회를 한다. 사랑하지 않는 사람은 후회를 하지 않는데, 그는 언제나 자신에게 가장 좋은 것을 고려하면서 강제(anankē)에 의해서가 아니라 자발적으로 자신의 능력껏 덕을 베풀기 때문이다. 사랑하는 사람들은 나중에 사랑 때문에 자신들이 입은 손해(blabē)를 따지지만, 사랑하지 않는 사람들은 그렇지 않다. 사랑하는 사람들은 자신이 애인을 세상에서 가장 아끼며 그들에게 모든 호의를 베풀 준비가 갖추어져 있다고 말하지만, 만일 이것이 사실이라면, 그들이 새로운 애인을 얻는 순간 옛 애인을 헌신짝처럼 내버리리라는 것은 뻔한 일이다. 사랑하는 사람들은 자신이 열병에 사로잡혀(nosein) 분별이 없음을 알면서도, 그런 자신을 억제하지 못한다. 그리고 만일 사랑하는 사람들 가운데서 가장 뛰어난 사람들을 찾아내려고 한다면, 선택의 폭은 매우 제한될 수밖에 없지만, 사랑하지 않는 사람들 가운데서는 가장 유용한 사람들을 찾아내기가 더 쉽다. 사랑하는 사람들은 공명심에 사로잡혀 사람들 앞에서 자신의 애정행각을 떠벌리지만, 사랑하지 않는 사람들은 자제력이 있기 때문에 사람들 사이의 평판(doxa) 대신 실속을 챙겨 가장 좋은 것(to beltiston)을 택한다. 사랑하는 사람들은 두려운 존재다. 그들은 소유욕에서 비롯되는 질투심 때문에 자신의 애인이 다른 사람들과 만나는 것을 방해하고 그를 외톨이로 만든다. 그 결과 이 애인이 슬기롭게 처신하려고 하면 그들은 사랑하는 사람과의 불화에 빠질 수밖에 없다. 사랑하지 않는 사람들은 질투를 모른다. 그들은 사랑 탓이 아니라 탁월함(aretē) 탓에 자신에게 필요한 일을 하기 때문이다. 이들은 그 교제가 이익(ōphelia)이 된다는 생각에서 교제를 지지한다. 사랑하는 사람은 애인의 행동거지에는 관심이 없고 오직 육체에만 관심을 둘 뿐이기 때문에, 육체적 욕망이 충족된 뒤에도 친구로 남아 있을지는 확실치 않다. 사랑하지 않는 사람들은 먼저 친분(philia)을 맺고 난 다음에야 육체적인 관계를 맺는다. 사랑하는 사람보다는 사랑하지 않는 사람에게 귀를 기울일 때 더 나은 사람이 되는 길이 열린다. 사랑하는 사람은 때와 장소를 가리지 못하고 상대방의 말과 행동을 칭찬하는데, 미움을 살까 두렵기도 하고, 욕망 때문에 인지 능력이 떨어졌기 때문이다. 이런 논변을 펼치면서 뤼시아스 연설의 "사랑하지 않는 사람"은 이렇게 구애한다(233b~c). "자네가 내 말을 따른다면, 나는 우선 눈앞의 즐거움이 아니라 앞으로 얻을 이익에 마음을 쓰면서 자네와 만날 것이네. 나는 사랑에 굴복하지 않고 나 자신을 억제할 것이며 사소한 일 때문에 크나큰 적대감을 돋우지 않고, 큰 일이 있어도 천천히 분노를 삭이고, 자네의 본의 아닌 잘못에 대해서는 이해심을 갖고, 고의적인 잘못은 막도록 애쓸 터이니, 이런 것들은 친분이 오랜 시간 동안 지속되리라는 증거이기 때문이네."

뤼시아스 연설의 구애자는 사랑에서 육체적인 욕망 충족 이상의 그 어떤 것도 기대하지 않는 쾌락주의자다. 그는 또한 쾌락(hēdonē)과 이익(ōphelia)의 극대화를 사랑의 지상 과제로 삼는 냉정한 계산가다. 그는 이런 손익 계산을 토대로, "사랑하는 사람보다 사랑하지 않는 사람에게 호의를 베풀어야 한다"고 설득한다. 이 냉정한 감각주의자의 연설이 진짜 뤼시아스의 연설이라고 단정할 근거는 없다. 그것은 아마도 플라톤의 자작(自作)일 것이다. 하지만 플라톤이 이 연설을 쓰면서 뤼시아스의 문체적 특징들을 고려했으리라는 것은 충분히 추측할 수 있는 일이다.

뤼시아스의 연설에 대한 비판 (234c~237b)

연설문을 읽고 난 파이드로스는 소크라테스에게 논평을 요구한다. 파이드로스가 보기에 뤼시아스의 연설은 기발한 발상에다 어휘 구사가 놀라우며 내용이 풍부한 연설이지만 소크라테스는 그런 평가에 선뜻 동조하지 않는다. 뤼시아스의 연설은 무엇보다도 수사적인 측면에서(rhētorikōi) 볼 때 만족스럽지 못하다. 연설은 반복과 중언부언으로 가득하고, 연설가의 재주를 뽐내는 데 불과한 유치한 연설일 뿐이다. 이런 평가에 발끈하는 파이드로스를 앞에 두고 소크라테스는 사랑에 대해 노래했던 "옛 사내들이나 여인네들"을 끌어들여 자신의 주장을 정당화한다.

거기에 그치지 않고 그는 그 자신이 더 나은 연설을 할 수 있을 것 같다는 의견을 천명한다. "여보게, 어찌된 일인지 내 가슴이 벅차오르면서, 그런 말들과 따로 그것들에 뒤지지 않는 다른 말을 할 수 있을 것 같은 기분이 드네."(235c) 이 기회를 놓치지 않고 파이드로스는 소크라테스에게 연설을 재촉한다.

이제 소크라테스는 "사랑하는 사람은 사랑하지 않는 사람보다 더 열병을 앓고 있다"(236b)는 논제를 놓고 뤼시아스가 했던 이야기와 다르면서도 그것들보다 더 실속 있고 가치 있는 연설을 해야 한다. 물론 소크라테스는 그런 종류의 연설에 익숙한 사람이 아니다. 그리고 익숙하지 않은 일은 언제나 부끄러움을 낳는 법이다. 소크라테스는 부끄러움에 얼굴을 가리고 새로운 연설을 시작한다. "오 낭랑한 무사 여신들이여,(……) 나를 도와 이야기를 해주소서.(…) 여기 있는 이 뛰어난 사내가 내게 말하기를 강요하나이다."(237a)

소크라테스의 첫 번째 연설 (237b~241d)

소크라테스의 첫 번째 연설은 무사들에게 영감을 청하는 기원으로 시작되지만, 연설의 구성은 그가 아고라에서 늘 나누곤 했던 대화의 그것과 크게 다르지 않다.

연설의 주인공은 아름다운 아이를 유혹하는 "꾀보"(haumylos)이다. 그는 사실 어느 누구보다도 그 아이를 사랑하면서도 이 사실을 감추고 있다가 어느 날 아이를 불러 "사랑하는 사람보다 사랑하지 않는 사람에게 호의를 베풀어야 한다"고 설득한다. 그의 설득 내용은 이렇다. 무언가 이야기를 하려는 사람은 먼저 이야기의 대상이 무엇인가를 정의해야 한다. 무엇을 찾고 있는지를 모르면서 이야기를 한다면, 엉뚱한 길에서 헤맬 수 있기 때문이다. 사랑의 경우에도 마찬가지여서, 먼저 사랑이 무엇인지를 정의한 뒤 그것에 따르는 이익과 해악을 따져보아야 한다.

이런 논의 방식은 우리가 플라톤의 대화편, 특히 초기 대화편 어디에서나 쉽게 만나는 전형적인 소크라테스의 화법이다. 예컨대 《메논》의 소크라테스는 "탁월함은 가르칠 수 있는 것인가?"라는 메논의 물음에 대해 "탁월함이 무엇인지 모르는데, 그것을 가르칠 수 있는지 그렇지 않은지 어떻게 알겠는가?"라고 반문한다(71b). 어떤 대상에 대한 정의를 먼저 알지 못하고서는 그 대상에 다른 어떤 속성들이 속하는지 여부에 대해 알 수 없다는 말이다. 《파이드로스》의 논의 맥락에서 보면, 사랑이 무엇인지에 대해 알지 못하고서는 사랑이 주는 이익과 해악을 가늠할 수 없다는 뜻이 된다. 그렇다면 사랑이란 무엇인가?

소크라테스에 따르면, 사랑은 "일종의 욕망"(epithymia tis, 237d), 즉 아름다운 것들에 대한 욕망이다. 그런데 사랑하는 사람과 사랑하지 않는 사람 모두 아름다운 것들에 대한 욕망을 따르지만, 한 가지 점에서 다르다. 우리 안에는 두 가지 지배적인 원리가 있는데, 그 하나는 쾌락에 대한 타고난 욕망(emphytos epithymia)이고 다른 하나는 가장 좋은 것을 추구하는 후천적인 의견(epiktētos doxa)이다. 이것들은 서로 경쟁을 벌이고, 그 결과 의견이 우세해서 이성을 따르면 분별(sōphrosynē)이 서지만, 쾌락에 대한 비이성적인 욕망이 득세하면 무분별(hybris)이 생긴다. 사랑은 그런 종류의 무분별로서, 아름다움에서 얻는 쾌락에 대한 비이성적인 욕망으로 정의될 수 있다. 이런 욕망은 쾌락에 대한 욕망이 올바른 의견을 억누르고 동류의 다른 욕망들의 도움을 받아 육체의 아름다움을 얻으려고 할 때 생겨난다.

소크라테스는 다른 사람으로 하여금 말을 하게 하는 데는 능숙하지만 혼잣말에는 익숙한 사람이 아니다. 그러기에 그는 오늘따라 자신이 청산유수로 연설을 할 수 있는 것을 "신적인 감동"(theion pathos, 238c) 탓으로 돌리지 않을 수 없다. 그는 이제 사랑이 무엇인지 정의한 뒤, 사랑하는 사람과 그렇지 않은 사람에게 호의를 베풀 때 생길 수 있는 이익과 해악에 대해 연설을 계속한다. 사랑의 욕망에 지배를 받는 사람은 쾌락의 노예 상태에 있다. 그는 상대자가 쾌락의 노리개로 머물러 있기를 바란다. 그러기에 그는 사랑받는 사람이 정신적으로는 무지한 상태에, 육체적으로는 나약한 상태에 머물러 있기를 바란다. 쾌락 추구를 방해하는 것이 있다면, 그것이 애인의 재산이건 가족 또는 친구이건 모두 질투의 대상이다. 사랑하는 사람과의 교제는 해로울 뿐만 아니라 역겹다. 그는 밤이나 낮이나 상대를 자신의 수중에 붙잡아두려 하고 감시의 눈길을 떼지 않으며, 변덕을 부리면서 칭찬과 비난 사이를 오가고, 술에 취하면 장황한 주사(酒邪)를 떤다. 사랑하는 사람은 이처럼 사랑하는 동안에는 해롭고 역겨운 존재이지만, 열병이 가시면 돌연 그는 그동안 되풀이했던 화려한 약속들을 저버리고 꽁무니를 뺀다. 사랑받는 사람이 자신의 잘못을 뉘우쳐도 이미 때가 늦었다. 쾌락 충족이 전부인 사랑하는 사람이 아이를 사랑하는 것은 늑대가 양을 좋아하는 것과 다를 바 없다.

막간의 대화. 소크라테스의 두 번째 연설로 이어짐 (241d~243e)

지금까지 사랑하는 사람에게서 오는 해악에 대해서 말을 했으니 이제는 사랑하지 않는 사람에게서 오는 이익에 대해서 이야기할 차례다.

하지만 소크라테스는 더는 말을 하려 하지 않는다. 파이드로스의 간청에도 그는 더는 신적인 감동을 느낄 수 없기 때문이다. 그는 한마디로 연설을 끝내려고 한다. "우리가 어떤 점들을 들어 한쪽 사람을 비판했다면, 그것들과 반대되는 좋은 점들이 다른 쪽 사람에게 있다는 것이 내 말이네. 어찌 긴 이야기가 필요하겠나?"(241e) 소크라테스가 자리를 파하려 하지만, 파이드로스는 쉽게 물러서지 않는다. 하지만 파이드로스의 만류 이외에도 소크라테스를 붙잡는 것이 또 있다. "신령하고 습관적으로 생기곤 하는 징조"(to daimonion kai to eiōthos sēmeion, 242b)가 자리를 파하고 강물을 건너려는 그를 붙잡는다. 이 징조는 소크라테스가 대화편 여러 곳에서 증언하는 다이몬의 소리이다.《변론》에서 소크라테스는 이런 신적인 징조에 대한 이렇게 말한다. "그것은 나에게는 어려서부터 시작된 것인데, 어떤 소리였소. 그것이 생겨날 때는 늘 무엇이건 내가 하려는 것을 막으려는 때였지, 결코 무엇을 하려고 권유하기 위해서 생긴 적은 한 번도 없었소."(31d)[444] 내면에서 울리는 이 부정(否定)의 소리가 강물을 건너려는 소크라테스의 발목을 잡는다. 왜 다이몬의 소리는 소크라테스를 가로막는 것일까? 무언가 잘못을 범했기 때문이다. 소크라테스는 이 잘못이 무엇인지를 생각해낸다. 자신은 "아프로디테의 아들이고 신들 중 한 분"인 에로스를 모욕했다. 에로스가 신이거나 신적인 존재라면 그는 결코 나쁜 것일 수 없음에도 뤼시아스의 연설이나 자신의 연설에서나 그런 에로스 신을 모욕했던 것이다. 잘못을 범한 자는 정화의식(katharmos)을 통해 죄를 씻어야 한다. 소크라테스는 속죄

---

[444] 다이몬의 소리에 대한 증언으로는 《에우튀데모스》 272e 1 아래와 《테아이테토스》 150e 7 아래를 함께 참고.

의 뜻으로 번복시(palinōidia)를 지어야 한다. 소크라테스는 이제 얼굴을 드러내고 새로운 연설을 한다.

소크라테스의 두 번째 연설
신적인 광기의 여러 형태 (243e~245a)

진짜 얼굴을 드러낸 소크라테스의 두 번째 연설의 목적은 얼핏 보면 첫 번째 연설을 부정하는 데 있는 듯이 보인다. 즉 "옆에 있는 사랑하는 사람보다 사랑하지 않는 사람에게 더 큰 호의를 베풀어야 하는데, 그 까닭은 한 사람은 미쳐 있고 다른 한 사람은 분별이 있기 때문이다"(244a)라는 주장이 참말이 아님을 보이는 게 두 번째 연설의 목적이다. 하지만 대화의 후반부(264c 아래)에 분명하게 드러나듯이, 소크라테스의 두 번째 연설은 첫 번째 연설의 단순한 부정이 아니라 그것의 변증법적 지양(止揚)이다. 두 연설이 다루는 것은 각각 "인간적인 열병"(nosēmata anthrōpina, 231d)에서 생겨난 사랑과 "신적인 일탈"(theia exallagē)에서 오는 사랑이며, 이 두 가지 형태의 사랑은 사랑의 두 갈래로 밝혀지기 때문이다.

소크라테스는 신의 선물로 제공되는 광기(狂氣, mania)가 우리에게 주는 여러 가지 혜택을 열거하면서 이야기를 시작한다. 그런 광기에는 아폴론에게서 오는 예언의 광기, 디오니소스에게서 오는 비의예식(teletai)을 관장하는 광기, 무사들이 관장하는 시인의 광기, 마지막으로 에로스에게서 오는 사랑의 광기가 있다. 이처럼 신적인 광기(theia mania)의 다양한 형태를 구별하는 데서 시작하는 소크라테스의 두 번째 연설 전체는 겉보기에 매우 복잡하지만, 한마디로 하면 그것은 사랑의 광기가 우리에게 어떤 이익을 주는가에 대한 이야기이다. 앞의 두 연설에서 다뤄진 것이 육체적인 사랑이었다면, 새롭게 이야기되는 사랑은 이른바 "플라톤적인 사랑"이다. 이 사랑은—이어지는 연설에서 드러나듯이—우리의 영혼(psychē)을 이끌어 영혼의 본향인 이데아 세계에 대한 기억을 되살려주고, 그럼으로써 우리의 영혼을 고양시키는 사랑이다. 그렇게 본다면, 신적인 광기에서 오는 사랑에 대한 이야기 속에 영혼의 본성, 영혼의 고향인 이데아계에 대한 묘사, 영혼의 운명에 대한 이야기 등이 함께 얽혀드는 것은 자연스러운 일이다. 그리고 그런 점에서 소크라테스의 두 번째 연설은 플라톤 철학의 핵심을 담고 있는 부분 가운데 하나다. 그 안에 플라톤 철학의 모든 것이 담겨 있다고 말하면 지나친 말이겠지만, 그 안에 플라톤 철학의 정수가 있다고 말하는 데는 무리가 없다. 그 안에는 "하룻밤에 읽는 플라톤"이 담겨 있다. 이제 이 연설의 주요 논제들을 다른 대화편의 내용과 비교해 가면서 살펴보기로 하자.

영혼의 본성. 신들과 영혼의 여행. 영혼의 운명 (245b~249d)

소크라테스의 긴 연설은 크게 두 부분으로 이루어져 있다. 처음에는 영혼의 본성, 신들과 영혼의 천상 여행, 영혼의 운명에 대한 이야기가 오고, 이어서 아름다움과 사랑의 역할에 대한 대화가 그 뒤를 따른다. 영혼의 본성에 대한 소크라테스의 이야기(245c~246d)는 영혼의 불사(不死, athanasia)에 대한 논증에서 시작하는데, 그 논점은 이렇다. 모든 영혼은 죽지 않는다. 왜냐하면 그것은 영원히 운동하는 것이고, 운동의 원인을 자기 안에 가지고 있는 것이면서 다른 모든 운동의 원인이 되는 것이기 때문이다. 운동의 첫째 원인인 영혼은 생겨나지도 않고 소멸하지도 않는데, 만일 그렇지 않다면, 그 영혼에 의해 운동을 얻는 우주 전체도 멈출 것이기 때문이다. 소크라테스는 죽지 않는 영혼의 형태(idea)를 마차에 비유해 묘사한다. 이 비유에 따르면 영혼은 한 쌍의 날개 달린 말들과 마부가 합쳐진 능력과 같다. 신들의 말들과 마부는 좋고 좋은 혈통을 타고났지만 나머지는 뒤섞여 있다. 말들 가운데 하나는 좋고 하나는 나쁘며, 나쁜 말은 마부에게 어려운 수고를 안겨준다. 영혼은 영혼이 없는 것, 즉 생명이 없는 것들을 돌보면서 온 우주(kosmos)를 여행한다. 날개가 있는 완전한 상태에서는 높이 날아오르지만, 날개를 잃으면 무언가 단단한 것에 도달할 때까지 추락해 흙으로 된 육체(sōma)를 취해 거기 거주한다. 육체는 자기 자신을 움직이는 것처럼 보이지만 사실 그것을 움직이는 것은 영혼이며, 그 둘이 합쳐져서 가사적인 생명체(zōion)라고 불린다.

영혼의 불사와 형태에 대한 이런 이야기와 관련해서 몇 가지 짚고 넘어가야 할 점이 있다. 영혼의 불멸성을 논증하면서 소크라테스가 끌어들인 영혼 개념은 개별 인간의 영혼보다는 우주의 운동을 낳는 세계 영혼에 가깝다. 이런 사실은 영혼의 불사에 대한 선행 논의가 뒤에 이어지는 인간의 영혼에 대한 논의와 어떤 일관성을 가질 수 있는지, 의문을 낳을 수 있다. 하지만 더 나중에 쓰인 대화편《티마이오스》에 따르면 각 개인의 영혼은 구성성분에서 세계 영혼과 같고, 따라서 그 둘은 공유하는 성질이 있다. 자기 운동성은 세계 영혼과 개인의 영혼이 공유하는 성질들 가운데 하나다.[445] 이렇게 본다면, 앞에 나오는 세계 영혼에 대한 논의와 뒤에 이어지는 개인의 영혼에 대한 논의 사이에는 분명한 접점이 있다. 본문의 논의 맥락에서 지적할 만한 또 한 가지 점은《파이드로스》의 영혼 불멸성 논증이 《파이돈》의 그것과 다르다는 사실이다. 대화편 전체가 영혼의 불멸에 대한 긴 논증인 《파이돈》에서는 영혼 불멸성을 논증하기 위해 여러 가지 증명이 도입된다. 대립자로부터의 증명, 상기설에 의거한 증명, 영혼과 이데아의 친족성에 의거한 증명 등이 그것이다.[446] 하지만 《파이드로스》에 나오는 자기 운동성에 의거한 영혼의 불멸성 증명은 거기에 빠져 있다. 그렇다면 영혼의 불멸성에 대한《파이드로스》의 증명은 《파이돈》의 그것과 어떤 관계에 있는가? 이 관계를 자세히 따지는 것은 이 글의 범위를 훨씬 넘어서는 일이다. 하지만 우리는 《파이드로스》의 증명이 남부 이탈리아에서 활동했던 의사이자 피타고라스학파와 가까이했던 크로톤(Kroton) 출신의 의사 알크마이온(Alkmaion)에게 거슬러 올라간다는 사실 정도는 기억해두는 것이 좋을 것이다.[447] 우리가 눈여겨보아야 할 세 번째 점은 영혼의 형태에 대한 《파이드로스》의 비유와 《국가》에 나오는 영혼 3분설 사이의 관계다. 《국가》에서 플라톤은 이성과 의지와 욕구 사이에서 일어나는 심리적 갈등 현상을 분석의 실마리로 삼아 영혼의 세 부분을 나눈다. 이성(to logistikon, logos), 기개(to thymoeides), 욕구(to epithymetikon)의 구별이 그것이다.[448] 대체적으로 말해서 《파이드로스》의 마차의 비유는 이런 영혼 3분설의 시적인 표현이라고 말할 수 있다.

---

445 영혼의 자기 운동성에 대해서는 《티마이오스》 36e 아래, 46e, 77c를 참고.
446 조대호, "죽음은 육체로부터 영혼의 해방이다", 《철학, 죽음을 말하다》, 정동호 외 지음, 산해 2004, 97~123쪽을 참고.
447 H. Diels-W. Kranz (Hrsg.), *Die Fragmente der Vorsokratiker*, Zürich-Hildesheim ⁶1964, 24 A 12 (=Aristoteles, 《영혼론》 I 2, 405a 29). 본문의 각주 144를 참고.
448 《국가》 435d~444a를 참고.

영혼의 마차 여행으로 되돌아가자. 영혼은—그것이 신들의 영혼이건 사람의 영혼이건—그 짜임새가 마차와 비슷하다. 다만 그 구성부분들의 질적인 수준에 차이가 있는데, 이 차이에 따라 그들의 마차 여행도 그 양상이 달라진다. 신들과 그들을 따르는 다이몬들은 제우스를 선두로 11개의 분대를 이루어 천궁(ouranos)을 여행한다. 인간의 영혼들도 이들을 뒤따르면서, 천궁의 가장자리에서 펼쳐지는 복된 광경을 구경한다. 특별한 잔칫날도 있다. 이 날이 오면 신들은—마치 헬리콥터처럼—천상의 꼭대기로 수직 상승해서 천궁의 등 위에 올라가 천궁 밖의 세계(ta exō tou ouranou, to hyperouranion topos)를 바라본다. 이곳은 색깔도 없고 형태도 없으며 만질 수도 없지만 참으로 있는 것들이 놓여 있는 구역이다. 천궁 밖의 세계가 바로 이데아의 세계다. 회전하는 천궁의 등 위에서 정의 자체, 절제 자체, 인식 자체 등을 관조(theōria)하는 것은 신들의 잔칫날 행사다. 이것을 "잔치"라고 부를 수 있는 이유는 그때 신들의 영혼은 "참된 것을 관조하면서 영양을 얻고 기쁨을 누리기"(247d) 때문이다. 이것이 신들의 삶이다. 물론, 신들을 따라 천궁을 여행하는 인간들, 더 정확히 말해서 인간의 영혼들에게도 이데아의 세계를 경험할 가능성은 열려 있다. 하지만 인간 영혼의 마차 여행은 신들의 그것처럼 순탄치 않다. 인간의 영혼들은 신들을 따라가면서 "소란과 다툼"에 휩쓸린다. 이 경쟁은 생존을 위한 경쟁이 아니라 이데아들을 관조하기 위한 경쟁이다. 이 경쟁에서 선택되는 것은 상승 능력을 갖춘 영혼들이고, 이런 영혼들은 신들을 따라 천궁 밖의 구역을 구경한다. 하지만 어떤 영혼들은 부침(浮沈)을 거듭하는 가운데 이데아계의 일부만을 보는가 하면, 위의 세계를 바라보려고 하지만 천궁 밖으로 솟구칠 능력이 없어 이데아계를 거의 구경하지 못하는 영혼들도 있다. 신들을 따라 진상(眞相)을 바라본 영혼들은 여행을 무사히 마칠 수 있지만, 그렇지 못한 영혼들은 날개를 잃고 땅으로 추락한다. 이런 영혼들은 사람의 몸을 입고 태어나는데, 추락하기 전에 진상을 얼마나 보았는가에 따라 저마다 운명이 결정된다. "아드라스테이아(Adrasteia)의 법칙", 즉 불변하는 운명의 법칙에 따라 육화(肉化)의 등급은 다음과 같이 아홉 단계로 나뉜다. 1. 지혜를 사랑하는 사람이나 아름다움을 사랑하는 사람 또는 문예를 알고 사랑을 아는 사람; 2. 법을 따르는 왕이나 전쟁 지휘관; 3. 정치가나 재산가; 4. 운동 선수와 의사; 5. 예언자나 비의예식의 집례자; 6. 시인을 비롯한 모방의 기술자; 7. 장인이나 농부; 8. 소피스테스나 민중 선동가; 9. 참주.

추락한 영혼이 천상의 세계로 되돌아가는 것은 멀고도 힘든 일이다. 어느 누구도 1만 년이 되기까지는 본향으로 돌아가지 못하고 윤회를 거듭할 수밖에 없다. 한 평생을 산 뒤 1천 년을 채우기까지 지옥과 천상에서 생을 보내고 다시 육체를 입고 태어난다. 짐승의 몸으로 태어날 수도 있다. 1천 년 주기로 열 차례 되풀이되는 윤회의 순환에서 조속히 벗어날 수 있는 유일한 길은 물론 철학에 있다. 삼생(三生)에 걸쳐 철학자의 삶을 선택한 사람은 3천 년이 되는 해 윤회를 벗어나 본향으로 되돌아갈 수 있다.

그리스의 역사가 헤로도토스[449]에 따르면 영혼 불멸설이나 영혼 윤회

---

449 Herodotos II 123과 IV 95를 참고. A. D. Godley (trans.), *Herodotus*, Book I and II (Loeb), Cambridge/Mass.-London 1966 (¹1929). 이에 대한 우리말 번역으로는 김

설은 아이귑토스에서 유래한 것이며, 이 사상을 그리스로 소개한 사람은 피타고라스다. 하지만 오늘날 일반적으로 통용되는 견해에 따르면 피타고라스학파의 영혼 윤회설은 오르페우스로 거슬러 올라간다. 플라톤은 필시 남부 이탈리아 여행 중 피타고라스학파 인물들과 사귀면서 영혼 윤회설에 이끌렸을 것이다. 영혼 윤회설은 그의 대화편 곳곳에 흩어져 있는데, 그 내용의 일관성을 찾기란 쉽지 않다. 예를 들어 《파이돈》은 죽음을 통해 육체로부터 벗어난 영혼의 운명을 크게 두 가지로 나눈다. 철학을 통해 정화된 영혼은 "자기와 닮은 것인 보이지 않는 것, 즉 신적이며 죽지 아니하고 지혜롭게 하는 것이 있는 곳"(67c)으로 떠나가 거기서 행복한 삶을 산다. 반면, 철학적 수련을 거치지 않아 더럽혀지고 순수하지 못한 상태로 몸에서 벗어나는 영혼은 죽은 뒤에도 육체의 구속을 완전히 떨쳐버리지 못한다. 그런 영혼은 현세의 삶에서 늘 몸과 함께 지내는 버릇이 들어 있어서 육체적인 것 이외에는 어떤 것도 참된 것으로 받아들이지 못하여, 보이지 않는 것과 저승 세계에 대한 두려움 때문에 볼 수 있는 세계, 육체의 세계로 다시 끌려간다. 한편, 《국가》의 유명한 에르(Er) 신화에 따르면 영혼은 전생에서 어떤 삶을 살았는가에 따라 9백 년의 시간 동안 각각 천상과 지옥에서 상벌의 시간을 보낸 뒤 1천 년이 차면 평원에 모여 다음 생을 위한 제비뽑기(klērōsis)를 한다. 각 영혼이 어떤 제비를 뽑는가는 그가 전생에 어떤 삶을 살았는가에 영향을 받는다.[450] 플라톤의 영혼 윤회설은—그런 종류의 이론들이 언제

인곤 외 옮김, 《소크라테스 이전 철학자들의 단편 선집》, 아카넷 2005, 176쪽을 보라.
[450] 《국가》 614a~621d를 참고. 《고르기아스》 523a~527e도 함께 참고.

나 그렇듯이—수많은 의문을 낳는다. 인간 영혼의 수는 고정되어 있는가? 인구 증가는 어떻게 설명해야 하는가? 영혼의 수가 고정되어 있는데도 인구가 증가하는 것은 영혼의 순환 주기가 빨라졌음을 뜻하는가? 등등. 하지만 이런 질문에 대해 일관된 설명을 요구하는 것은—아리스토텔레스의 말을 빌리자면—교육의 부족(apaideusia) 탓이다.[451] 교육이 부족한 사람은 설명할 수 있는 것과 설명할 수 없는 것, 논증의 대상이 되는 것과 그렇지 않은 것을 구별하지 못하기 때문이다. 플라톤의 윤회설은 설명의 대상도 아니고 논증의 대상도 아니다. 그것은 다른 의도를 가지고 있다. 철학적 교육의 의도가 바로 그것이다. 《파이드로스》에서 플라톤이 영혼의 본성과 윤회에 대해 말할 때도 그렇다. 이 대화편에서 플라톤이 영혼 윤회설을 끌어들이는 의도는 일차적으로 신적인 광기인 사랑이 어떻게 우리의 영혼을 고양시키는지를 서술하려는 데 있다. 소크라테스의 두 번째 연설이 영혼에 대한 논의를 거쳐 아름다움과 사랑의 역할에 대한 이야기로 넘어가는 것은 당연한 일이다.

아름다움과 사랑의 역할 (249a~257b)

영혼은 이 세상에 있는 아름다움(kallos)을 보면, 전생에 보았던 참된 실재를 떠올리게 되는데, 이때 날개를 잃어버린 영혼에도 다시 날개가 돋기 시작한다. 말하자면 아름다움의 체험은 이데아계에 대한 상기와 이데아계로의 영혼의 상승을 낳는 힘이다. 영혼의 상기와 상승을 위해

---

[451] 아리스토텔레스, 《형이상학》 IV 4, 1006a 6~7: "왜냐하면 논증을 찾아야 할 것과 그렇지 않은 것을 알지 못하는 것은 교육의 부족을 드러내는 일이기 때문이다. 온통 모든 것을 증명하기란 불가능한 일이다."

아름다움의 체험이 필요한 이유는 무엇인가? 그 까닭은 아름다움은 가장 광채가 있고, 그것은 우리의 감각 가운데 가장 예리한 감각인 시각을 통해 포착할 수 있는 것이기 때문이다. 무엇이 그런 아름다움을 갖는가? 물론 사랑의 대상이 가장 아름답다. 연인의 아름다움은 영혼에 새 날개가 돋게 하고, 날개의 밭아는 마치 아이가 이를 갈 때 갖는 것과 같은 느낌을 낳는다. 이런 "근지러움이나 불편함"은 오직 애인의 얼굴과 모습을 보거나 만져보아야 누그러진다. 그렇지만 사람들이 모두 똑같은 방식으로 사랑을 하는 것은 아니다. 사랑을 하는 방식에는 사람마다 유형의 차이가 있다. 사랑을 할 때 각 사람은 자신이 천상의 여행에서 좇았던 신의 행동 방식을 따르며, 그에 알맞은 유형의 사람을 찾아 그 신의 형상에 맞게 그를 꾸미려 하기 때문이다. 그래서 제우스의 추종자는 본성적으로 지혜를 사랑하는 사람을 찾으려 하고, 헤라의 추종자는 왕의 본성을 타고난 자를 찾으며 그 안에 있는 이런 품성들을 가꾸어내려 한다. 다른 경우에도 마찬가지다. 즉 사랑을 하는 가운데 사랑하는 사람과 사랑을 받는 사람은 신과 같아진다. 물론 신들을 좇아 천궁을 여행하는 것이 쉬운 일이 아니었듯이, 사랑을 통해 이루어지는 신들과의 동화(同化, homoiōsis theōi[452]) 역시 쉽지 않은 일이다. 영혼의 세 부분 사이에서 빚어지는 갈등 탓이다. 마부가 사랑하는 아이를 보면, 그의 영혼 전체가 달아오른다. 이때 본성이 좋고 고분고분한 말은 수치심 때문에 자신을 억제하지만, 나쁜 말은 채찍과 몰이막대에도 불구하고 날뛰면서 마차를 아이 앞으로 끌고 가 육체적인 쾌락을 얻으려 한다. 좋은 말과

---

[452] 이 표현에 대해서는 《테아이테토스》 176b를 참고.

나쁜 말 사이의 다툼은 쉽사리 끝나지 않는다. 그리고 이 위험한 싸움 끝에 검은 말이 굴복할 때 비로소 영혼은 육체적인 쾌락에의 탐닉을 넘어 천상의 세계로 날아오를 수 있는 날개를 얻는다. 즉 사랑하는 사람과 사랑받는 사람의 사랑의 관계가 지혜에 대한 사랑으로 승화될 때 비로소 두 사람 모두 날개를 얻고 영혼의 상승을 기대할 수 있다. 이들은 진정한 올륌피아 경기에서 세 판 가운데 한 판을 얻은 사람들이다. 그들에게는 본향으로 귀향할 시간이 훨씬 단축된 셈이다. 연설을 마친 소크라테스는 에로스에게 기도한다. "오, 친애하는 에로스여, 이것이 바로 우리가 힘을 다해 가장 아름답고 훌륭하게 지어 당신께 바치는 속죄(贖罪)의 번복시이니, (……) 앞서 한 말들에 대해서는 양해를, 지금 한 말들에 대해서는 기쁨을 가지소서."(257a) 소크라테스는 뤼시아스가 지혜에 대한 사랑으로 마음을 돌리고 그 덕분에 그의 애인 파이드로스도 지혜에 대한 사랑에 평생을 바치게 되기를 바란다.

《파이드로스》의 소크라테스의 두 번째 연설과 《잔치》의 디오티마(Diotima)의 연설을 비교해보는 것은 플라톤의 에로스 이론을 이해하는 관건이다. 《잔치》(210d 아래)의 디오티마 연설은 영혼이 어떻게 육체의 아름다움에 대한 체험에서 시작해서 실천 활동의 아름다움과 다양한 지식의 아름다움을 거쳐 마침내 아름다움 자체와 하나가 되는지를 그린다. 《파이드로스》의 소크라테스 연설은 이런 아름다움 자체를 향한 영혼의 비상을 아름다움 자체를 비롯한 참된 실재들이 있는 곳으로의 영혼의 상승이며 이것을 영혼의 귀향으로 이해한다. 이 두 에로스론에서 공통적으로 강조하는 것은 영혼의 상승이 아름다운 것에 대한 체험에서 비롯되며, 에로스는 영혼의 상승을 돕는 조력자라는 사실이다. 그런 뜻에서 플라톤의 에로스는—사람들이 보통 그렇게 부르듯이—"날개 달린 신"이 아니라—《파이드로스》의 소크라테스의 말대로—"날개를 달아주는 신", "프테로스"(Pterōs)다.

대화의 이행: 매미 신화 (257b~259d)

《파이드로스》의 후반부는 연설의 기술, 즉 수사술(rhētorikē)에 대한 대화다. 이 대화의 구성은 첫 부분의 그것과 일정한 대칭관계를 보여준다. 이미 소개한 세 연설들에 대한 짧은 대화가 도입부에 온다. 파이드로스는 소크라테스의 연설에 놀라움을 나타내면서 뤼시아스가 이 즉흥 연설과 글로 쓴 자신의 연설을 비교하면서 글쓰기를 포기하지 않을까 염려한다. 뤼시아스가 얼마 전 어떤 정치가로부터 "연설 작가"(logographos)라는 비판을 들었다는 사실도 파이드로스의 걱정을 부추긴다. 하지만 소크라테스가 보기에 파이드로스의 그런 걱정은 기우일 뿐이다. 왜냐하면 뤼시아스가 그런 일로 연설문 작성을 포기할 위인도 아닐뿐더러 정치가들 역시 연설문을 쓰고 그것을 자랑거리로 여기기 때문이다. 연설문에 대한 소크라테스의 태도 역시 부정적인 것만은 아니다. 조야하지만 않다면 연설문 작성을 흠잡을 이유가 없다는 것이 그의 생각이다. "그렇다면(……) 훌륭하게 글을 쓰는 방식과 훌륭하지 않게 글을 쓰는 방식은 어떤 것일까?"(258d) 이런 대화는 머리 위에서 울고 있는 매미 소리에 묻히고, 매미들의 울음소리는 세이렌의 노래처럼 정신을 몽롱하게 해서 낮잠으로 유혹한다. 하지만 깨어서 대화를 계속해야 한다. 그것이야말로 여가(scholē)를 즐기는 자유인의 태도이기 때문이다. 도입부의 대화와 뒤이어 소개되는 매미 신화는 《파이드로스》 전반부 첫머리에 오는 대화와 일리소스 강변을 따라가면서 소크라테스와 파이드로스가 나누었던 오레이튀이아의 납치에 얽힌 신화를 연상시킨다.

수사술과 진상 (259e~262c)

이어지는 대화의 주제는 훌륭한 연설의 조건이다. "말이나 글을 통해 연설을 할 때 어떻게 하는 것이 훌륭하게 하는 것이고 어떻게 하는 것이 그렇지 않은 것인지"(259e)가 대화의 동기적(動機的) 물음이며, 이에 대한 대화는 수사술과 진상의 관계에 초점이 맞추어져 진행된다. "뛰어나고 훌륭한 연설을 하려면, 말하는 사람은 먼저 자기가 말하려는 주제들에 대해서 진상(to alēthes)을 알고 그런 앎을 가진 정신이 그 연설 속에 담겨 있어야"(259e) 한다는 것이 소크라테스의 생각인 데 반해, 파이드로스의 생각은 다르다. 그에 따르면 수사술의 목적은 설득(peithein)에 있으며 "설득의 출처는 그럴듯한 것이지 진상이 아니기"(260a) 때문이다. 소크라테스와 파이드로스가 취하는 이런 상반된 입장이 대비되면서 수사술과 진상의 관계가 대화의 중심 주제로 떠오른다.

소크라테스는 파이드로스가 대변하는 수사술에 대한 전통적인 입장을 반박한다. 연설가는 참과 거짓, 좋은 것과 나쁜 것을 알지 못한 채 다른 사람을 설득할 수 있는가? 이것은 위험천만한 일이다. 설득하는 자와 설득당하는 자 모두 말과 당나귀를 구분하지 못한 상태에서, 설득에 의해 사람들이 말 대신 당나귀를 사서 이 행동이 굼뜬 짐승을 끌고 전쟁터로 나간다면, 이것은 온 나라를 위험에 빠뜨리는 결과를 낳을 것이기 때문이다. 이런 위험은 진상을 모르는 수사술이 뿌린 씨에서 자라날 독이 든 열매다. 물론, 이런 비판에 대해 수사술 편에서 할 말이 없지는 않을 것이다. 언제 수사술이 진상을 모른 채 말하는 법을 배우기를 강요한 적이 있는가? 진상을 아는 것과 그것을 기술적으로 설득하는 것은 별개의 문제며 바로 이 뒤의 문제가 수사술의 관심이라고 수사술은 항변할 수도 있다. 그리고 이것은 소크라테스가 보기에도 일면 정당한 반박이다. 하지만 소크라테스는 다시 반문한다. 진상을 외면한 채 설득의 기술을 찾는 데 몰두하는 당대의 수사술이 과연 진정한 기술일 수 있을까? 수사술은 어떤 자리에서나, 즉 법정의 연설에서나 대중연설에서나 사적인 자리에서나 말을 통한 "영혼의 인도"(psychagōgia)에 목적을 두고 있다. 그런데 수사술이 이런 일을 기술적으로 수행하려면, 진상에 대한 앎이 반드시 필요하다. 그 이유는 이렇다. 마치 철학에서 제논이 똑같은 것들이 같으면서 다르고, 하나이면서 여럿이고, 정지해 있으면서 움직이는 것처럼 보이게 할 수 있었던 것과 마찬가지로, 연설은—그것이 어떤 종류의 연설이건—똑같은 것들이 어떤 때는 옳거나 유익하게 보이고 어떤 때는 그와 반대되는 것처럼 보이게 함을 목적으로 한다. 즉 말과 관련된 기술은 유사성(homoiotēs)을 만들어내고, 다른 어떤 사람이 유사성을 만들어내려고 할 때 이를 폭로하는 데 있다. 그러나 유사성을 통해 다른 사람들을 속이되, 자기 자신은 다른 사람들에게 속지 않기 위해서는 있는 것들 사이의 유사성과 차이성을 정밀하게 분간하는 일이 필요하다. 그러나 진상을 알지 못하는 사람이 어떻게 이런 능력을 갖출 수 있을까? 그런 뜻에서 진상을 알지 못한 채 의견을 좇는 사람은 연설을 기술이 없는 웃음거리로 만들어버릴 뿐이다.

세 연설에 대한 분석과 변증술의 방법 (262c~266c)

소크라테스는 뤼시아스의 연설과 자신의 연설을 비교함으로써 이런 기술과 기술 부재의 차이를 밝히려고 한다. 이를 통해 대화는 중심부로 육박해 들어간다. 왜냐하면 실제 연설에 대한 이런 분석을 통해 진상에 무관심하고 기술이 없는 수사술과 진상 파악에 토대를 둔 참된 수사술이 더욱 선명히 대비되어 드러나기 때문이다.

소크라테스의 분석에 따르면 뤼시아스의 연설은 그 연설이 다루는 대상인 "사랑"이 무엇인지를 정의하지도 않았고, 연설의 구성 또한 논리적 필연성을 갖추지 못한 데 기술적인 결함이 있다. 뤼시아스의 연설은 처음부터 시작하지 않고 끝에서부터 마치 물길을 거슬러 올라가듯 연설을 거슬러 올라가려고 한다. 그것은 연설이 머리와 발, 시작과 중간과 끝을 가진 살아 있는 유기체와 같아야 한다는 요구에 부응하지 못한다. 소크라테스의 연설은 어떤가? 소크라테스의 두 연설은 상반된 두 테제를 내세운다. 하나는 사랑하는 사람에게, 다른 하나는 사랑하지 않는 사람에게 호의를 베풀어야 한다고 주장하기 때문이다. 어떻게 사랑에 대해 이런 상반된 주장이 가능한가? 소크라테스의 두 연설은 모두 사랑을 "일종의 광기"(mania tis)라고 정의하는 한편, 이런 광기를 그 출처에 따라 두 형태로 나누었다. 즉 인간적인 열병(nosēmata anthrōpina)에 의해 생기는 것과 일상의 관습에서 벗어난 신적인 일탈(theia exallagē)에 의해 생기는 것으로 나누었다. 이런 절차를 염두에 두고 보면, 소크라테스의 연설이 사랑에 대한 비판에서 칭찬으로 바뀐다고 해도 전혀 놀랄 것이 없다. 왜냐하면 그런 변화는 모음(synagōgē)과 나눔(diairesis)을 두 과정으로 삼는 변증술에 의해서 정당화될 수 있기 때문이다. 소크라테스는 연설 속에는 다양한 형태의 사랑을 "일종의 광기" 또는 "정신의 착란 상태"(to aphron tēs dianoias)라는 공통의 형상 아래 모으는 과정과 이렇게 정의된 사랑을 다시 인간적인 사랑과 신적인 사랑으로 나누는 과정이 반영되어 있다. 소크라테스가 사랑에 대해 내세운 상반된 테제는 이런 과정에 의거해 정당화될 수 있다. 소크라테스가 비판한 것은 인간적인 사랑이고 그가 찬양한 것은 신적인 사랑이다.

플라톤은 《국가》에서 변증술의 방법을 다음과 같이 기술한 바 있다(511b). "여러 전제들(hypothesis)을 절대적인 시초로 하지는 않고, 글자 그대로 밑에(hypo) 놓은 것(thesis)으로 치고, 말하자면 발판이나 뜀판으로 치고, 그것으로써 이미 전제가 아닌 것에 이르러 모든 것의 원리에 도달해서 그 시초를 파악한 다음에, 이번에는 거꾸로 원리에 매어져 있는 것을 차례로 붙잡으면서 마지막에 이르기까지 내려간다."《파이드로스》에서 플라톤이 소크라테스의 입을 빌려 소개하는 변증술의 절차는 훨씬 구체적이다.[453] 이에 따르면 변증술은 두 절차, 즉 모음과 나눔으로 이루어지는데, 모음이란 "여러 곳에 흩어져 있는 것들을 함께 바라보면서 그것들을 하나의 이데아로 모으는 일"(265d)이고, "나눔"이란 그 하나의 이데아를 "형상들에 따라 나누되"(265e) "더는 나눌 수 없는 것에

---

[453] 변증술의 두 절차에 대해서는 다음의 구절들을 참고. 《소피스테스》 218e 아래, 253d 아래;《필레보스》 12e 아래, 17a 아래, 18b 아래. 《국가》의 변증술과 《파이드로스》를 비롯한 후기 대화편의 변증술 사이의 관계에 대해서는 다음의 논문들의 참고. 김윤애, 《플라톤의 디아렉티케 연구 : 파이드로스 편, 필레보스 편, 소피스트 편을 중심으로》, 이화여자대학교 대학원 (석사논문), 1989 ; 김대오, 《플라톤의 후기 변증술 연구》, 서울대학교 대학원 (박사논문), 1996 ; 김태경, "플라톤의 변증술에 있어서 나눔과 결합", 《철학》, Vol. 58, 1999, 97~125쪽.

이르기까지 나아가는"(277b) 과정이다. 소크라테스의 두 연설은 이런 변증술의 절차에 의해 구성된 것이고 하나의 유기체를 이루고 있다. 이미 지적했듯이, 두 연설에서는 여러 형태의 사랑들을 하나의 공통 형상 아래 모아 그것을 "정신의 착란 상태"로 정의했으며, 다시 이것을 인간적인 것과 신적인 것, 두 갈래로 나누어 그 둘을 각각 비난하고 찬양했던 셈이기 때문이다. 소크라테스는 나눔과 모음을 사랑하는 사람이라고 자처하면서, 그런 능력을 가진 사람을 일컬어 "변증가"라고 부른다. "변증가"(dialektikos)는 "지혜를 사랑하는 사람", 즉 "철학자"(philosophos)의 다른 이름이기도 하다.

전통적 수사술의 다양한 기술 (266c~269d)

이제 대화의 초점은 어느새 수사술에서 변증술 쪽으로 옮겨졌다. 하지만 파이드로스의 눈에는 소크라테스가 설명한 변증술이 수사술과 무슨 관계가 있는지 선명하지 않다. 전통적 수사술의 기법들을 수사술의 전부라고 알고 있는 그에게는 변증술은 수사술과 무관한 것이기 때문이다. 물론, 파이드로스의 의구심을 눈치 채지 못할 소크라테스가 아니다. 그는 전통적인 수사술의 한계를 보이기 위해 먼저―마치 맛을 음미하듯―전통적 수사술의 기법들과 자타(自他)가 공인하는 수사술의 대가들을 훑어 내려간다. 수사술에 속하는 온갖 정교한 기술적 장치들과 그것들을 창안한 테이시아스(Teisias), 고르기아스(Gorgias), 폴로스(Polos), 프로타고라스(Protagoras)를 비롯한 다른 수사술의 대가들을 소개하는 본문은 간결하고 압축적이며, 그리스 수사술의 내용과 역사에 대해 훌륭한 교과서적 개관을 제공한다.

그러나 중언법(重言法, diplasiologia), 격언법(格言法, gnōmologia), 비유법(比喩法, eikonologia) 등 전통적 수사의 기법들을 습득하는 것만으로 훌륭한 연설가가 되기에 충분한가? 그것들을 터득한 사람은 다른 사람들을 연설가로 만들기에 충분한가? 잘 알려져 있듯이, 사람들의 무지를 일깨우거나 어떤 대상에 대한 보편적인 정의에 도달하려고 할 때 소크라테스가 사용하는 방법은 일상적 사례들을 논거로 삼는 귀납적 추론이다. 소크라테스는 수사술에 대한 통념을 반박하기 위해 이 방법을 동원한다. 어떤 사람이 몸에 이로운 처방을 다 알고 있어서 토하게 하거나 배설을 하게 할 수 있는 능력을 지니고 있지만, 어떤 환자들에게 어떤 때 어느 한도까지 그 낱낱의 처방을 써야 하는지 알지 못한다고 해보자. 만일 그가 의사로 자처하고 심지어 그런 지식을 전수해서 다른 사람을 의사로 만들겠다고 나선다면 무엇이 문제인가? 또 어떤 사람이 사소하거나 심각한 주제에 대해 짧거나 긴 이야기를 지을 수 있고 비통한 이야기나 무서운 이야기를 지을 수 있지만, 그런 것들을 조리 있게 엮어 짜임새 있는 전체를 만들어내지 못한다고 해보자. 그가 비극작가로 자처하고 심지어 그런 지식을 전수해서 다른 사람을 비극작가로 만들겠다고 나서면 무엇이 문제인가? 이런 자칭 의사나 비극작가의 문제는 자신들이 알고 있는 것이 의술을 행하거나 비극을 짓는 데 필요한 예비지식이지 의술이나 비극 창작술 자체가 아니라는 사실을 모르는 데 있을 것이다. 수사술의 경우도 마찬가지다. 많은 사람들은 축약법이나 비유법과 같은 화려한 수사기법들을 익힌 다음 자신들이 수사술의 전문가라고 자처하지만, 실제로 그들이 아는 것은 연설에 필요한 예비적인 지식일 뿐 수사학의 기술 자체는 아니다. 그들은 변증술에 대해 아는 것이 없어서 수사술이 도대체 무엇인지 정의할 능력이 없고, 그런 상태에 놓인 탓에 그 기술을 알기에 앞서 필요한 지식들을 소유하고서 수사술을 찾아냈다고 생각하며, 다른 사람들에게 그것들을 가르치면서 그들에게 완벽하게 수사술을 가르쳤다고 여긴다. 정작 중요한 일, 즉 "그것들 하나하나를 설득력 있게 말하고 전체를 짜임새 있게 엮는 것"(269c)을 그들은 사소한 일로 여긴다. 이런 인물들은 돌팔이 의사나 사이비 비극작가와 다를 바 없다. "하지만 참된 연설가의 설득의 기술은 어디서 어떻게 터득할 수 있습니까?"(269d) ─ 파이드로스의 이 질문과 더불어 수사술과 철학의 관계가 대화의 전면에 등장한다. 이어지는 대화의 목적은 이미 261a에서 언급된 사실, 즉 "충분히 철학을 하지 않으면, 어떤 것에 대해서도 말하기에 충분치 않다는 사실"을 해명하는 데 있다.

철학과 수사술. 페리클레스가 아낙사고라스에게 배운 것 (269d~272b)

다른 모든 분야의 경우가 그렇듯이, 뛰어난 연설가가 되려면 타고난 재능과 더불어 학문적인 지식과 연습이 필요하다. 하지만 연설가의 기술에 관한 한, 뤼시아스와 트라쉬마코스(Thrasymachos)는 그에 이르는 올바른 방도를 제시하지 못한다. 이들에게는 모든 위대한 기술을 얻는 데 필요한 "한담(閑談)과 자연에 대한 사변적 지식"(adoleschia kai meteōrologia)이 빠져 있기 때문이다. 페리클레스는 그 반대의 경우다. 소크라테스에 따르면 페리클레스가 연설가의 최고 경지에 이른 것은 자신의 천부적 재능에 더해서 철학자 아낙사고라스(Anaxagoras)에게서 우주와 정신의 본성에 대해 배운 바를 수사술에 원용했기 때문에 가능한 일이다.

소크라테스의 논지는 또다시 의술의 예를 통해 밝혀진다. 그에 따르면 수사술을 얻는 방식은 의술을 얻는 방식과 다를 것이 없다. 마치 의사에게 몸의 본성에 대한 지식이 필요하듯이, 연설가에게는 영혼의 본성에 대한 지식이 필요하며, 이는 그 각각의 기술이 단순한 숙련(tribē)이나 경험(empeiria)의 수준을 넘어서 기술(technē)의 수준에 오르기 위한 조건이다. 그러나 자연 전체에 대해서 알지 못하고서는 몸에 대해서도 영혼에 대해서도 알 수 없다. 이것이 바로 의술의 경우에나 수사술의 경우에나 "한담과 자연에 대한 사변적 지식"이 필요한 이유다.

그렇다면 특정한 대상의 본성을 알 수 있는 방법은 무엇일까? 한 대상의 본성을 분별해서 알려면, 먼저 그 대상의 형태가 단순한지 복잡한지를 살펴보아야 한다. 그런 다음 그것이 단순하다면, 그것이 어떤 것에 능동적으로 작용하고, 또 어떤 것에 의해 수동적으로 작용을 받는지를 탐색해야 한다. 그리고 만일 그 대상이 복잡하다면, 그 각 부분에 대해 똑같은 질문을 던져야 한다. 연설가의 목적은 영혼에 작용을 미치는 데 있는 만큼, 연설가는 먼저 그런 방식으로 영혼의 본성을 제시해야 하며, 그런 다음 영혼의 능동적 작용과 수동적 작용을 파악한 뒤, 마지막으로 영혼과 연설의 유형들과 작용들을 분류하고 그것들에 대한 설명을 제시하면서 영혼의 유형과 연설의 유형을 맞춰야 한다. 이것은 "영혼의 인도"라는 연설의 목적을 달성하는 유일한 길이다. 어떤 성격의 사람들은 특정한 이유 때문에 어떤 종류의 연설에 감동하고 다른 성격의 사람들은 다른 이유 때문에 다른 종류의 연설에 감동한다. 연설가는 이론과 관찰을 통해 이 점을 파악해야 한다. 그리고 어떤 유형과 그 유형에 호소할 수 있는 논변들을 알아내고 말할 때와 침묵할 때가 언제인지 그 적기(適期, kairos)를 포착하며, 간단명료한 말(간결어법, brachylogia), 동정을 자극하는 호소(호소법, eleinologia), 과장의 발언(과장법, deinōsis) 등을 비롯해서 책자에 담긴 기법들을 써야 할 때가 각각 언제인지를 알아야 한다. 그때 비로소 그는 수사의 기술을 완전히 터득했다는 말을 들을 수 있다.

참된 수사술의 방법. 그 어려움과 정당성 (272b~274b)

파이드로스가 보기에 이는 태산에 오르는 것만큼 힘든 과제가 아닐 수 없다. 소크라테스도 수긍한다. 그렇기에 사람들은 멀고 험난한 완성의 협로(峽路) 대신 수사술에 대한 통념의 대로(大路)를 택할 것이다. 이런 사람들은 능력 있는 연설가가 되려는 사람은 일이 정의로운지 좋은지, 사람들의 됨됨이가 본성 탓인지 아니면 양육에 의한 것인지에 대해 전혀 진상을 알 필요가 없다고 말하면서 진상에 작별을 고하고 그럴듯한 것 또는 개연적인 것(to eikos)에 매달린다. 어차피 연설을 듣는 사람들은 진상보다는 그럴듯한 것에 더 귀를 기울이지 않는가! 테이시아스를 비롯해서 자칭 연설의 전문가들이 내세우는 것은 바로 그런 주장이다. 그들에 따르면 연설의 기술은 그럴듯한 것을 말하는 데 있으며, 그럴듯한 것이란 대중에게 옳게 보이는 것 이외의 다른 어떤 것도 아니다.

하지만 이 점과 관련해서는 이미 대답이 주어져 있다. 그럴듯한 것은 진상과 닮은 것이고, 닮은 것은 오직 진상을 아는 사람만이 얻을 수 있다는 점은 앞의 대화에서 이미 정리된 논점이기 때문이다. 그러므로 힘이 드는 변증술의 과정, 즉 사물들을 부류들에 따라 나누고 각 부류를 하나의 형상 아래 모으는 방법을 배우는 것은 연설의 기술자가 되기 위해 필요불가결한 일이다. 그런 맥락에서 소크라테스는 테이시아스에 맞서 이런 반박을 할 수 있다. "청중의 다양한 본성을 낱낱이 따져, 그것들을 형태에 따라 나누고 그 각각을 단 하나의 이데아를 통해 포섭할 능력이 없다면, 그는 아직 연설과 관련해서 사람이 얻을 수 있는 최고의 기술을 가진 자가 아닐 것입니다. 하지만 오랜 동안의 연구 없이는 결코 그런 능력을 얻을 수 없겠지요."(273e) 나아가 변증술의 목적은 사람들을 설득하는 데 있는 것이 아니라 신들을 기쁘게 하는 것들을 말하는 능력을 갖추고 무슨 일을 하건 신들에게 기쁨이 있도록 행동하는 능력을 얻는 데 있다. 왜냐하면 "지각 있는 사람은—부수적으로 그런 결과가 얻어진다면 모를까—동료 노예들을 기쁘게 하는 데 마음을 쓸 것이 아니라 좋은 혈통에서 태어난 좋은 주인들을 기쁘게 하는 데 마음을 써야"(273e 아래) 하기 때문이다. 이것이 바로 연설의 기술을 터득하려는 사람이 변증술이라는 먼 에움길을 돌아가야 하는 이유다.

말의 우위성. 문자 발명의 신화 (274b~278b)

연설의 기술을 터득하는 왕도는 없다. 그렇다면 글의 경우에는 어떤가? "말이나 글을 통해 연설을 할 때 어떻게 하는 것이 훌륭하게 하는 것이고 어떻게 하는 것이 그렇지 않은 것인지"(259e)가 대화의 과제였고, 이제 말로 하는 연설에 대한 이야기가 매듭지어졌으니, 남은 일은 글쓰기에 대한 논의다. 하지만 대화의 나머지 부분에서 훌륭한 연설문 작법에 대한 가르침을 기대하는 사람이 있다면, 그는 실망할 것이다. 이어지는 대화에서 소크라테스는 오히려 글 또는 문자(grammata)가 갖는 한계에 대해 이야기한다. 《파이드로스》의 이 부분은 플라톤의 문자 비판을 담은 텍스트로 잘 알려져 있다.[454]

남의 말을 빌려 자기 이야기를 하는 것은 소크라테스의 상투 어법이다. 글에 대한 대화에서도 소크라테스는 "옛 사람들에게 들은 이야기"를 끌어들인다. 문자 발명의 신화이다. 문자는 아이귑토스 나우크라티스(Naukratis) 지방의 토착신 테우트(Teuth)의 발명품이다. 수와 산법, 기하학과 천문학 등을 발명한 기술의 신 테우트는 마침내 문자까지 발명한 다음 아이귑토스 전체의 지배자 타무스(Thamus)를 찾아가 자신의 발명품을 광고한다. 그는 문자 습득의 효용 가치를 이렇게 선전한다. "왕이여, 이런 배움은 아이귑토스 사람들을 더욱 지혜롭게 하고 기억력을 높여줄 것입니다. 왜냐하면 그것은 기억과 지혜의 묘약(mnēmēs kai sophias pharmakon)으로 발명된 것이니까요."(274e) 하지만 타무스는 이 선전에 현혹되지 않는다. 그는 신상품의 광고자나 판매자로 자처하는 우리 시대의 정치가들과 근본부터 다르다. 타무스는 테우트의 제의를 이렇게 물리친다(274e~275b).

기술이 뛰어난 테우트여, 기술에 속하는 것들을 만들어내는 능력을 가진 사람이 있다면, 그것들이 사용하려는 사람들에게 끼치는 손해와 이익을 판단하는 능력이 있는 사람은 따로 있는 법이오. 이제, 그대는 문자의 아버지로서 그것들에 대해 선의를 품고 있기에 그것들이 할 수 있는 것과 정반대되는 것을 말했소. 왜냐하면 그것은 그것을 배운 사람들로 하여금 기억에 무관심하게 해서 그들의 영혼 속에 망각을 낳을 것이니, 그들은 글쓰기에 대한 믿음 탓에 바깥에서 오는 낯선 흔적들에 의존할 뿐 안으로부터 자기 자신의 힘을 빌려 상기하지 않기 때문이오. 그러니 당신이 발명한 것은 기억의 묘약

---

454 이강서, "플라톤의 언어관: 파이드로스와 제7서한의 문자 비판을 중심으로", 《서양고전학 연구》, Vol. 13, 1999, 33~54쪽을 참고.

이 아니라 상기의 묘약(hypomnēseōs pharmakon)이지요. 그대가 그대의 제자들에게 주는 것은 지혜의 겉모양(sophias doxas)이지 진상(alētheia)이 아니라오.

테우트가 문자의 능력에 대해 말한다면, 타무스는 문자의 무능력에 대해 말한다. 테우트가 보기에 문자는 기억의 묘약이지만, 타무스의 눈에 문자는 오히려 기억의 독약이다. 타무스의 이야기, 아니 문자 발명의 신화를 통해 소크라테스가 하려는 말의 논지는 부연하지 않아도 분명하다. 문자는 사람들을 쓰인 흔적(written reminders)에 의존하게 만들어 기억 능력을 약화시킬 것이고 사람들이 문자로 쓰인 글에서 얻을 수 있는 것은 진짜 지혜가 아니라 겉치레 지혜에 불과하다는 말이다.

소크라테스가 보기에, 글로 쓰인 말은 기껏해야 이미 앎을 가진 사람으로 하여금 그 글들이 다루는 것을 기억나게 하는 상기 수단(hypomnēmata)일 뿐이다. 문자에 담긴 것들은 무언가 말하는 것이 있는 듯 보이지만, 정작 그 내용에 대해 질문을 받으면 그에 대해 아무 대답도 못하고, 말을 걸어야 할 사람과 그럴 가치가 없는 사람을 구별하지 못하며, 부당한 비판을 받으면서도 자신을 지킬 능력이 없다. 그에 반해 그것의 이복형제요 적자(嫡子)인 살아 있는 말은 지식과 함께하고, 배우는 사람의 영혼 가운데 쓰이며, 사람들에 맞춰 말할 때와 침묵할 때를 가릴 줄 안다. 문자에 담긴 말은 이런 살아 있는 말의 영상(映像, eidōlon)일 뿐이다.

그러므로 글쓰기는 한여름 아도니스(Adonis)의 정원에 씨를 뿌리는 것과 같은 놀이이다. 씨를 뿌리는 사람은 여드레 만에 결실이 맺히면 이를 보고 기뻐한다. 그러나 이런 놀이에 지각 있는 농부의 진지한 농심(農心)이 담겨 있을 리 없듯이, 정의나 아름다움 등에 대해 참된 지식을 가진 사람은 글쓰기에 진지한 뜻을 두지 않는다. 그런 사람이 글을 쓰는 목적은 나이가 들어서 자신의 기억을 되살려내거나 후대 사람들의 기억을 되살려내는 데 있다. 그는 주색잡기(酒色雜技)를 멀리하면서 글쓰기 놀이를 즐긴다. 하지만 이 고상한 놀이보다 더 훌륭하고 진지한 일은, 변증술을 사용해서 그것을 받아들이기에 합당한 영혼 안에 지식의 씨를 뿌리는 일이다. 그리고 이런 일은 물론 입말(口語)을 통해서만 가능하다. 입말은 자기 자신을 지키고 씨앗을 내며 이 씨는 또다시 다른 사람들의 영혼 안에서 싹을 틔워 영원한 생명의 연쇄를 낳으며 그 말들을 소유한 사람들에게 사람이 얻을 수 있는 최대의 행복을 가져다줄 수 있기 때문이다.

이로써 기술에 맞는 연설문과 기술 없는 연설문이 어떤 것인지를 검토하려는 본래 목적은 달성된 셈이다. 이어지는 부분(277a~278b)은 《파이드로스》 후반부 전체의 요점 정리이고, 수사학의 용어를 빌리면 일종의 "되새김"(epanodos)이다. 소크라테스는 먼저 기술에 맞는 말과 글이 어떤 것인지를 다시 한 번 간추린 다음, 258d에서 거론된 질문으로 되돌아가 글쓰기에 대한 옳은 태도와 그렇지 못한 태도를 비교한다. 뤼시아스처럼 사적으로나 공적으로 연설문 쓰기를 좋아하는 사람들은 자신들이 쓴 글들이 명료성(明瞭性)을 담고 있다고 생각하는데, 이는 잘못된 생각이다. 정의나 불의, 좋음과 나쁨 등과 관련해서 참된 것과 그럴듯해 보이는 것을 구분하지 못하는 것은 비난받아 마땅한 일이며, 이는 설령 온 세상 사람들의 찬사를 받는다고 해도 마찬가지다. 반면, 글쓰기를 일종의 놀이로 생각하면서 글을 쓰는 사람은 그런 비난에서 벗어나 있다. 이런 사람은 글이―운문이건 산문이건―질문이나 가르침 없이 그저 설득하기만을 위해 발언된 것에 지나지 않는다면, 진지하게 숙고할 가치가 없음을 알고 있으며, 또한 수많은 글이 할 수 있는 것은 고작해야 사람들이 이미 아는 것을 일깨워 기억하게 하는 것임을 알고 있다. 정의로운 것과 아름다운 것과 좋은 것에 대해 가르치는 말은 그것이 오로지 영혼 안에 쓰일 때만 분명한 의미를 얻고 완전하며 진지하게 숙고할 가치를 갖는다고 그는 생각한다. 오직 그런 말들만이 말하는 사람의 적자라고 불릴 자격이 있다. 첫째로 말하는 사람 자신이 스스로 발견해내서 자신의 영혼 속에 간직하고 있는 말들이 그렇고, 둘째로 이것들의 자손이나 형제로서, 다른 사람들의 영혼들 속에서 자란 말들이 그런 자격을 갖는다.

뤼시아스와 이소크라테스에게 전하는 말 (278b~279c)

《파이드로스》의 마지막에는 당대에 이름을 떨친 두 연설가 뤼시아스와 이소크라테스(Isokrates)에게 전하는 말이 온다. 소크라테스의 당부에 따라 파이드로스가 뤼시아스에게 전해야 할 말은 이런 것이다. 어떤 종류의 글이건 그 글을 쓴 저자가 진상에 대한 지식을 가지고 있고 그 글의 내용을 옹호할 수 있으며 글로 쓰인 것들이 하찮은 것임을 증명할 수 있다면, 그는 그의 글에서 파생된 이름에 따라 "연설문 작가"(syngrapheus), "법문 작성자"(nomographos), "시인"(poiētēs)으로 불릴 것이 아니라 그의 진지한 탐구를 염두에 둔 말, 즉 "지혜를 사랑하는 사람"(philosophos)이라고 불려야 마땅하다. 반면 "시인", "연설문 작가", "법문 작성자"는 자기가 짓거나 쓴 것들보다 더 고귀한 것에 대해 알지 못하면서, 글로 쓴 작품들을 갈고닦는 데 시간을 소모하는 사람들을 가리키는 이름이다.

소크라테스에게는 그의 동무 이소크라테스에게 전해야 할 말이 있다. 소크라테스는 그를 두고 이렇게 예언한다. 이소크라테스는 아직 젊다. 그는 타고난 천성이나 습성에서 뤼시아스를 능가한다. 분발한다면 그는 자신의 분야에서 이전의 모든 작가들을 능가할 것이고, 만일 어떤 신적인 충동이 그를 이끌어 그것에 만족하지 못하게 한다면, 그는 더욱 큰 진보를 이룩할 것이니, 그의 사람됨 가운데 철학적 자질이 놓여 있기 때문이다. 플라톤은 이소크라테스에게서 철학적으로 고양된 참된 수사술의 가능성을 보았던 것일까?

이제 땡볕의 기세도 한풀 꺾이고 떠날 때가 되었다. 떠나기에 앞서 소크라테스는 판(Pan)과 그 곳에 있는 다른 신들에게 기도를 드린다. 내면의 아름다움과 지혜와 그 지혜에 합당한 부(富)가 허락되기를 바라는 기도다. 파이드로스는 그 소원이 자기에게도 이루어지기를 기원한다.

3. 《파이드로스》의 통일성은 어디에 있는가?

《파이드로스》의 전체 내용에 대한 개관을 통해서 우리가 쉽게 확인할 수 있듯이, 매미 신화를 축으로 해서 대화편 전체의 논의 주제가 갑자기 바뀐다. 전반부가 에로스에 관한 대화라면, 후반부는 수사술에 관한 대화다. 이 두 부분의 대화는 서로 어떤 관계에 놓여 있는가? 서로 동떨어져 있는 것처럼 보이는 두 부분으로 이루어진 《파이드로스》는 통일성을 갖춘 대화편인가? 플라톤은 신적인 감동에 도취되어 자신이 강조하는 글쓰기의 필수원칙(264b~c)을 망각한 것일까? 아니면 《파이드로스》를 지을 당시 플라톤은 너무 연로한 탓에 작품의 예술적 통일성에 무관심해져버린 것일까?[455] 그것도 아니면, 우리는—Schorey의 지적을 받아들여—《파이드로스》를 《잔치》의 "고전적 건축물"에 대비되는 "고딕 예술품"으로 보아야 할까?[456]

《파이드로스》의 통일성 문제는 이미 고대의 주석가들 사이에서도 큰 논란거리였다. 이 대화편에 대해 권위 있는 주석서를 남긴 헤르메이아스(Hermeias)는 자신의 주석서의 여러 쪽을, 그 작품의 의도에 대한 다양한 견해들을 소개하는 데 할애한다.[457] 그의 목록에 따르면 어떤 사람들은 《파이드로스》의 주제를 에로스에서 찾았고, 또 어떤 사람들은 수사술에서 찾았다. 그런가 하면 영혼이 그 대화편의 주제라고 본 사람도 있고, 좋음이나 아름다움을 주제로 꼽은 사람들도 있다. 헤르메이아스 자신은—고대의 다른 주석가 얌블리코스(Iamblichus)의 견해에 동조해서—《파이드로스》를 "모든 종류의 아름다움에 대한" 대화편이라고 본다. 이런 다양한 견해들은 오늘날에도 되풀이되고 있고, 언제고 다시 불붙을 논쟁의 전선(戰線)들을 형성한다. 하지만 이 광범위한 논쟁의 범위와 갈래들을 고려한 최종 판단은 이 글의 논의 범위를 훨씬 넘어서는 일이

---

455 Raeder, 앞의 책, S. 267.
456 P. Schorey, *What Plato Said*, Chicago 1933, p. 198.
457 H. Bernard (Übers. mit Einleitung), *Hermeias von Alexandrein. Kommentar zu Platons 〉Phaidros〈*, Tübingen 1997, S. 86~91. M. Erler, 앞의 책, S. 215~216도 함께 참고.

므로, 여기서는 그저 몇 가지 기본적인 사실을 확인하면서 한 가지 해석의 가능성을 제시하는 데 만족해야겠다.

《파이드로스》의 통일성 문제를 논의하면서 우리는 먼저, 플라톤의 대화편의 일반적인 구성에 대해 언급하지 않을 수 없다. 대화편을 읽어본 사람은 누구나 쉽게 확인할 수 있겠지만, 플라톤의 대화편은 매우 느슨한 구조의 텍스트다. 일상의 대화가 그렇듯이, 대화편의 대화는 다양한 주제들이 그때그때의 대화 상황 속에서 출현해서 서로 얽히고설키면서 하나의 통일체를 이루어나간다. 드 브리스(de Vries)가 올바로 지적했듯이, 대화편에 전개되는 플라톤의 사상은 어느 한 분야에 국한됨이 없이 유기적으로 구성되어 있다.[458] 이런 글쓰기 방식은 논문 스타일이 아니며, 에세이 스타일과도 거리가 멀다. 그렇지만 그 안에는 일반적으로 다른 주제들을 종속적으로 거느리는 중심이 있다. 단적인 사례를 들자면, 《파이돈》의 대화의 중심이 영혼의 불멸성에 있다면, 《국가》의 경우 대화의 중심점은 정의(正義)이다.

《파이드로스》에 대해서는 어떤 말을 할 수 있을까? 거기서도 플라톤의 다른 대화편에서 우리가 확인할 수 있는 이런 형태의 유기적 통일성을 찾아낼 수 있을까?

《파이드로스》의 전반부에는 에로스에 대한 세 편의 연설이 담겨 있고, 후반부에는 이 세 연설을 분석의 사례로 삼아 훌륭한 연설과 그렇지 못한 연설을 구별하면서 올바른 연설의 기술, 즉 참된 수사술의 가능성을 탐색하는 대화가 이어진다. 그리고 이런 대화를 통해 소크라테스가

---

[458] G. J. de Vries, *A Commentary on the "Phaedrus" of Plato*, Amsterdam 1969, p. 23.

정의하는 참된 수사술이란 철학 이외에 다른 것이 아니며, 그 방법은 변증술에 있다. 수사술은 진상을 알 때에만 참된 기술이 될 수 있으며, 진상에 대한 인식은 오직 변증술을 통해서만 가능하다는 것이 그 이유다. 이런 관점에서 보면, 대화편의 무게 중심은 참된 수사술을 소개하는 후반부에 놓여 있고 전반부의 연설들은 참된 수사술을 탐색하는 데 필요한 보조수단의 가치를 지닌 것처럼 보일 수 있다. 《파이드로스》를 수사술에 대한 대화편으로 보는 연구자들은 대체적으로 이런 견해를 따른다.[459]

하지만 이런 질문을 던져보자. 《파이드로스》의 전반부에 나오는 사랑에 대한 세 편의 연설들은 단순히 수사학적인 분석을 위한 사례일 뿐인가? 혹은 질문을 이렇게 바꾸어보자. 참된 수사술은 철학을 통해서만 가능하다고 주장하는 플라톤에게 있어서 철학은 도대체 무엇인가?

다른 대화편에서 그렇듯이, 《파이드로스》에서도 플라톤은 철학 또는 지혜에 대한 사랑이 경험 세계를 넘어선 이데아들에 대한 인식을 추구하는 데서 성립한다는 자신의 확신을 고수한다. 그리고 그에 따르면 이데아들을 인식하는 것은 영혼, 특히 "영혼의 인도자"(psychēs kybernētēs)인 정신의 몫이다. "색깔도 없고 모양도 없으며 만질 수도 없는 실체(ousia)가 참으로 있는 것이니, 그것은 오로지 영혼의 인도자인 지성(nous)에게만 보인다."(247c) 그렇다면 영혼 또는 정신은 어떻게 육체의 무덤을 벗어나 이데아 세계로 나아갈 수 있는가? 전반부에 소개된 소크라테스의 "신화적인 찬가"(mythikos hymnos)는 이에 대한 대답이다. 이에 따르면

---

[459] Erler, 앞의 책, S. 219를 참고.

우리 주변의 자연물은 모두 이데아의 모상들이지만, 이 모상들은 우리를 진상에 대한 인식으로 이끌지 못한다. 왜냐하면 그런 모상들 안에는 그 원형의 모습이 분명하게 드러나지 않기 때문이다. 아름다움이 유일한 예외다. 아름다움의 이데아는 그것의 모상들 안에서도 광채를 발하기 때문이다. 아름다움에 대한 시각적 체험은 아름다운 것과 가까이하려는 욕망을 낳는다. 영혼의 낮은 부분은 이 욕망에 이끌려 육체적인 욕구를 충족시키는 데 머물려 하지만, 영혼의 높은 부분은 감각적인 아름다움을 향유하는 데 머물지 않고 이데아계의 아름다움, 즉 아름다움 자체를 향해 상승하려고 한다. 플라톤의 에로스는 이데아계를 향한 영혼의 상승을 낳는 힘이다. 아름다움에 대한 체험과 거기서 생겨나는 에로스 없이는 철학도 있을 수 없다.

《파이드로스》의 전반부, 특히 소크라테스의 "번복시"에서 다루어지는 것이 철학의 추동력인 에로스임을 상기한다면, 그에 대한 세 편의 연설을 수사학적 분석을 위한 사례로 단정하는 것은 분명 지나친 평가일 것이다. 후반부의 대화에서 거듭 강조되듯이, 참된 수사술은 철학을 통해서 가능하고, 철학의 방법은 변증술에 있다. 하지만 이런 철학이 본래 무엇을 목적으로 하고, 그것이 어떻게 가능한지를 보여주는 것은 전반부에 실린 에로스에 대한 연설이다. 만일 에로스에 대한 연설들이 없다고 해보자. 그렇다면《파이드로스》의 후반부에서 참된 수사술의 토대로 제시되는 철학은 매우 건조하고 기술적인 "방법", 나눔과 모음의 방법에 지나지 않을 것이다. "참된 수사술의 조건은 철학에 있다"고 말할 수 있으려면, 그에 앞서 철학이 본래 목적으로 삼는 것이 무엇이고 어떻게 그 목적에 도달할 수 있는지에 대한 해명이 있어야 할 것이다.《파이드로스》 전반부의 에로스론 안에 놓여 있는 것은 바로 그런 해명이다. 다시 말해서 "참된 수사술의 조건은 철학에 있다"가《파이드로스》후반부의 중심 테제라면, 그 전반부의 핵심 테제는 "철학의 조건은 아름다움에 대한 에로스적 충동이며 이 충동을 통해 인간의 영혼은 이데아계로 상승한다"고 정식화할 수 있다. 이렇게 본다면, 에로스에 대한 연설들은 한편으로는 수사학적인 분석을 위한 사례이면서 다른 한편으로는 철학의 목적과 가능 조건에 대한 해명이기도 하다. 비록《파이드로스》의 대화가 다른 대화편의 대화에 비해 유기적 통일성이 떨어진다는 것을 사실로 받아들인다고 하더라도, 그 대화편에 나오는 수사학에 대한 대화와 에로스에 대한 연설이 "철학" 또는 "지혜에 대한 사랑"이라는 개념을 매개로 해서 하나의 연속체를 이룬다는 사실을 부정하기는 어렵다.

참고 문헌[460]

1. 플라톤에 대한 우리말 번역서와 연구서

박종현 역주, 《에우티프론, 소크라테스의 변론, 크리톤, 파이돈 – 플라톤의 네 대화 편》, 서광사 2003.
강철웅 옮김, 《뤼시스》, 이제이북스 2007.
김주일, 정준영 옮김, 《알키비아데스》 I·II, 이제이북스 2007.
조우현 옮김, 《국가·소크라테스의 변명》, 삼성출판사 1976.
박종현 역주, 《플라톤의 국가 정체》, 서광사 2005.
조우현 옮김, 《잔치》, 거암 1983.
박희영 옮김, 《향연》, 문학과지성사 2003.
김인곤·이기백 옮김, 《크라튈로스》, 이제이북스 2007.
박종현·김영균 공동 역주, 《플라톤의 티마이오스》, 서광사 2000.
이정호 옮김, 《크리티아스》, 이제이북스 2007.
박종현 역주, 《필레보스》, 서광사 2004.

---

[460] 우리말 참고 문헌에는 플라톤에 대한 단행본 연구서들을 포함해서 《파이드로스》와 직접 관련된 논문들을 소개한다. 외국어 참고 문헌은 가장 최근에 출간된 M. Erler, *Platon* (= *Die Philosophie der Antike*, Band 2/2, hrsg. v. H. Flashar), Basel, 2007, S. 628~633에서 소개된 《파이드로스》 관련 문헌 및 논문 목록을 참고로 하였다.

남경희, 《플라톤: 서양철학의 기원과 토대》, 아카넷 2006.

박영식, 《플라톤 哲學의 理解》, 정음사 1984.

박종현, 《플라톤: 그의 철학과 몇몇 대화편》, 서울대학교 출판부 2006.

박홍규, 《플라톤 후기 철학 강의》, 민음사 2007.

이상인, 《플라톤과 유럽의 전통》, 이제이북스 2006.

2. 《파이드로스》 관련 논문

강철웅, "플라톤의 《뤼시스》에서 필리아와 에로스의 관계 — 논의들의 이행 과정과 통일성을 중심으로", 《서양고전학연구》, Vol. 28, 2007, 79~115쪽.

김남두, 《플라톤의 파이드로스편 연구》, 서울대학교 대학원(석사논문), 1973.

김남두, "〈고르기아스〉에서 플라톤의 수사술 비판", 《서양고전학연구》, Vol. 27, 2007, 43~63쪽.

김대오, 《플라톤의 후기 변증술 연구》, 서울대학교 대학원(박사논문), 1996.

김동선, 《데리다의 파이드로스 읽기: 파르마콘을 중심으로》, 연세대학교 대학원(석사논문), 1998.

김봉철, "古代 아테네의 社會變化와 高等敎育의 역할 – 이소크라테스, 플라톤, 아리스토텔레스의 제자들에 대한 분석을 중심으로", 《역사학보》, Vol. 157, 1998, 193~230쪽.

김윤애, 《플라톤의 디아렉티케 연구: 파이드로스 편, 필레보스 편, 소피스트 편을 중심으로》, 이화여자대학교 대학원 (박사논문), 1989.

김태경, "플라톤의 변증술에 있어서 나눔과 결합", 《철학》, Vol. 58, 1999, 97~125쪽.

김현희, "플라톤의 에로스에 관하여 – 심포지온의 구조와 신화해석", 《미학》, Vol. 28, 2000, 47~73쪽.

박영식, "플라톤의 에로스에 대한 논고", 《희랍 철학의 문제들》(荷南 조우현 교수 고희기념 논문집 간행위원회 엮음), 현암사 1993, 9-33쪽.

이강서, "플라톤의 언어관 : 파이드로스와 제7서한의 文字批判을 중심으로", 《서양고전학연구》, Vol. 13, 1999, 33~54쪽.

이강서, "플라톤의 〈파이드로스〉 편에서의 문학비판(文學批判)", 《서양고전학연구》, Vol. 8, 1994, 131~168쪽.

이기백, "플라톤의 에로스론 고찰", 《철학》, Vol. 34, 1990, 145~169쪽.

이상철, "〈파이드로스〉에 나타난 플라톤의 설득커뮤니케이션", 《한국 언론학보》, Vol. 47, 2003, 115~143쪽.

정혜진, 《에로스의 교육적 의미 : 향연과 파이드로스의 한 해석》, 서울대학교 대학원(석사논문), 1994.

조대호, "플라톤 철학에서 기억과 영혼", 《범한철학》, Vol. 66, 2012, 51~85쪽.

조대호, "글, 말, 기억: 플라톤의 문자비판에 대한 또 하나의 해석", 《인문과학》, Vol. 106, 2016, 5~39쪽.

3. *Phaedrus*에 대한 텍스트와 외국어 번역

Ast, F., *Platonis Phaedrus, denuo recognovit brevique annotatione instruxit*, Lipsiae ²1830 (¹1810).

Brisson, L., *Platon. Phèdre*, trad. inédite, introd. et notes, suivi de La pharmacie de Platon de Jacques Derrida, Paris ⁴2000.

Buchwald, W., *Platon. Phaidros*, hg. und übers., München 1964.

Burnet, J., *Platonis Opera*, Tom. II (OCT), Oxford ²1910.

Hackforth, R., *Plato's Phaedrus*, transl. with an introd. and comm., Cambridge 1952.

Heitsch, E., *Platon. Phaidros*, Übersetzung und Kommentar, Göttingen ²1997.

Hildebrandt, K., *Platons Phaidros*, übertr. und eingel., Kiel 1953, ND Stuttgart 1976.

Nehamas, A. & Woodruff, P. B., *Plato. Phaedrus*, transl., with introd. and notes. With a selection of early Greek poems and fragments about love translated by P. B. Woodruff, Indianapolis 1995.

Nichols, James H., *Plato. Phaedrus*, transl. with introd., notes, and an interpretative essay, Ithaca 1998.

Rowe, Ch. J., *Plato. Phaedrus*, with transl. and comm., Warminster 1986.

Thompson, W. H., *The Phaedrus of Plato*, with English notes and dissertations, London, 1868, ND New York 1973.

4. 고대의 주석과 문헌 목록

Bernard, H., *Hermiae von Alexandrien, Kommentar zu Platons Phaidros*, übers. und eingel., Tübingen 1997.

Gardeya, P., *Platons Phaidros. Interpretation und Bibliographie*, Würzburg 1998.

5. 연구서와 논문

Adams, C. J., The rhetorical significance of the conversion of the lover's soul in Plato's Phaedrus, in : Rhetoric society quartely 26, 1996, pp. 7~16.

Adkins, A. W. H., The 'Speech of Lysias' in Plato's Phaedrus, in : R. B. Louden, P. Schollmeier (ed.), *The Greeks and Us. Essays in Honor of Arthur W. H. Adkins*, Chicago-London 1997, pp. 224~240.

Asmis, E., Psychagogia in Plato's Phaedrus, in : Illinois classical studies 11, 1986, pp. 153~172.

Bett, R., Immortality and the nature of the soul in the Phaedrus, in : Phronesis 31, 1986, pp. 1~26.

Bluck, R. S., The Phaedrus and re-incarnation, in : American journal of philology 79, 1958, pp. 156~164.

Brown, M. S. & Coulter, J., The middle speech of Plato's Phaedrus, in : Journal of the history of philosophy 9, 1971, pp. 405~423.

Burger, R., Socratic irony and the Platonic art of writing. The self-condemnation of the written word in Plato's Phaedrus, in: Southwestern journal of philosophy 9, 1978, pp. 113~126.

Burger, R. Ch., *Plato's Phaedrus. A defence of a philosophic art of writing*, Alabama 1980.

Cook, A., Dialectic, irony, and myth in Plato's Phaedrus, in: American journal of philology 106, 1985, pp. 427~441.

Curran, J. V., The rhetorical technique of Plato's Phaedrus, in: Philosophy and rhetoric 19, 1986, pp. 66~72.

Demos, M., Stesichorus' palinode in the Phaedrus, in: Classical world 90, 1997, pp. 235~249.

De Vries, G. J., *A Commentary on the Phaedrus of Plato*, Amsterdam 1969.

—, Helping the writings, in: Museum Helveticum 36, 1979, pp. 60~62.

Dorter, K. N. M., Imagery and philosophy in Plato's Phaedrus, in: Journal of the history of philosophy 9, 1971, pp. 279~281.

Dover, K. J., *Lysias and the Corpus Lysiacum*, Berkeley 1968.

Döpp, S., Der Verfasser des Erotikos in Platons Phaedrus, in: Glotta 61, 1983, S. 15~29.

Griswold, Ch. L., Self-knowledge and the $ἰδέα$ of the soul in Plato's Phaedrus, in: Revue de métaphysique et de morale 86, 1981, pp. 477~494.

Egan, R. B., Eros, eloquence and entomopsychology in Plato's Phaedrus, in: R. B. Egan, M. Joyal (ed.), *Daimonopylai. Essays in classics and the classical tradition presented to Edmund G. Berry*, Winnipeg 2004, pp. 65~87.

Erler, M., Natur und Wissensvermittlung. Anmerkung zum Bauernvergleich in Platons Phaidros, in: Rheinisches Museum für Philologie 132, 1989, S. 280~293.

Ferrari, G. R. F., The struggle in the soul. Plato, Phaedrus 253c7~255a1, in: Ancient philosophy 5, 1985, pp. 1~10.

—, *Listening to the cicadas. A study of Plato's Phaedrus*, Cambridge 1987.

Gaiser, K., Das Gold der Weisheit. Zum Gebet des Philosophen am Schluß des Phaidros, in: Rheinisches Museum für Philologie 132, 1989, S. 105~140.

Gilbert, David A., *Plato's ideal art of rhetoric. An interpretation of Phadrus 270B-272B*, Diss. Univ. of Texas at Austin, 2002.

Griswold, Ch. L., *Self-knowledge in Plato's Phaedrus*, University Park 1978, ND 1996.

Görgemann, H., Zur Deutung der Szene am Ilisos in Platons Phidros, in: G. W. Most, H. Petersmann, A. M. Ritter (Hg.), *Philanthropia kai eusebeia. Festschrift für Albrecht Dihle*, Göttingen 1993, S. 122~147.

Guthrie, W. K. C., Rhetoric and philosophy. The unity of the Phaedrus, in: Paideia 5, 1976, pp. 117~124.

Heitsch, E., Platon über die rechte Art zu reden und zu schreiben, Stuttgart 1987. Rez. Th. A. Szlezák, in: Gnomon 60, 1988, S. 390~398.

—, Zwei Bemerkungen zu Platons Phaidros. 1. Hestia und der Zwölfgötterkreis (246e~247a). 2. Eros als philo-sophia im Phaidros (248d3) und in Euripides' Medea (840~845), in: G. W. Most, H. Petersmann, A. M. Ritter (Hg): *Philanthropia kai eusebeia. Festschrift für Albrecht Dihle*, Göttingen 1993, S. 174~182.

—, Dialetik und Philosophie in Platons Phaidros, in: Hermes 125, 1997, S. 131~152.

Heath, M., The unity of Plato's Phaedrus, in: Oxford studies in ancient philosophy 7, 1989, pp. 151~174. 189~191.

Hoerber, R. G., Love or rhetoric in Plato's Phaedrus?, in: Classical bulletin 34, 1957~1958, p. 33.

Holtermann, M., Die Suche nach der Struktur der Seele in Platons Phaidros, in: M. Baumbach, H. Köhler, A. M. Ritter (Hg.), *Mousopolos stephanos. Festschrift für Herwig Görgemanns*, Heidelberg 1998, S. 426~442.

Kühn, W., Welche Kritik an wessen Schriften? Der Schluß von Platons Phaidros, nichtesoterisch interpretiert, in: Zeitschrift für philosophische Forschung 52, 1998, S. 23~39.

Kullmann, W., Platons Schriftkritik, in: Hermes 119, 1991, S. 1~21.

—, Hintergründe und Motive der platonischen Schriftkritik, in: W. Kullmann, M. Rechel (Hg.), *Der übergang von der Mündlichkeit zur Literatur bei den Griechen*, Tübingen 1989.

Lebeck, A., The central myth of Plato's Phaedrus, in: Greek, Roman and Byzantine studies 13, 1972, pp. 267~290.

McCumber, J., Discourse and psyche in Plato's Phaedrus, in: Apeiron 16, 1982, pp. 27~37.

Morgan, K. A., Socrates and Gorgias at Delphi and Olympia. Phaedrus 235d6~236b4, in: Classical quarterly n.s. 44, 1994, pp. 375~386.

Mueller, G. E., The unity of the Phidros, in: Sophia 26, 1958, pp. 25~34.

Murray, J. S., Disputation, deception and dialetic. Plato on the true rhetoric (Phaedrus 261~266), in: Philosophy and rhetoric 21, 1988, pp. 279~289.

—, Plato's psychology of rhetoric. Phaedrus 270d~272b, in: Échos du monde classique 34, 1990, pp. 17~26.

Pieper, J., *Begeisterung und göttlicher Wahnsinn. Über den platonischen Dialog Phaidros*, München 1962, ND 1989.

Rinon, Y., The rhetoric of Jacques Derrida II. Phaedrus, in: Review of Metaphysics 46, 1992~1993, pp. 537~558.

Rossetti, L. (ed.), *Understanding the Phaedrus. Proceedings of the II Symposium Platonicum*, Sankt Augustin 1992.

Rowe, Ch. J., The argument and structure of Plato's Phaedrus, in: Proceedings of the Cambridge Philological Society 32, 1986, pp. 106~125.

—, Platonic irony, in: Nova tellus 5, 1987, pp. 83~101.

—, Plato's use of irony. A case study, in: T. Viljamaa, S. Jaekel, K. Nyholm (Hg.),

Sprachaspekte als Experiment. Beiträge zur Literaturkritik in Antike und Neuzeit, Turku 1989, S. 83~97.

—, The unity of the Phaedrus. A reply to Heath, in : Oxford studies in ancient philosophy 7, 1989, pp. 175~188.

Santas, G. X., Passionate Platonic love in the Phaedrus, in: Ancient philosophy 2, 1982, pp. 105~114.

Schmalzriedt, E., Der Umfahrtsmythos des Phaidros, in : Der Altsprachliche Unterricht 9/5, 1966, S. 60~99.

Seeck, G. A., Schlechte und gute Liebe in Platons Phaidros, in: Würzburger Jahrbücher für die Altertumswissenschaft n.F. 22, 1998, S. 101~121.

Sinaiko, H. L., *Love, knowledge, and discourse in Plato. Dialogue and dialectic in Phaedrus, Republic, Parmenides*, Chicago 1965.

Szlezák, Th. A., Dialogform und Esoterik. Zur Deutung des platonischen Dialogs Phaidros, in: Museum Helveticum 35, 1978, S. 18~32.

—, What one should know when reading 'Helping the writings'. A reply to J. G. De Vries, in: Museum Helveticum 36, 1979, pp. 164~165.

—, Das Wissen des Philosophen in Platons Phaidros, in: Wiener Studien 107~108, 1994~1995, S. 259~270.

—, Gilt Platons Schriftkritik auch für die eigenen Dialoge?, in : Zeitschrift für philosophische Forschung 53, 1999, S. 259~267.

Tejera, V., Irony and allegory in the Phaedrus, in: Philosophy and rhetoric 8, 1975, pp. 71~87.

Thesleff, H., Stimmungsmalerei oder Burleske? Der Stil von Platons Phaidr. 230bc und seine Funktion, in: Arctos 5, 1967, S. 141~155.

Tomin, J., Plato's disappointment with his Phaedran characters and its impact on his theory of psychology, in : Classical quarterly n.s. 50, 2000, pp. 374~383.

Usener, H., Abfassungszeit des platonischen Phaidros, in: Rheinisches Museum für Philologie 35, 1879, S. 131~151. ND in: H. U.: *Kleine Schriften* 3, Leipzig

1914.

Verdenius, W. J., Notes on Plato's Phaedrus, in: Mnemosyne IV 8, 1955, pp. 265~289.

von Arnim, H., *Platos Jungenddialoge und die Entstehungszeit des Phaidros*, Leipzig 1914.

Wolz, H. G., Plato's discourse on love in the Phaedrus, in: Personalist 46, 1965, pp. 157~170.

White, F. C., Love and the individual in Plato's Phaedrus, in: Classical quarterly n.s. 40, 1990, pp. 396~406.

찾아보기

(*표가 표시된 항목에는 해당 용어에 대한 자세한 설명 또는 첨언이 각주로 붙어 있다.)

1. 한글·그리스어

가계(家系 genos)　244d

가르침(didachē)　275a, 277e

가무(choros)　259c→코러스

가시막대기와 채찍(kentra kai mastix) 254a*

간결어법(brachylogia)　269a, 272a

간접비난(parapsogos)　267a

간접칭찬(parepainoi)　267a

갈망(pothos)　253e

감각(aisthēsis)　240d, 249b, 250d, 253e, 271e

감동(pathos)　238c, 250a, 252c, 265b→감정

감옥(dikaiōtēria)　249a

감정(pathos)　251d, 252b, 254e →감동

강물(potamos)　242a, b

강제, 강제책(anankē)　231a, 236e, 240e, 241b, (cf. 주 98)

- 강제적인 것(to anankaion)　240c

- 강요하다(anankazein, prosanankazein)　241a, 233b, 236c, d, 237a, 241a, 242a, b, d, 254a, d, 260d, 263d(~할 수밖에 없게 하다)

- 강요받다, 강요에 못 이기다 (anakathēnai) 243e, 254b, 257a

개(kyōn)　228b*

개연성(to eikos)→그럴듯한 것

거리(dromos)　227b*

격언법(gnomologia)　267c

겉모양(doxa)　275a→의견, 평판

견식(historia)　244c*

경쟁(agōn)　247b

경제인(oikonomikos) 248d
경험(empeiros, empeiria) 232e, 239c, 270b*→기술
- 유경험자(empeiros) 231d
고발(katēgoria) 267a, 272e
과장법(deinōsis) 272a*
관습(nomos, nomima) 231e, 252a, 265a
- 규범적 행동(epitēdeuseis nomimous) 270b
관조하다, 구경하다(theōrein) 247c~e
광경(theai) 247a
광기(mania)
- 광기 있는(manikos) 265a
- 광기의 두 가지 형태 265a
- 광기의 상태(emmanēs) 251d
- 신의 선물, 네 종류의 광기 244a~245b, 256b, 265b
- 사랑의 광기(＝네 번째 광기) 241a, 245b, 249de, 251a, 253c, 256d, 265b
- 인간의 광기와 신적인 광기 244a, d, 265a, b, 266a
교제(homilia) 239e, 240a, 250a, 255b

구성(diathesis) 236a→발견
구역(topos) 247a, d, 248a, 249a, 256d, 274d(지역)
광채(pheggos) 250b
그림 그리기(zographia) 275d
그럴듯한 것, 개연성(to eikos) 229e, 267a, 272e~273b, 273d→진상
근지러움(knēsis) 251c
글쓰기(graphē) 274b, 275a, d
- 연설문 작성 277b
기법(technēmata) 269a
기술(technē) 266d, 268a, 274d, e, 275c→경험, 숙련
- 기술 결핍(atechnia) 274b
- 기술에 맞는(technikon, entechnon) 262c, 273b, 277b
- 기술을 발명하는 능력과 그 가치를 판단하는 능력 274e~275a
- 기술이 없는(atechnos) 260e, 262c, e
- 기술자, 기술을 가진 자(technikos) 270d, 273a, e
- 농사 기술(geōrgikē) 276b
- 사랑의 기술(erōtikē technē) 257a
- 시작(poiesis)의 기술 245a
- 앞일을 판단하는 기술 244c
- 연설의 기술(logōn technē) 260d, e, 261b, 262b, 262a~d, 266b~d,

267e, 269a~272b, 272d~274b,
277b~c→수사술
기만자들(panourgoi)　271c*
기억(mnēmē, mneia)　249c, 250a, c,
　251d, 253a, 254a, b, 267a, 275a*,
　276d→상기
- 기억의 묘약　274e~275a
- 추억거리(mnēmeia)　233a*
길(hodos)　227a*
근거(logos)　246c
꾀보(haimylos)　237b
나눔(diairesis)→변증술의 두 가지 절
　차
나쁜(kakos)　242e, 244a, 246e,
　247b, 250c, 253d, 254b(곤경),
　255b, 258d(조악한), 260c,
　265e(미숙한), 277d→미숙함, 비겁
　함, 어려움, 열등함, 해악
나이(hēlikia)　255a
날개(pteron, pterōma)　246d, e,
　248b, 251b, c, d, 255d→영혼의
　날개
- 날개 달린 마차(ptēnon harma)
　246e
- 날개의 타고난 힘(physis)　248c,
　251b
낭랑한(ligys)　237a*
—낭랑 족(族)　237a

낭송하는 사람들(hoi rhapsōidoumenoi)
　277e*
낱말(onomata)　234c, e, 244c, 257a,
　263a, 267c
넥타(nektar)　247e
노고(ponos)　231a, b, 239c,
　244d(고난), 247b, 248b, 252b,
　255e
노래(ōidē)　237a, 245a, 259b
- 노래꾼(ōidos)　262d
노예(doulos, andrapodon)　259a
- 노예의 쾌락(andrapodōdeis hēdonai)
　258e
- 동료 노예들(homodouloi)　273e*
- 쾌락의 노예 상태　238e
논리적인 추론(logismos)　249b
논변(logos)　260e, 261a, 274a, 277c
놀이(paidia)　265c, 276b, d, 277e
- 천박한 놀이와 고상한 놀이　276e
- 놀다, 장난하다(paizein, prospaizein)
　229b, c, 234d, 262d, 276d, e
농부(geōrgikos)　248e, 276bc
눈(omma)　255c
느낌(pathos)　251c
늑대(lykos)　241d
- 늑대의 말　272c
능력(dynamis)　231a, 232d, 237c,
　246c, d, 249c, 253b, 257a(힘),

258c, 265d, 268a, 270d*
달콤한 팔꿈치(glykys angōn)　257d*
닮은꼴(homoiōma) 250a*, b
　→모상, 영상
대가(dikē)　249a*→정의로운
대중연설(dēmegoria)　261b*, d, e
대화하다, 대화를 나누다(dialegesthai)
　232a, b, 242a, 258e, 259a, 269b
데모스(dēmos)　258a
동무(hetairos)　227a, 237a, 252a,
　253d, e, 257d, 258b, 264c, 268a,
　278e
동의(homologia)　237d, 254d
되새김(epanodos)　267d*
디튀람보스(dithyrambos)　238d*,
　241e
땅(gē)　247b, 248c, 249a, 254e,
　256d, 257a
마니케(manikē)　244c*
마부(hēnikos)　246a, 247b, 247e,
　248a, b, 253c~254e, 255e, 256a
마차(harma)　246e
마차 여행(h niok sis)　246b
만티케(manikē)　244c*
말(hippos)　246a~b, 247b,
　247e~248a, 253c~254e,
　255e~256a
- 말과 당나귀(onos)　260b, c*

말(logos)　231b, 242d, 261a, 262d,
　269c, 270b, 275e, 276a, c, b, e,
　277c, e, 278a
- 글로 쓰인 말　275c, 276a, 277e
- 말을 좋아하는 사람(philologos)
　236e
- 말의 힘(rhōmē logou)　267a
말소리, 소리(phonē)　242c*, 259d
망각(lēthē)　248c, 250a, 275a, 276d
맞사랑(anterōs)　255e*
매미(tettix)　230c, 258e~259d
- 무사들의 전령사　262d
맹세(orkos, horkōmosia)　240e, 241a
명석함(saphes, saphēneia)　275c,
　277d
명예(timē)　242d, 253d, 259d
- 명예를 사랑하는(philotimos)
　256c*
- 명예에 대한 사랑(philotimia)
　257c
- 공명심에 들뜨다(philotimesthai)
　232a, 234a
명칭(epōnymia)　278c, d
모방(mimēsis)　248e*
- 모방하다(mimeisthai)　251a, 252d,
　253b, 264e
모상(eikōn)　250b→닮은꼴, 영상
모습(opsis)　240d, 254b→시각

213

모양새(morphē)　271a

모음(synagōgē)→변증술의 두 가지 절차

모임, 만남(synousia)　239b, 240c, 241a

몫(moira)　255b→운명, 천분, 특권

몸(sōma)　239c, d, 241c, 246d, 248d, 250c*, d, 251a, 256d, 264c, 266a, 268a, 268b, 270b, c, 271a→육체

- 몸가짐(hexis tou sōmatos)　239c, 241c

- 몸의 관리(therapeia tou sōmatos)　239c

묘약, 치료약(pharmakon)　230d*, 268c

- 기억과 지혜의 묘약(mnēmēs kai sophias pharmakon)　274e

- 상기의 묘약(hypomnēseōs pharmakon)　275a

- 홀리다(kataphramakeuein)　242e

무덤(sēma)　250c*, 264d→몸

무분별(hybris)　238a*, 250e, 253e, 254c, e

- 무분별한(hybristos)　254e

- 무분별함(hybristes)　254c

무서운(deinos)　242d, 254b→영리한

무식한(amathes)　239a

- 무식함(amathia)　235c

- 무식한 사람　239a

무절제한(akolastos)　255e, 256c

무지하다, 모르다(agnoein)　230a, 239b, 243a, 262a, 275bc, 277d

문서(syngrammata)　257d, e, 258b, c, d, 277d, 278c

문예(mousikē)　259d (cf. 주 280)

- 문예를 사랑하는(philomousos)　259b

- 문예를 아는(mousikos)　237a, 243a, 248d, 268e

문외한(idiōtēs)　228a, 236d, 258d

문자(grammata)　274d~275a, 275c

- 문자의 정원　276d

물가(krēnē)　259a

물길(namata)　235d

물체(sōma)　245e→몸, 육체

미사구(euepeia)　267c*

미숙함(kakia)　248b, c, 256b

민중 선동가(dēmokopikos)　248e*

믿음(pistis)　256d

바람(prothymia)　253c

- 바람을 갖다(prothymeisthai)　249d

박코스의 여신도들(bakchai)　253a*

반론술(antilogikē)　261c~e

반박(elenchos)　267a*, 273c

- 반박하다(elenchein)　235b, 273b
- 추가반박(epexelenchos)　267a*
발견(euresis)　236a*→구성
방도(methodos)　269e
배우기를 좋아하는(philomathēs)　230d
버드나무(agnos)　230b
번복시(翻覆詩, palinōidia)　243b*, 257a
법률(nomos)　277d, 278c
법문 작성자(nomographos)　278e
법정(dikastērion)　261a, 261c, d, 272b, 273b
- 법정 연설(dikanikē)　261c~e
- 법정 연설의 주요 부분　266d~267d
법칙(nomos)　248c
변론(apologia)　267a
변증가(dialektikos)　266c
변증술(dialektikē, to dialektikon)　266c, 269b, 276e
- 변증술의 두 가지 절차(eidē)
 (=나눔과 모음)　265d~266c, 273e
보증(保證, pistōsis)　266e*→추가 보증
복된(makarios)　256a, c
본보기(paradeigma)　262c, d, 264e

본성(physis)　245c, 245e, 251a, 252e, 253a, 254b, 270a~271a, 272a, 272d, 273e, 277b, 279a→자연
- 본성적으로(physei)　230a, 239a, 249e, 255a, 269d, 277c, 279a
- 본성과 양육(physis ē troph)　272d
본질(ousia)　237c*, 245e→실체, 재산
봉헌물(anathēma)　236b
부끄러움(aischynē)　237a, 241a, 243b, 254b
- 부끄러운(aischros)　244b, 255a, 258d, 277d
- 부끄러워하다(aischynesthai)　234a, 243d, 251a
부류(genos)　247c, 250b, 263c, 271b, 277c
분명한(saphes)　265d
분별(sōphrosynē)　237e, 241a, 244d, 253d, 256b, e
- 분별이 있다(sōphronein)　231d*, 241b, 244a, b, 245a, b
- 분별이 있는 사람(ho sōphrōn)　245b, 273e
불경한(asebes)　242d*
불멸의, 불멸하는(athanatos)　258c, 277a

215

불의한, 옳지 않은(adikos)　250a,
　　261c, d, 277d
불쾌감(aēdia)　240d
- 불쾌한(aēdēs)　240b, e, 241c
불편함(aganaktēsis)　251c
불행(symphora)　231d, 232c
불화(diaphora)　232b, d
비겁함(kakē)　273c
비겁한(deilos)　239a, 273b(겁쟁이)
- 비겁(deilia)　254c
비극(tragōidia)　268d, 269a
비난(kakegoria)　243a, b
비유법(eikonologia)　267c, 269a
비의예식(秘儀禮式, teletē, teletai).
　　비의의(telestikos)　244e*, 249c,
　　250b, c, 250e~251a, 253c
- 비의예식 집례자의 삶(mantikos bios)
　　248d
- 비의의 광기(telestikē mania)　265b
사귐(hetaira)　240b
사랑(erōs)　231a, 233b, c, 239c,
　　240e, 241a, 245b, 250d, 255d, e,
　　256d→맞사랑
- 사랑 이야기(erōtikos logos)　227c,
　　263d
- 사랑에 대한 뤼시아스의 연설
　　230e~234c, 263d, 264a
- 사랑에 대한 소크라테스의 두 번째

　연설
　　244a~257a
- 사랑에 대한 소크라테스의 첫 번째
　연설
　　237b~241d
- 사랑에 대한 정의　237d~238c,
　　249d~e, 251c~252b, 263c, d,
　　265a~266a
- 사랑의 신 에로스(Erōs)　242d*, e,
　　243b~d, 252b, c, 257a, b, 265b, c
- 사랑을 아는 사람(erōtikos)　248d
- 사랑의 감동(to erōtikon pathos)
　　265b
- 사랑의 광기(erōtikē mania)　253c,
　　256d, 265a, b
- 사랑의 기술(erōtikē technē)　257a
- 사랑의 대상(ta erasta)　250d
- 사랑의 예식들(ta erōtika)　259d
- 신적인 사랑(theios erōs)　266a
- 왼쪽 사랑(skaios erōs)　266a
- 육체적 사랑(aphrodisia)　254a
- 자유인다운 사랑(eleutheros erōs)
　　243c
사랑받는 사람(ho erōmenos)
- 뤼시아스의 연설에서　231b, c,
　　232a, b, 233b
- 소크라테스의 첫 번째 연설에서
　　237e, 239a, e, 240d, 241a

- 소크라테스의 두 번째 연설에서
  245b, 252c, d, e, 253a, c, 255b, d
사랑하는 사람(ho erastēs, ho erōn)
  227c, 228b, c, d, 235e, 236b,
  241e,
  243cd, 262e, 263c, 264a, 265a,
  266b
- 뤼시아스의 연설에서   231a, c, d,
  232a, b, d, e, 233a, 234b
- 소크라테스의 첫 번째 연설에서
  237b, c, d, e, 238e, 239a, b, d, e,
  240a, b, c, e, 241b, c, d
- 소크라테스의 두 번째 연설에서
  244a, 245b, 249e, 252c, 254e,
  255a, b, c, d, e, 256a, e
사랑하지 않는 사람(ho mē erōn)
  227c, d, 228b, 235e, 236b, 241d,
  243d, e, 265a
- 뤼시아스의 연설에서   231b, 232a,
  b, 233a, b
- 소크라테스의 첫 번째 연설에서
  237b, c, d, 241d
- 소크라테스의 두 번째 연설에서
  244a, 256e,
사려 있음(to phronimon)   235e*
사악한(poneros)   254e
사업가(chrēmatistikos)   248d
상(像, eikōn)   235d

삶(bios)   248a, 249a, b, 256b, d,
  257b
삶(zōē)   245c
삶의 선택   249a~b
상기(anamnēsis)   249c*→기억
- 상기 수단(hypomnēma, hypomnēsis)
  249c*, 276d, 278a
- 상기의 묘약(hypomnēsiōs
  pharmakon)   275a*
- 상기하다, 기억하다, 기억해내다
  (anamimnēiskesthai)   249d, 250a,
  c, 251d, 253a, 254d, 263d, 272c,
  273a, 275a
- 상기시키다(hypomimneskein,
  anamimnēiskein)   241a, 254d,
  267d, 275d, 277b
상태(pathos)   262b, 269b
새(ornithos, orneon)   244c, 249d,
  274c
샘, 원천(pēgē)   230b, 255c
생각(dianoia)   228d*, 234c→정신,
  판단력
생김새(eidos, idea)   251a, 253d
  →원리, 이데아, 형상, 형태
생명이 없는 것(apsychon)   245e,
  246b*
생명이 있는 것(empsychon)   245e,
  276a

생명체, 생물(zōion)　230a, 246b~d,
　250a, 264c, 275d
생성(genesis)　245e, 247d, 248d
- 생겨나는 것(to gignomenon)　245d
- 생겨나지 않다(agenēton)　245d,
　246a
생활태도(diaita)　239d, 256a, 256c
서사시(epē)　241e
서술(diēgēsis)　246a, 266e*
서언(prooimion)　266d*
선의(善意, eunoia)　241c, 255b,
　275a
선택(hairesis)　249b
설득(peithē)　272a, 277e
- 설득력 있는(pithanos)　269c
- 설득하다(peithein)　232d, 237b,
　253b, 260a~d, 261a, 272a, 277c
- 설득당하다, 받아들이다　271b, d,
　272b, 273d
성소(聖所, mouseion)　278b
성스러운(hieros)　250a
성품(ēthos)　243c
세상(kosmos) 246c
소송 상대자(hoi antidikoi)　261c,
　273c
소피스테스(sophistēs)　248e, 257d
속임(apatē)　261e
손해(blabē)　232c, 234c, 237d,
　238e,
　239b, 239e, 240b, 274e
- 해로운(blaberos)　240b, e, 241c
수사술, 수사의 기술(rhētorikē, hē rhē-
　torikē technē, to rhētorikon)
　260c, 261a, 263b~e, 266c, d,
　269a~272b, 271a　cf. 기술
- 수사술과 의술　270b
- 수사술과 진상　cf. 진상
- 수사술에 대한 정의　261a~b
- 수사어 전시관(mouseia logōn)
　267b
- 수사적 측면(to rhētorikon)　235a
- 다양한 기법　266d~267d
- 다양한 활용 분야　261b~e
- 변증술과 수사술　266b~d, 269b,
　c
- 소크라테스의 수사술 비판
　259e~274b
수치심(aidōs)　253d, 254a, 256a
- 염치없이(met' anaideias)　254d
수치심(aischynē)　241a
숙고(boulē)　237c
숙련(tribē)　260e, 270b→기술
순진한, 순진함(euethes, euetheia)
　275b, 275c→어리석은
순환로(periodos)　247d
순환주기(periodos)　248c, 249a

습성(ethē)　253a, 277a, 279a
시, 시작(詩作, poiēsis)　245a, 278c
- 시인(poiētēs)　245a, 247c, 248e, 258d, 278e
- 시인의 광기(poiētikē mania)　265b
- 시적인(poiētikos)　257a
시각(opsis)　250d→모습
시내(nama)　278b
시작, 시원(archē)　245c, d→처음, 지배, 출발점
식탐(gastrimargia)　238b
신(theos)　238d, 241c, 242d, e, 244e, 245b, 246d, 251a, 252b, 259b, 265b, 279b→광기
- 신들을 기쁘게 함　273e~274a, 274b
- 신들의 삶(theōn bios)　248a
- 신들의 족속(theōn genos)　246d, 247a
- 신들의 여행(행진)　246e~248c, 250b
- 신에 대한 기억과 모방　249c, 252c~253c
- 신의 발자국(ichnion theoio)　266b
- 신의 정신(theou dianoia)　247d
- 신의 영혼의 형태(=신의 말들과 마부)　246a, b

- 보이지 않는 신　246c
- 올림포스의 열두 신　246e~247a
- 아이귑토스의 신　274c, d
- 장소의 신들(entopioi theoi)　262d
- 지혜로운 자로서 신　278d
신녀(hiereiai)　244b
신들림(katokōkē)　245a
신령(神靈, daimōn)　240a, 247a
- 신령한 징조(dimonion sēmeion)　242b
신상(agalma)　230b, 251a, 252d
신성한, 신적인(theios)　242e
- 신들의 코러스(theios choros)　247a, 250b
- 신성한 것(to theion)　242c, 246d, 249d
- 신성한 곳(theion topos)　238c
- 신의 선물(theia dosis)　244a
- 신적인 감동(theion pathos)　238c
- 신적인 광기(theia mania)　256b, 265b
- 신적인 사랑(theios erōs)　266a
- 신적인 섭리　244c*
- 신적인 이치(theioi logoi)　259d
- 신적인 일탈(theia exallagē)　265a
- 신적인 천분(theia moira)　230a
- 신적인 철학(theia philosophia)　239b

- 신적인 충동(hormē theiotera)　279a
- 신에게 속하는 서술(theia diēgēsis)　246a

신화(mythologia)　243a
- 신화에 대한 합리적 설명　229c~230a
- 신화적인 이야기(mythologēma)　229c*
- 신화적인 찬가(mythikos hymnos)　265c

실체(ousia)　247c→본질
심판(krisis)　249a
아름다운(kalos)　235c, 237b, 244c, 246b, e, 253c, 257a, 259d, 267a, 267c, 274a, 277d, 279b→훌륭한
- 아름다운 것(to kalon)　237d, 254e, 260a, 276c, 278a
- 아름다운 것들을 사랑하는 사람(erastēs tōn kalōn)　249e
- 아름다운 아이　227c, 251d, 252a, 255c, 257a, 265c

아름다움(kallos)　238c, 249d, 250b, c, d, 251a, e, 252a
- 아름다움을 사랑하는 사람(philokalos)　248d
- 아름다움 자체(auto to kallos)　250e
- 아름다움의 본성(hē tou kallou physis)　254b
- 아름다움의 흐름(hē tou kallou aporroē, to tou kallou rheuma)　251b, c, 255c

아이(pais)　237b, 238d, 241d, 243e, 251c, 253b, 279a
아이, 애인(paidika)　236b*, 238e, 239b, 240a, b, c, 241a, 243c, 251a, c, 253b, 254b, d, e, 256a, 264a, 279b
아첨꾼(kolax)　240b
아홉 명의 통치자(hoi ennea archontes)　235d
암브로시아(ambrosia)　247e
암시(hypodēlōsis)　267a
약속(hyposcheseis)　241a
어구(rhēmata)　228d*
얼굴(prosōpon)　251a
얼굴(opsis)　240d*
양육(trophē)　272d
어려움들(kaka)　231b, 233d, 244e
어리석음(nōtheia)　235d
어리석은, 어리석음(euethes, euetheia)　242d, e*→순진한
에움길(periodos)　274a
여가(scholē)→227b, 228a, 229e,

258e,
- 여가를 즐기다(scholazein)　261b
연설(logos)　228b, d, 234c, 235b, e,
　236e, 237a, 242c, e, 243c, e, 257b,
　c, e, 258d, 259e, 262c, d, 263d, e,
　264a, b, c, e, 265c, d, e, 266d,
　267b, c, d, 274b, 277c, 278b, c,
　279a
- 연설가(rhetor, rhetorikos)　239a,
　258c, 260a, c, 269d, 272d
- 연설문 작성의 필수원칙(anankē
　logographikē)　264b
- 연설문 작성(logographia)　257e,
　258b
- 연설 작가(logographos)　257c*,
　258c
- 연설의 아비(ho pater tou logou)
　257b
- 글로 쓰인 연설(logos
　syngegrammenos)　258a
연습(meletē)　269d
열등함(kakia)　253d*, 256b
열병, 질병(nosos)　244d
- 열병을 앓다(nosein)　228b*, 231d,
　236b, 238e
- 인간적인 열병(anthrōpina nosēmata)
　265a
영도자(hēgemōn, hēgemonikos)

246e, 252e
영리한(deinos) 229d, 245c*, 260c,
　267c(능란한)→무서운
영상(eidōlon)　250d, 255d, 276a
　cf. 모상, 닮은꼴
영혼(psychē)　242c, 245a,c, 249e,
　250b, 252e, 275a, 276e, 278a, b
- 영혼과 신의 동화　252c~253c
- 영혼과 아름다움　250c
- 영혼과 운동　245c~246a, 246c
- 영혼과 육체　246c, d
- 영혼의 교육(paideusis)　241c
- 영혼의 날개　246a, 246c~e, 248b,
　c, 249a, 249c, d, 251b~d, 252b,
　c,
　255d, 256b, 256d, e
- 영혼의 마차 여행　247b~248c
- 영혼의 본성　245c, e
- 영혼의 본질과 정의　245e
- 영혼의 불사(不死)와 불생(不生)
　245c~246a
- 영혼의 상태와 작용(pathē kai erga)
　245c
- 영혼의 신통력(=예언 능력)　242c
- 영혼의 윤회와 운명　248d~249b,
　257a
- 영혼의 인도(psychagōgia)　261b*,
　271d

221

- 영혼의 형태(idea)와 세 부분
  246a, b, 253c~256e
- 영혼이 있는 것(empsychon)   276a
- 수사술의 대상으로서 영혼   261a,
  270b, c, 270e~271d, 277b, c
예비 지식과 전문적 지식 또는 기술
  268e~269c→인식
예속 상태(aneleutheria)   256e
예언녀(prophētis)   244a
예언가(mantis)   242c*
- 예언(manteia, mantikos)   275b,
  275d
- 예언가의 삶(mantikos bios)   248d
- 예언술(mantikē)   244b~d
- 예언의 광기(mantikē mania)   265b
오른쪽(dexia)   266a
온전한(holoklēros)   250c
욕망(epithymia)   231a*, 232b, 232e,
  233b, d, 234a, 237d, 238a~c,
  238e, 255e, 258c, 262e, 264a
- 욕구하다, 욕망을 갖다   237d,
  255e
용감한(andreios)   239a, 273b
- 용기 없음(anandria)   254c
완전한(teleios)   246b, 249c
- 완전한 인간   249c, 250c
왕, 왕의(basileus, basilikos)   248d,
  253b, 266c, 266c, 274d, e

- 법을 따르는 왕(basileus ennomos)
  248d
왼쪽(skaia)   266a
우주(kosmos)   246c*
운동(kinēsis)→영혼
- 운동의 시원(archē kinēseōs)   245c,
  d
- 자기 자신을 움직이는 것(to auto
  kinēton)   245c, d, 246a
- 자기 자신에 의해 움직이는 것
  (to hyph' heautou kinoumenon)
  245e
- 항상 운동하는 것(to aeikinēton)
  245c
운명(moira)→몫, 천분, 특권
- 사후의 운명   248e~249b→영혼
원리(idea)   237d
  →생김새, 이데아, 형상, 형태
원인(aitia, aition)   239b, 243a,
  246d,
  252c, 266b, 271b
유사, 유사성(homoios, homoiotēs)
  261d~262b, 273d
육체(sōma)   232e, 246c→몸
- 육체의 아름다움   238c
- 육체와 영혼   246cd
- 육체의 쾌락(즐거움)   258e
의견(doxa, doxasma)   248b, 253d,

222

260c, 262b, c, 274c
　→겉모양, 평판
- 분별의 능력으로서 의견　237de,
　238b
의사(iatros, iatrikos)　252b(치료자),
　268b~c
의술(technē iatrikē)　268c, 269a,
　270b
이데아(idea)　265d, 273e
　→생김새, 원리, 형상, 형태
이름(onomata)　238b, 244b, 244d,
　267d
이름만 같은(homonymos)　266a
이성(logos)　237e~238b, 256a
　→이치
- 이성 없이(alogos)　238a
이야기(logos)　227b, d, 228b, c,
　238d, 241d, e, 242b, e, 244a,
　249d, 255b, 257b, 274e
- 이야기 잔치　227b
이야기(mythos)　237a*, 241e, 253c
- 이야기를 짓다(mythologein)　276e
이유(aition, aitia)　229e, 249d, 271d
　→원인
이익(ōphelia)　232d, 233c, 234c,
　237d, 238e, 239e, 245b,
　274d(유익), 274e
- 유익한(phelimos)　239b, 260c

이치(logos)　253e, 259d, 270c, 276c
　→이성
인간적인(anthrōpinos)　259d
- 인간적인 분별(anthrōpinē sōprosynē)
　256b→죽을 자의 분별　256e
- 인간됨의 조건　249e
인식(epistēmē)　247d, e, 266c,
　268b,
　269d, 276a, 276c, 276e→예비 지
　식
- 전문 지식과 예비 지식
　268e~269c
입회자
- 입회한 지가 너무 오래된 자(ho mē
　neotelēs)　250e*
- 새로운 입회자(ho artitelēs)　251a*
있는 것, 참으로 있는 것(on, ontōs on)
　247c~248d, 249c, e, 260a, d,
　262a,
　b, 263d
자연(physis)　240b→본성
- 자연에 대한 사변(meteōrologia peri
　physeōs)　270a*
작가(poiētēs)　234e*, 236d, 258b
작가(syngrapheus)　235c*, e, 253c,
　258a, 272b, 278e
작은 석상(koros)　230b
잘못(hamartēma)　242c, d

223

- 잘못을 범하다(hamartanein)　235e,
　237c*, 242c, e, 243a, 263a
- 잘못 알다(diamartanein)　257d
장기놀이(petteia)　274d
장인(dēmiourgikos)　248e
재산(ousia)　232c, 240a, 241c, 252a
　→실체
재치 있다(asteios)　227d*, 242e
재판(dikē)　261b
적기(kairos)　272a
적대감, 반감(exthra)　232e*, 233c,
　234a 238e, 243c, 256d
전령(prophētai)　262d
전문가(epaiein)　234d*, 268c, 268e
전쟁의 지휘관(polemikos kai archikos)
　248d
절제(sōphrosynē)　247d, 250b, 254b
　→분별
점술(oiōnōistike)　244d
접신, 신들린(entheos)
- 신들린 상태(to enthousiastikon)
　263d
- 신들린 친구(entheos philos)　255b
- 접신 상태(enthousiasis)　249e
- 접신의 예언술(entheos mantikē)
　244b
- 접신 상태에 있다, 접신 상태에 빠지
　다

(enthousian, enthousiazein)
　241e, 249d*, 253a
정결한(katharos)　250c
정밀, 정확(akribēs, akribōs)　262a,
　264c, 271a, 273a, 273a
정신(dianoia)　239a, c, 247d, 249c,
　256a, c, 259a, e, 265e, 270a, 279b
　→생각, 판단력
- 정신의 착란 상태(to aphron tes
　dianoias)　265e
정신(nous)　235a, 241a~c
　→지성, 지각
- 정신없이(anoun)　257a
- 정신없는(anoetos)　241a, b
- 정신의 높이(hypsēlonoun)　270a
- 넋 빠진 상태(paranoia)　266a
정언법(orthoepeia)　267c*
정의(定義, horos, logos)　237d,
　238d,
　245e, 263d, e
- 정의하다(horizesthai)　265d, 269b,
　277b
정의로운, 옳은　260a, 261c, d,
　263a,
　272c, d, 276c, 276e, 277d, 278a
- 정의 자체(autē dikaiosynē)　247d,
　250b
- 정의의 여신(Dikē)　249a

- 대가(dikē)　　249a
정치가(politikos)　　248d, 257c,
　　257e~258a
정화의식(katharmos)　　243a, 244e
제비뽑기(klērōsis)　　249b
조개(ostreon)　　250c
좋은(agathos)　　231a, 232a, d, 233a,
　　e, 234a, 237d, e, 238a, 239c, 241a,
　　d, e, 246a, b, e, 248e, 253d, 255b,
　　256b, 257a(훌륭한), 257b, 260a,
　　c, 261d, 263a, c, 265b, 266b,
　　266e(최고), 272d, 274a, 276a, c,
　　277d, 278a
- 가장 좋은 것에 대한 판단　　231a,
　　232a, 233a, 237d~238a
- 가장 좋은 것의 원인으로서 사랑의
　　광기
　　249e, 256b, 263c, 265b, 266b
- 광기에서 오는 좋은 것
　　244a~245b
죄과(mēnima)　　244d
주사위놀이(kybeia)　　274d
주인(despotēs)　　274a
죽을, 사라져버릴(thnētos)　　246b, c,
　　256e
- 죽는 자들(thnētoi)　　252b
죽지 않는, 불멸의(athanaton)　　245c,
　　e, 246a, b, c, 247b, 258c

- 죽지 않는 이들　　252b
중언법(diplasiologia)　　267c
증거(tekmērion)　　266e*
증명(apodeixis)　　245c
증언(martyria)　　266e*
지각(nous)　　244c*, 247d*, 273e,
　　276b, c→정신, 지성
지배(archē)　　238a*, 241a
　　→시작, 처음, 출발점
지성(nous)　　247c, 270a
지혜(phronēsis)　　250d*
- 지각 있는 사람들(emphronōn)
　　244c
지혜(sophia)　　229e, 236b, 258a
- 지혜로운, 지혜로운 사람　　229c*,
　　235b, c, 237b, 239a, 243b, 245c*,
　　246e, 260a, 266c, 267a, b, 269b,
　　273b, e, 274e, 275b, 278d, 279c
- 지혜로운 설명을 제시하다
　　(sophizesthai)　　229c
- 지혜에 대한 사랑, 지혜를 사랑하는
　　사람(philosophos)→철학, 철학자
- 지혜의 겉모양(doxa sophias)　　275a
- 지혜의 묘약(sophias pharmakon)
　　274e
- 겉보기에 지혜로운 자(doxosophoi)
　　275b
진상(alēthes, alētheia)　　243a, 247c,

265b, 274c, 275a, c, 276c→참된 것
- 수사술과 진상   259e, 260a~e, 262a~d, 267a, 272d~273a, 273b~d, 277b, 278c
- 진리의 평원(alētheias pedion)   248b*
질병(nosos)   244d→열병
질투, 질투심(phthonos, phthoneros)   239a, 240a, 241c, 243c, 247a, 253b
- 질투하다(phthonein)   232d, 240a
짐승(thērion)   230a, 240b, 248d, 249b
짐승들(thremmata)   230d*, 260b, 261a→가축들
징조(sēmeion)   244c
짜임새(systasis)   268d
찬사(logos epainos, epainos)   260b, 260c
찬양하다(hymnein)   247c
참관하다(epopteuein)   250c*
참말(etymos logos)   243a, 244a
참된 것(alēthēs, alētheia)   247d, 248c, 249b→진상
- 참된 아름다움(alēthos kallos)   249d
- 참된 의견(alētinē doxa)   253d

- 참된 인식(alēthēs epistēmē)   247c
- 참된 이치(alēthēs logos)   270c
참주(tyrannikos)   248e*
- 독재자 노릇을 하다(tyranneuein)   238b
책자(biblion)   228b*, 230d, 235d, 243c, 266d, 268c
처음(archē)   253c, 262d, 263e, 264a, 266d→시작, 지배, 출발점
천궁(ouranos)   247a~248a, 259d →하늘
- 천궁 밖의 구역(ho exō topos)   248a
- 천궁 안쪽의(hypouraniou)   247b, 256d
- 천궁 위의 구역(hyperouranios topos)   247c
- 천궁의 회전 운동(periphora)   247c, d, 248a
천분(moira)   230a→몫, 운명, 특권
철학, 지혜에 대한 사랑(philosophia)   249a, 256a, 257b, 259d, 279a, 261a,
- 지혜를 사랑하는 사람(philosophos)   248d*, 249a, c, 252e, 278d*
- 철학을 하다(philosophein)   261a

- 철학자, 시인(poiētēs),
　작가(syngrapheus)　278d, e
- 철학적인 이야기들(philosophoi
　logoi)　257b
청춘, 청춘기(ōra)　234a,
체육인(gymnastikos)　248d
추가 반박(epexelenchos)　267a*
추가 보증(epipistōsis)　266e*
　→보증(pistōsis)
추정(eikota)　266e*
추한(aischros)　246e
출발점(archē)　237b, c
　→시작, 시원, 처음, 지배
친구(philos)　232d, e, 233a, d, e,
　234a, b, 239d, e, 253c, 255a, b,
　257a, 260c, 279c
친분(philia)　231e, 232b, e, 233a,
　c, d, 234e, 237c, 240c, 241c,
　255b〔정(情)〕, 255e, 256c, 279b
친절(oikeiotēs)　256e
쾌락, 즐거움(hēdonē)　258e, 259b
- 노예의 쾌락(andrapodōdeis hēdonai)
　258e
- 반기다(hedesthai)　239a
- 본성에 어긋난 쾌락(hēdonē para
　physin)　251a
- 사랑에 대한 연설에 나타난 쾌락
　232b, 233b, 237d, 238a, c, 238e~

　239c, 240a, b, c, 240d, 250e, 251e
- 육체의 즐거움(hēdonai pei to sōma)
　258e
코러스(choros)　250b→가무
타고난(emphytos)　237d→획득한
탁월함(aretē)　232d, 234b, 253d*,
　256b, e, 270b
탐구(skepsis)　237c
특권(moira)　250d→몫, 운명, 천분
판단력(dianoia)　244c*→사유, 정신
평의회(boulē)　258a*
평판(doxa)　232a, 251a, 257d
　→겉모양, 의견
포섭하다(perilambanein)　273e
풋내기(meirakiskos)　237b
플라타너스(platanos)　229a, 230b,
　236e
필연(to chreōn)　255a
하늘(ouranos)　245e, 246b, e, 249a
한담(adoleschia)　270a*
해악(kaka)　239a*, 240a
행동거지(trophos)　232e
행동 방식(epitēdeumata)　233d,
　240b, 253b, 258b(활동)
행복한, 행복하다(eudaimōn,
　eudaimonein)　247a, 250b, c,
　256d, 277a
- 행복으로 이끄는(eudaimonikos)

253c
행운(eutychia)　245b
현명한(sōphron)　273e
형상(eidos)　249b, 265e, 266a
　→생김새, 형체
형상(idea)　253b
　→생김새, 원리, 이데아, 형태
형제(adelphos)　252a, 257b, 276a(이
　복형제), 278b
형체(eidos)　251b, 253c
　→생김새, 형상
형태(idea)　246a
　→생김새, 원리, 이데아, 형상
형태(eidos)　229d, 246b, 253c,
　259d,
　263b, 265a, 270d, 271a, 271d,
　272a, 273e, 277b, c→생김새, 형
　상, 형체
- 여러 형태(polyeides)　270d, 271a
호소법(eleinologia)　272a*
호의를 베풀다(charizesthai)　227c,
　231b, c, 233d, e, 234b, 235e,
　237b,
　238e, 241c, d, 243d, e, 244a,
　256a,
　265a, 273e(기쁘게 하다)
화성(harmonia)　268e
- 화성학(ta harmonika)　268e*

- 화성학자(harmonikos)　268d, e
확실, 확실성(bebaiotēs)　275c, 277d
획득한(epiktētos)　237d→타고난
훌륭한, 훌륭한 것(kalos)　244b,
　244d, 245b, 253d, 263c, 266d,
　278e
　→아름다운
흐름(aporroē)　251b*
흐름(rheuma)　255c
희극 배우(kōmōdoi)　236c
히메로스(himeros)　251c*, d, e,
　255c

2. 고유명사

가뉘메데스(Ganymēdes)　255c*
고르고(Gorgō)　229d*
고르기아스(Gorgias)　261c*, 267a
나우크라티스(Naukratis)　274c
나일(Neilos)　257d
네스토르(Nestor)　261b*, c
님프(Nymphē)　230b*, 238d, 241e,
　264d, 278b
다레이오스(Dareios)　258c*
델포이(Delphoi)　229e*, 235d, 244a
도도네(Dōdōnē)　244b*, 275b
디튀람보스(Dithyrambos)　238d*

디오뉘소스(Dionysos)　265b
뤼시아스(Lysias)　227a*, b, c, 228a,
　　e, 235a, e, 242d, 243d, e, 257b, c,
　　258c, d, 263d, 266c, 269d, 272c,
　　277b, d, 278b, c, 279b
뤼쿠르고스(Lykurgos)　258c*
리큄니오스(Likymnios)　267c*
만티케(mantikē)　244d*
메가라(Megara)　227d
모뤼코스(Morychos)　227b*
무사들　237a, 245a, 254a, 259b~d*,
　　262d, 265b
뮈리누스(Myrrinous)　244a
미다스(Midas)　264d*
보레아스(Boreas)　229b*, c, d
뷔잔티온(Byzantion)　266e
사포(Sappho)　235c*(cf. 주 211)
세이렌들(Seirēnes)　259a*
소포클레스(Sophokles)　268c, 269a
솔론(Solon)　258c*, 278c
스테시코로스(Stēsichoros)　243a*,
　　244a
시뷜라(Sibylla)　244b*
심미아스(Simmias)　242b*
아나크레온(Anakreon)　235c
아낙사고라스(Anaxagoras)　270a*
아그라(Agra)　229c*
아도니스(Adonis)　276b*

아드라스테이아(Adrasteia)　248c*
아드라스토스(Adrastos)　269a*
아레스(Ares)　252c
아스클레피오스(Asklēpios)　270c
아켈로오스(Acheloios)　230b*, 263d
아쿠메노스(Akoumenos)　227a*, 268a
아폴론(Apollon)　253b*, 265b
아프로디테(Aphroditē)　242d, 265b
암몬(Ammon)　274d, 275b
앗티카(Attika)　230e
에라토(Eratō)　259d
에로스(Erōs)　238c, 242d*, e, 243b,
　　252b, c, d, 257a, b, 265b, c, d
에뤽시마코스(Eryximachos)　268a*
에우리피데스(Euripides)　268c
에우에노스(Euenos)　267a*
에우페모스(Euphēmos)　244a
에피크라테스(Epikratēs)　227b*
엘레아(Elea)　261d
엘리스(Elis)　267b
오뒤세우스(Odysseus)　261b*, c
오레이튀이아(ōreithyia)　229b*
오이오노이스티케(oionoistikē)　244d*
오이오니스티케(oiōnistikē)　244d*
올륌피아(Olympia)　236b
올륌피아 경기(Olympias)　256b
올륌피온(Olympion)　227b
우라니아(Ourania)　259d

이뷔스(Ibys)   274c
이뷔코스(Ibykos)   242c*
이소크라테스(Isokratēs)   278e*, 279b
아이귑토스(Aigyptos)   274c, d
일리소스(Ilisos)   229a, b*
일리온(Ilion)   261b
제우스(Zeus)   234e, 250b, 252c, e, 253a, 255c, 261c, 275b
칼리오페(Kalliopē)   259d
칼케돈(Chalkēdōn)   267c
케팔로스(Kephalos)   227a*, 263d
큅셀로스(Kypselos)   236b*
키마이라(Chimaira)   229d*
타무스(Thamus)   274d*, e
테바이(Thebai)   242b, 274d
테릅시코라(Terpsichora)   259c
테오도로스(Theodōros)   261c*, 266e
테우트(Teuth)   274c*, d, e
테이시아스(Teisias)   267a*, 273a, b, c, d, e
튀폰(Typhon)   230a*
트라쉬마코스(Thrasymachos)   261c*, 266c, 269d, 271a
트로이(Troia)   243b
파로스(Paros)   267a
파르마케이아(Parmacheia)   229c*

판(Pan)   263d, 279b
팔라메데스(Palamēdēs)   261b*, d
페가소스(Pēgasoi)   229d*
페리클레스(Periklēs)   269a*, 270a
폴레마르코스(Polemarchos)   257b*
폴로스(Polos)   267c*
퓌토클레스(Pythokles)   244a*
프로디코스(Prodikoa)   267b*
프로타고라스(Protagoras)   267c*
프뤼기아(Prygia)   264d
프테로스(Pterōs)   252b
핀다로스(Pindaros)   227b
헤라(Hera)   230b, 253b*
헤로디코스(Herodikos)   227d*
헤르메스(Hermes)   263d
헤스티아(Hestia)   247a
헬라스(Hellas)   234e, 244b, 274d
헬레나(Hellena)   243a*
호메로스(Homeros)   243a, 278c
호메로스의 후예들(Homēridai)   252b*
히메라(Himera)   244a
히포켄타우로스들(Hippokentauroi)   229d*
히포크라테스(Hippokratēs)   270c*
히피아스(Hippias)   267b*

개정판
옮긴이의 말

《파이드로스》의 우리말 번역서가 나온 지 8년 만에 다시 개정판을 낸다. 이 개정판을 통해 그 동안 독자들이 느꼈을 한 가지 불편함을 덜어낼 수 있게 되어 다행이다. 2008년 판에서는 스테파누스 페이지 수가 본문 안에 들어 있었는데, 개정판에서는 조판을 달리해서 숫자를 난외로 빼냈다. 그밖에 크게 달라진 것은 없다. 몇 곳 본문의 문장을 고쳤고 각주와 해설의 그리스어 표기 등을 손질한 정도다.

개정판을 내는 데 도움을 준 이들이 있다. 동료인 김진식 선생과 두 제자 이정석 군과 이대일 군에게 감사한다. 김진식 선생의 꼼꼼한 조언 덕분에 불완전한 서지사항들과 그리스 용어의 우리말 표기 등을 바로잡을 수 있었다. 이정석 군과 이대일 군은 그 동안 갈고 닦은 그리스어 실력을 발휘해서 모호하거나 잘못된 표현들을 고치는 데 도움을 주었다. 이런 '공동 탐구'가 가능해 진 것이야말로 지난 8년 동안 내가 얻은 값진 소득이다. 몇몇 문장을 고쳐 번역을 개선했지만, 그렇다고 해서 번역과 원전 사이의 거리가 사라진 것은 아니다. 번역은 원전으로 접근해 가는 무한의 수렴 과정이기 때문이다.

《파이드로스》는 30편이 넘는 플라톤의 대화편 가운데 가장 아름답고 내용이 풍부한 글이지만, 짜임새가 복잡해서 처음 읽는 사람을 어리둥절하게 만든다. 하지만 인내심을 가지고 그런 낯섦을 이겨낸다면, 물구나무를 서서 이 세상을 보는 힘을 얻을 수 있을 것이다. 이 개정판을 통해 더 많은 분들이 현세와 내세의 시간적 경계, 아테네의 강가와 천궁 밖 세계의 공간적 경계를 넘나들며 펼쳐지는 플라톤의 철학적 상상 여행에 함께 참여해서 에로스의 경험을 반추하고, 삶과 죽음, 영혼의 운명, 인간의 본래적 기억, 말과 글, 수사학과 철학의 관계 등에 대해 깊이 생각하는 기회를 얻게 되길 바란다.

2016년 5월
초여름의 위당관 연구실에서
조 대 호

초판
옮긴이의 말

나는 성곽을 벗어나 일리소스 강변으로 산책을 나서는 소크라테스의 가벼운 마음으로 《파이드로스》 번역에 손을 댔다. 내게는 아리스토텔레스의 산문적이고 건조하며 사실적인 글이 더 친숙하지만, 이런 글의 바깥으로 외출을 해보고 싶었다. 그러나 지난 2년간 뜻하지 않은 일들이 나의 무심(無心)한 외출을 가로막았다. 2006년 1월 이후 내 주변의 이런저런 상황이 발목을 붙잡기도 했지만, 내 행보를 더 무겁게 한 것은 《파이드로스》의 낱말 하나하나와 행간 곳곳에 담긴 플라톤 사유의 무게였다. 아니, 그것은 플라톤 사유의 무게라기보다도 그리스 사상 전체의 무게라고 해야 옳을 것이다.

하지만 고생길을 자초한 덕분에 얻은 것도 적지 않다. 《파이드로스》를 우리말로 옮기면서 나는 우리 시대와 그리스 고전(古典)의 관계에 대해 다시 한 번 생각해보았다. 우리 시대에는 분출하는 욕망만큼이나 많은 수의 욕망 이론들이 넘쳐나고, 욕망을 둘러싼 말들은 화려하고 기름지다. 에로스의 욕망과 말의 기술을 다루는 《파이드로스》는 이런 시대정신에 잘 어울리는 듯하다. 하지만 우리 시대의 욕망 이론이나 수사학 이론에 비추어보면 플라톤의 그것은 매우 반(反)시대적이다. 오늘날 누가 진실의 수사학을 말하는가? 어차피 수많은 사람들이 진실보다 그럴 듯한 것에 더 귀를 기울이지 않는가? 욕망과 욕망 이론은 우리 삶의 도처에서 넘쳐나지만, 그 가운데 어디 초월의 욕망이나 그에 대한 진지한 논의가 끼어들 자리가 있는가? 플라톤의 《파이드로스》는 욕망과 수사학에 대한 우리 시대의 담론을 다른 시각에서 바라보게 한다. 이 번역이 독자들에게 《파이드로스》에 담긴 욕망 이론과 수사술 비판의 반시대적 현재성에 대해 생각해볼 기회를 제공할 수 있다면, 번역자로서 더 바랄 것이 없겠다.

이 번역이 출간되기까지 출판사와의 약속을 수없이 어겼다. 인내를 가지고 기다려준 문예출판사의 여러분들, 특히 김일수 과장님과 교정 과정의 지연까지 잘 참으면서 꼼꼼하게 글을 읽어준 이금숙 편집장님께 고마움을 전한다.

2008년 1월
함박눈이 내린 날, 일산에서
조 대 호

옮긴이 **조대호**

서울에서 태어나 연세대학교 철학과에서 공부한 뒤 독일 프라이부르그 대학교에서 아리스토텔레스의 형이상학과 생물학을 비교하는 논문으로 박사학위를 받았다. 현재 연세대학교 철학과 교수로 재직하고 있다. 저서에는 *Ousia und Eidos in der Metaphysik und Biologie des Aristoteles*(독일 Steiner 출판사, 2003), 《철학, 죽음을 말하다》(공저; 산해, 2004), 《아리스토텔레스의 형이상학》(문예출판사, 2004), 《지식의 통섭》(공저; 이음, 2007), 《형이상학》(번역; 나남, 2012), 《기억, 망각, 그리고 상상력》(공저; 연세대학교 출판부, 2013) 등이 있고, 그밖에 고대 그리스 문학과 철학에 대한 여러 편의 논문을 국내외에서 발표했다.

파이드로스

1판 1쇄 발행 2008년 2월 28일
2판 4쇄 발행 2025년 7월 1일

지은이 플라톤 | 옮긴이 조대호
펴낸곳 (주)문예출판사 | 펴낸이 전준배
출판등록 2004. 02. 11. 제 2013-000357호 (1966. 12. 2. 제 1-134호)
주소 04001 서울시 마포구 월드컵북로 21
전화 02-393-5681 | 팩스 02-393-5685
홈페이지 www.moonye.com | 블로그 blog.naver.com/imoonye
페이스북 www.facebook.com/moonyepublishing | 이메일 info@moonye.com

ISBN 978-89-310-0588-2 03160

• 잘못 만든 책은 구입하신 서점에서 바꿔드립니다.

❧문예출판사® 상표등록 제 40-0833187호, 제 41-0200044호